QUESTIONS
CONTEMPORAINES

PAR

ERNEST RENAN

MEMBRE DE L'INSTITUT

PARIS

MICHEL LÉVY FRÈRES, LIBRAIRES ÉDITEURS
RUE VIVIENNE, 2 BIS, ET BOULEVARD DES ITALIENS, 15
A LA LIBRAIRIE NOUVELLE

—

1868

Droits de reproduction et de traduction réservés

QUESTIONS

CONTEMPORAINES

CHEZ LES MÊMES EDITEURS

ŒUVRES COMPLÈTES
D'ERNEST RENAN
FORMAT IN-8°

HISTOIRE GÉNÉRALE DES LANGUES SÉMITIQUES. — 4ᵉ *édition, revue et augmentée*. — Imprimerie impériale.............. 1 volume.

VIE DE JÉSUS. 13ᵉ *édition*, revue et augmentée.......... 1 volume.

LES APÔTRES.................................. 1 volume.

ÉTUDES D'HISTOIRE RELIGIEUSE. — 6ᵉ *édition*............ 1 volume.

ESSAIS DE MORALE ET DE CRITIQUE. — 3ᵉ *édition*......... 1 volume.

QUESTIONS CONTEMPORAINES........................ 1 volume.

LE LIVRE DE JOB, traduit de l'hébreu, avec une étude sur l'âge et le caractère du poëme. — 3ᵉ *édition*............. 1 volume.

LE CANTIQUE DES CANTIQUES, traduit de l'hébreu, avec une étude sur le plan, l'âge et le caractère du poëme. — 2ᵉ *édition*..... 1 volume.

DE L'ORIGINE DU LANGAGE. — 4ᵉ *édition*................ 1 volume.

AVERROÈS ET L'AVERROÏSME, essai historique. — 2ᵉ *édition, revue et corrigée*..................................... 1 volume.

DE LA PART DES PEUPLES SÉMITIQUES DANS L'HISTOIRE DE LA CIVILISATION. 5ᵉ *édition*............................ Brochure.

PARIS. — J. CLAYE, IMPRIMEUR, 7, RUE SAINT-BENOIT.

PRÉFACE

L'homme sérieux ne se mêle d'une manière active aux affaires de son temps que s'il y est appelé par sa naissance ou par le vœu spontané de ses concitoyens. Il faut une grande présomption ou beaucoup de légèreté de conscience pour prendre, de gaieté de cœur, la responsabilité des choses humaines quand on n'y est pas obligé. Mais la réflexion spéculative n'implique pas la même témérité. Chacun, dans sa mesure, a pour devoir de songer au bien public et d'y pousser de toute sa force. Celui qui s'occupe des sciences historiques est particulièrement tenu à ce genre d'application. Car, bien que la connaissance du présent soit moins instructive que celle du passé, le présent est aussi une des faces de la réalité; il mérite d'être étudié. Laisser un pareil soin à ceux qu'on appelle « les hommes politiques » serait chose fâcheuse. L'homme politique est d'ordinaire un homme de parti et de passion. Il est très-mal placé pour juger les ensembles, comparer les temps et les pays divers, saisir les mouvements à longue portée et prévoir l'avenir.

J'ai réuni en ce volume, pour le petit nombre de ceux qui portent quelque philosophie dans l'étude des affaires de leur temps, une série d'articles qui n'ont les uns avec les autres d'autre lien que d'avoir trait, d'une façon plus ou moins directe, aux questions et aux intérêts de notre siècle. La politique générale, les questions relatives à l'instruction publique, l'organisation civile des cultes, l'état moral et religieux de notre pays y sont brièvement touchés.

Dans l'article qui est consacré à la politique générale, j'ai cherché à montrer ce qu'a de superficiel et d'insuffisant la constitution sociale sortie de la Révolution, les dangers auxquels elle expose la France, les malheurs qu'il est permis de craindre, la nécessité qu'il y a d'élargir l'esprit français, de lui ouvrir de nouveaux horizons, de le soustraire à des erreurs invétérées. Toujours grande, sublime parfois, la Révolution est une expérience infiniment honorable pour le peuple qui osa la tenter; mais c'est une expérience manquée. En ne conservant qu'une seule inégalité, celle de la fortune; en ne laissant debout qu'un géant, l'État, et des milliers de nains; en créant un centre puissant, Paris, au milieu d'un désert intellectuel, la province; en transformant tous les services sociaux en administrations, en arrêtant le développement des colonies et fermant ainsi la seule issue par laquelle les États modernes peuvent échapper aux problèmes du socialisme, la Révolution a créé une nation dont l'avenir est peu assuré, une nation où la richesse seule a du prix, où la noblesse ne peut que déchoir. Un code de lois qui semble avoir été fait pour un citoyen idéal, naissant enfant trouvé et mourant célibataire; un code qui rend tout viager; où les enfants sont un inconvénient pour le père; où toute œuvre collective et perpétuelle est interdite, où les unités morales, qui sont les vraies, sont dissoutes à chaque décès, où l'homme avisé est l'égoïste qui s'arrange pour avoir le moins de devoirs possible, où l'homme et la femme sont jetés dans l'arène de la vie aux mêmes conditions, où la propriété est conçue

non comme une chose morale, mais comme l'équivalent d'une jouissance toujours appréciable en argent, un tel code, dis-je, ne peut engendrer que
faiblesse et petitesse. On s'étonne souvent de la force
que possèdent en province le clergé, l'épiscopat. Cela
est bien simple; la Révolution a tout désagrégé; elle
a brisé tous les corps excepté l'Église; le clergé seul
est resté organisé en dehors de l'État. Comme les
villes, lors de la ruine de l'empire romain, choisirent
pour représentant leur évêque, l'évêque sera bientôt,
en province, seul debout au milieu d'une société démantelée. Avec leur mesquine conception de la
famille et de la propriété, ceux qui liquidèrent si
tristement la banqueroute de la Révolution, dans
les dernières années du xviii⁰ siècle, préparèrent un
monde de pygmées et de révoltés. Ce n'est jamais
impunément qu'on manque de philosophie, de
science, de religion. Comment des juristes, quelque
habiles qu'on les suppose, comment de médiocres
hommes politiques, échappés par leur lâcheté aux
massacres de la Terreur, comment des esprits sans
haute culture comme la plupart de ceux qui com-
posaient la tête de la France en ces années déci-

sives, eussent-ils résolu le problème qu'aucun génie n'a pu résoudre : créer artificiellement et par la réflexion l'atmosphère où une société peut vivre et porter tous ses fruits?

Les articles consacrés à l'instruction publique forment la plus grande partie de ce recueil. De tous les problèmes de notre temps, c'est là le plus important, celui où les comparaisons sont le plus nécessaires. J'ai pensé qu'on lirait avec intérêt l'analyse des jugements que les Allemands portent sur nos institutions et nos méthodes. Ce jugement est trop sévère, sans doute, mais on en peut tirer du profit. L'Université de France a trop imité les jésuites, leurs fades harangues, leurs vers latins ; elle rappelle trop les rhéteurs anciens de la décadence. Le mal français, qui est le besoin de pérorer, la tendance à tout faire dégénérer en déclamation, une partie de l'Université l'entretient par son obstination à mépriser le fond des connaissances et à n'estimer que le style et le talent. Ai-je besoin de dire qu'aucune critique des méthodes universitaires ne diminue mon estime ni mon respect pour un corps qui renferme dans son sein tant de savoir et de dévoûement?

L'instruction supérieure m'a particulièrement préoccupé. L'enseignement supérieur est la source de l'enseignement primaire. Sacrifier le premier au second, c'est commettre une faute, c'est aller contre le but qu'on se propose. Un million économisé sur la haute culture peut arrêter net le mouvement intellectuel d'un pays; donné à l'instruction primaire, ce million sera de peu d'effet. Il faut, pour innover en fait d'instruction populaire, de bien autres sacrifices. L'instruction primaire n'est solide dans un pays que quand la partie éclairée de la nation la veut, la comprend, en voit l'utilité et la justice. Travaillez à produire des classes supérieures qui soient animées d'un esprit libéral; sans cela, vous bâtissez sur le sable; le caprice d'une Chambre malveillante ou peu éclairée emportera vos fondations. Pour créer une forêt, il ne suffit pas de planter; il faut garantir que les plants ne seront pas arrachés. Tant qu'on n'aura pas détruit en France cette fausse idée que l'éducation ne sert qu'en vue de la position sociale, que cultiver et instruire le pauvre, c'est faire naître en lui des besoins et une ambition impossibles à satisfaire, rien ne sera définitivement conquis. La force de l'instruction populaire en l'Allemagne vient de la force de l'enseignement supérieur en ce pays. C'est l'université qui fait l'école. On a dit que ce qui a vaincu à Sadowa, c'est l'instituteur primaire. Non; ce qui a vaincu à Sadowa, c'est la science germanique, c'est la vertu germanique, c'est le protestantisme, c'est la philosophie, c'est Luther, c'est Kant, c'est Fichte, c'est Hegel. L'instruction du peuple est un effet de la haute culture de certaines classes. Les pays qui, comme les États-Unis, ont créé un enseignement populaire considérable sans instruction supérieure sérieuse expieront longtemps encore cette faute par leur médiocrité intellectuelle, leur grossièreté de mœurs, leur esprit superficiel, leur manque d'intelligence générale.

Il est traité longuement, en ce volume, du Collége de France, de sa nature, de son excellence. C'est là, pour moi, un sujet favori. J'y réfléchis beaucoup vers 1860, quand différents indices purent faire croire qu'il était permis d'espérer, pour les choses libérales, des jours meilleurs. Des cours oratoires comme ceux du temps de la Restauration ne me parurent ni possibles ni désirables. Ces sortes de cours, plus propres à montrer le talent du professeur qu'à former le jugement et le caractère de l'auditeur, ont fait tort à l'esprit scientifique parmi nous. Continués timidement, ils ne peuvent aboutir qu'à une grande médiocrité. En outre, de pareilles leçons solennelles supposent la liberté politique et un état de l'esprit public qui (je le dis à regret) n'est pas de notre temps. On ne se concilie pas vite une jeunesse qu'on a froissée et à laquelle on n'a pas su inspirer le goût des choses sérieuses et des fortes études. La compression et l'hypocrisie officielle engendrent la turbulence : les universités allemandes, où la liberté de penser est absolue, ne connaissent pas les scènes de trouble. Je crus donc qu'à défaut des brillants exercices du temps de la Restauration, on pouvait songer à un enseignement plus scientifique que littéraire, plus spécial qu'oratoire, à un enseignement tirant sa force de sa sincérité absolue, éloigné de toute politique non par timidité, mais par respect de la vérité, ne cherchant pas le succès dans des allusions, ne faisant de concessions d'aucune sorte. Rêver de nos jours la Sorbonne du temps de MM. Guizot, Cousin,

Villemain, serait une chimère; mais nous pourrions avoir demain, autour du Collége de France, un mouvement scientifique que Berlin nous envierait. Je mis mon ambition à obtenir par les voies régulières, c'est-à-dire par le suffrage de mes confrères, une place dans ce grand chapitre de la science libre. Dans un discours préliminaire, j'indiquai la ligne que je comptais suivre, avec un succès qui jusquelà n'avait pas eu coutume d'accueillir les nominations ministérielles, et avec une mesure qu'on voulut bien; pendant deux jours, reconnaître. Le troisième jour, des personnes qui devraient être assez satisfaites de leur privilége, pour ne pas être jalouses de la liberté des autres me firent interdire la parole. Trois ans et demi plus tard, sans qu'on articulât contre moi de nouveaux griefs, je fus destitué. On trouvera dans le présent volume, les pièces de cette affaire. Je persiste à croire qu'en tout cela je n'ai pas eu de tort. Je n'ai pas fait, comme on le répète, une leçon sur Jésus-Christ au lieu d'une leçon d'hébreu. Pour me conformer à l'usage, j'ai fait une première leçon sur le rôle historique des peuples dont je devais enseigner les langues. Consacrer une phrase profondément respectueuse à Jésus dans une telle leçon n'était pas sortir du sujet. Niera-t-on que Jésus n'ait eu dans l'histoire des peuples sémitiques assez d'importance pour mériter une brève mention? Si un professeur d'arabe, dans sa leçon d'ouverture, consacrait une phrase à Mahomet, l'accuserait-on de sortir de son sujet? Qu'on dise que j'ai manqué d'habileté, à la bonne heure. La science, selon moi, ne doit pas être habile, elle doit être sincère. En tout cas, si, dans cette circonstance, j'ai fait preuve de peu de politique, j'ai montré un véritable amour de mon pays, un vrai dévouement à la solide culture de l'esprit, un vrai désir de tirer la jeunesse de l'état mauvais où elle est, un sentiment juste de la dignité du Collége de France.

Puisse-t-on comprendre, enfin, la nature du rôle que l'État doit jouer dans l'enseignement supérieur! Quand l'État a choisi le sujet que les corps compétents lui désignent comme un homme de mérite, sa responsabilité est à couvert. Ce que le professeur dit ensuite ne regarde que le professeur. Les protestants, les israélites, les libres penseurs se sont-ils plaints qu'Ozanam prêchât à la Faculté des lettres de Paris le plus pur catholicisme? Non certes; car le mérite d'Ozanam était reconnu. On avait eu raison de le nommer; une fois nommé, il était parfaitement libre de traiter son sujet comme il l'entendait. Mais, quand un protestant, un israélite, un libre penseur arrive, par le choix des corps compétents, à une chaire, il doit être libre aussi de professer ses opinions. Prenez garde! vous mettez le non-catholique en dehors du droit commun, vous arrivez à classer les personnes par religion en ce qui concerne l'admissibilité aux fonctions publiques. Quand le prédicateur catholique nous outrage, nous ne nous plaignons nullement de n'avoir pas le droit de lui répondre; nous ne tenons pas à la liberté de l'injure : aurions-nous ce droit (comme l'égalité le voudrait), nous n'en userions pas. Mais que le catholique puisse enseigner hautement son opinion dans les chaires laïques de l'État et que nous ne puissions enseigner la nôtre dans ces mêmes chaires, cela n'est pas juste. La loi n'a pas dit que, pour être membre de l'enseignement supérieur, il faut être catholique. Ceux qui ne le sont pas seront donc réduits ou à dissimuler leur sentiment ou à se voir exclus d'une profession ouverte à tous? Voilà les conséquences où l'on est amené, si l'on admet que l'État est responsable directement de tout ce qui s'enseigne dans les chaires qu'il subventionne. Ne voit-on pas que faire peser sur l'État une telle responsabilité, c'est frapper de nullité tous les établissements publics? On trouvera peu d'hommes supérieurs qui s'engageront ainsi à ne déplaire à personne. Un tel miracle ne pourrait être accompli que si le professeur consentait à garder un silence prudent sur tout ce qui est délicat, c'est-à-dire justement sur ce qui vaut la peine qu'on s'en occupe. La médiocrité seule accepterait un tel programme. Si l'enseignement supérieur devait être réduit de la sorte à l'art de tout émousser, de tout fausser, mieux vaudrait l'abolir.

On invoque, pour justifier ces exigences, les égards qui sont dus à la religion de la majorité. Que ce mot est trompeur! quelles déceptions il prépare, et qu'on sera surpris un jour de voir que cette majorité n'était qu'une apparence! Mais supposons qu'elle soit réelle; admettons que, si l'ange du Seigneur sondait la foi de tous les Français, il trouvât la plus grande moitié de nos concitoyens composée de catholiques croyants et orthodoxes; est-ce une raison pour que la minorité soit mise hors la loi ? Ne serait-il pas à craindre que cet esprit d'exclusion ne portât ses fruits ordinaires, qui sont une incurable ignorance, des superstitions énervantes, un dédain funeste de l'étranger, une certaine débilité d'esprit?

En réalité, sous le nom de « religion de la majorité », on reconstitue une religion d'État ou du moins une religion particulièrement privilégiée. Dans l'article intitulé *De l'avenir religieux des sociétés modernes*, j'ai cherché à montrer les conséquences d'un tel système et à prouver qu'une religion protégée par l'État est aussi peu libre qu'une religion gênée par l'État. Cet article parut en 1860. La singulière situation où s'est placé le catholicisme venait d'être mise en relief par la constitution du royaume d'Italie. Je hasardai dès lors sous toutes réserves une supposition, savoir que le catholicisme pouvait être à la veille d'un grand schisme, dont le signal serait l'élection simultanée et indécise de deux papes. Je ne veux pas insister sur cette prédiction plus qu'il ne convient. Ce qui s'est passé depuis m'a cependant bien des fois suggéré la même pensée. La papauté a suivi les errements de la royauté française : elle a posé la pyramide sur son sommet, au lieu de la laisser sur sa base; elle sera punie comme la royauté par un subit écroulement. Les deux fonctions contradictoires de prince électif d'un petit territoire italien et de chef spirituel universel pourront bien amener, à l'un des prochains conclaves, ce qu'ils amenèrent au XIVe siècle, je veux dire une double élection, l'une répondant aux intérêts romains et italiens, l'autre aux intérêts catholiques. Les deux partis, naturellement, prétendront être dans le droit canonique, et les règles d'un conclave sont chose si compliquée, que l'on trouvera de part et d'autre de bonnes raisons à faire valoir. Or, les deux papes étant nommés, le schisme sera incurable. Il aura commencé par être une simple question de personnes et de politique, il deviendra très-vite une scission sur les principes. Les deux papes agiront à la manière des deux pôles d'une pile électrique, attirant à eux les éléments qui leur seront analogues. Le catholicisme peut être comparé à l'eau. C'est un corps très-homogène, non un corps simple. Mettez-y un agent de séparation, l'oxygène fuira à un pôle, l'hydrogène à l'autre. Le catholicisme ne peut désormais avoir d'hérésies ; mais il n'en est que plus exposé aux schismes. La centralisation du catholicisme est devenue telle, qu'un schisme s'opérant du vivant d'un pape est chose impossible. L'angoisse des consciences séparées serait trop grande. Mais que le vrai pape devienne douteux, que les consciences de part et d'autre aient des raisons pour croire à des papes différents, et on se précipitera dans la séparation en parfaite sûreté de conscience. Le conclave est ainsi une porte ouverte à tous les hasards ; la grande faiblesse de la papauté est là. Un pape assis sur la chaire de saint Pierre (tout apocryphe qu'elle est) peut défier les attaques ; mais dans les interrègnes rien n'est impossible. On a vu un conclave nommer pape le complaisant du roi qui venait de souffleter la papauté ; on a vu le pape ainsi nommé (Clément V) biffer sur les registres du Vatican les actes du pape inflexible et souffleté (Boniface VIII).

Deux des articles reproduits en ce volume appartiennent aux premiers essais que j'imprimai dans *la Liberté de penser*, et que je ne renie pas, bien

que j'aie adopté depuis une autre manière d'écrire.
L'un de ces articles m'a semblé rendre assez bien
les sentiments qu'un jeune homme put éprouver durant les funestes années qui suivirent 1848, années
où une réaction inintelligente parut adopter pour
devise : « Laissez toute espérance. » Au moment où
nous voyons se reconstituer sous nos yeux, par la
coalition de tous les préjugés français, la majorité
que nous avons connue alors, de telles pages peuvent
être utiles. Cette honnête, irréprochable, mais imprévoyante et superficielle révolution de 1848 eut
pour conséquence, au bout de moins d'un an, de
donner le pouvoir à l'élément le plus pesant, le moins
clairvoyant, le plus obstinément conservateur de
notre pays. Une échappée se fit vers 1859 dans cette
atmosphère comprimée, par les vues personnelles
de l'empereur Napoléon III, lesquelles étaient loin
d'être simplement négatives comme celles de la majorité conservatrice. La majorité conservatrice avait
cru rencontrer dans le prince Louis-Napoléon l'instrument le plus énergique de réaction; mais, peu
pénétrante, elle s'était trompée; il se trouva que
celui qu'on avait choisi pour comprimer toute idée

avait des idées propres et des plans très-critiquables sans doute en plusieurs parties, mais fort différents de ceux des purs conservateurs. Après avoir servi d'abord la réaction, l'empereur Napoléon III obéit à ses instincts, lesquels n'étaient pas toujours à l'unisson du vieil esprit français, dans ce qu'il a de borné et d'exclusif. Détruire l'opinion exagérée qu'on s'était faite de la puissance de l'empereur Nicolas; tendre la main à l'Italie renaissante; laisser se développer sans opposition et en un sens favoriser le mouvement inévitable qui fonde sous le nom de Prusse une grande Allemagne savamment libérale, destinée à compter pour beaucoup dans la direction des choses humaines; préparer doucement la modification du pouvoir temporel des papes; atténuer les funestes effets de la loi sur l'instruction publique imposée en 1850 par le parti clérical; essayer, en fait de commerce et d'industrie, des systèmes qui renferment peut-être quelque chose de bon; ouvrir la voie à ces associations ouvrières qui sont appelées à un grand avenir, ce sont là autant d'actes contraires à l'esprit des conservateurs français, et dont peu de gouvernements chez nous auraient voulu prendre la responsabilité.

Ceux qui, n'étant pas engagés dans la politique active, ont le droit d'être impartiaux et indulgents; ceux qui, traitant l'humanité en malade, évitent de se montrer difficiles et savent pour un peu de bien oublier beaucoup de mal, purent éprouver quelque satisfaction de ces victoires remportées sur la routine. Des fautes, dont la principale est de n'avoir pas proclamé tout d'abord par des actes irrévocables que la France ne désire pas d'agrandissement territorial (un pays comme la France, loin de forcer les gens à s'unir à lui, devrait se faire prier pour admettre de nouveaux membres dans sa communauté), des fautes graves, dis-je, ont changé l'état des choses. L'empereur Napoléon III ayant eu pour maxime de réaliser ses idées au moyen de personnes qui ne les partagent pas, et avec l'appui de la majorité conservatrice, laquelle y est hostile, on devait bien prévoir qu'un jour la majorité conservatrice et les membres du gouvernement de l'empereur, appartenant presque tous au parti de 1849, se retrouveraient les maîtres. C'est ce parti qui a fait prononcer dans la question romaine le mot « Jamais »; c'est lui qui cherche à détruire le royaume d'Italie, et qui par ses provocations excite ce qu'il y a de dangereux dans le patriotisme allemand. On se trompe, si l'on croit que l'on fondera le gouvernement libéral en France par la présomption et l'ignorance, par l'aveuglement sénile et la folle négation des plus évidentes nécessités.

L'article sur le *Libéralisme clérical* parut le 15 mai 1848. Je n'avais pas voulu jusqu'ici le reproduire, d'abord parce qu'il est écrit avec une verdeur qui ne m'est plus habituelle, et aussi parce que je craignais qu'on n'y vît un jugement malveillant sur le catholicisme, auquel je dois tant de reconnaissance. Les catholiques, depuis quelques années, ont beaucoup parlé de libéralisme ; je n'ai jamais cessé de penser qu'un catholique quelque peu conséquent ne peut être libéral ; mais il ne faut jamais reprocher à ses adversaires leurs inconséquences, quand c'est pour le bien qu'ils sont inconséquents. J'étais donc ravi de voir démenti mon article de 1848, lorsque le *Syllabus* m'a montré que cet article renfermait des vues assez justes, et que, du moins, je m'y étais montré bon théologien. Le *Syllabus*, en effet, a été l'éclatante proclamation de la thèse que je soutenais, savoir que le catholicisme et le libéralisme sont incompatibles. Or, apparemment, le pape sait mieux que nos politiques cléricaux l'essence du catholicisme. On n'est pas catholique malgré le pape, et, quand, dans une discussion récente, les plus chauds défenseurs de la papauté ont tous commencé par déclarer qu'ils rejetaient le *Syllabus*, les théologiens ont dû sourire. Pour se représenter les dogmes de l'Église, il faut étudier les décisions des papes et des conciles, et ne pas s'en tenir aux commodes interprétations de laïques qui, n'ayant pas fait de théologie, sont mille fois hérétiques sans le savoir et quelquefois le sachant. Le pape est bon juge en matière de foi catholique. Le *Syllabus*, qui a surpris tant de personnes, ne renferme rien de nouveau : Pie VII, Pie VIII et Grégoire XVI avaient fait exactement les mêmes déclarations.

On se tromperait sur les intentions qui m'ont dirigé dans la composition et la réimpression de ces études, si on y voyait le moindre effort pour augmenter des divisions déjà trop profondes et aggraver une situation déjà grave. Le moyen de travailler à la concorde est non de dissimuler ses opinions, ce qui est une injure à la vérité, mais de les exposer avec modération. En prêchant à son pays la haute éducation morale et intellectuelle, le culte pur, non séparé violemment de la religion, mais indépendant de la religion, on travaille au bien public. L'apparition subite et triomphante de l'Allemagne dans le champ de la grande bataille européenne a inspiré l'idée d'imiter les armes et les institutions militaires qui ont produit une si grande supériorité. Pour les armes, rien de plus simple. Pour les institutions militaires, la difficulté est déjà grande. Qu'on prenne garde de vouloir en tout ceci les effets sans la cause, les fruits sans l'arbre et les racines. L'organisation prussienne est le fruit d'un esprit national enté sur une solide philosophie. Imiter l'organisation, sans imiter l'esprit qui l'a produite, serait peu sage. On pourrait être surpris de recueillir d'institutions analogues imposées à des esprits différents des résultats tout divers. Que faut-il donc imiter? Les écoles allemandes, les universités allemandes, l'éducation morale de l'Allemagne, la façon allemande de traiter les questions religieuses. Quand le baron de Stein entreprit à partir de 1808 la régénération de la Prusse, il commença par faire de Berlin la capitale intellectuelle de l'Allemagne du Nord ; il nomma Fichte recteur de l'université ; il y attira des hommes comme Wolf, Schleiermacher, puis Niebuhr, de Savigny. La force d'une société réside en deux choses : d'abord, la vertu populaire, ce grand réservoir de dévouement, de sacrifice, de force morale instinctive, que les races nobles portent en elles, comme un héritage de leurs ancêtres; en second lieu, l'instruction et le sérieux des classes supérieures. La guerre, dans les temps modernes, étant devenue un problème scientifique et moral, une affaire de dévouement et d'industrie savante, est en somme un bon *criterium* de ce que vaut une race. Les armées ne pouvant plus guère être que la levée en masse des nations, les frais qu'elles entraînent étant énormes, le principe des grandes nationalités fondées sur un réel patriotisme sera de plus en plus la loi du monde. Une nation sans élan, sans mobile élevé, sans affection pour son gouvernement, sera bien vite lassée de ce jeu terrible. Le perfectionnement des armes, d'un autre côté, étant devenu une des mille applications de la science, mettra de plus en plus la force entre les mains de la raison, qui maîtrise la matière et crée par l'instruction un peuple digne de servir l'esprit. La nation la plus scientifique, celle qui aura les meilleurs mécaniciens, les meilleurs chimistes, les corps officiels les moins routiniers et les moins jaloux, sera la mieux armée. La barbarie, c'est-à-dire la force brute, sans intelligence, est vaincue pour toujours. La victoire définitive sera au peuple le plus instruit et le plus moral, en entendant par moralité la capacité de sacrifice, l'amour du devoir. Le pays qui peut fournir le plus promptement le plus de citoyens armés pour la cause commune, le pays qui peut suffire au budget le plus considérable, le pays qui obtient le plus de résultats au meilleur marché possible, le pays qui supporte le droit divin sans honte et l'inégalité des classes sans envie, le pays qui ne songe pas à se soulever contre sa dynastie nationale est le plus vertueux, le plus éclairé, et finira par devenir le plus libre. La vanité, qu'on décore du nom d'honneur, la jalousie, principe de l'amour exagéré de l'égalité, sont impuissantes pour faire de grandes choses, même chez une nation spirituelle et pleine de ressources. On ne fait de grandes choses qu'avec la science et la vertu. Croyez que le bon patriote est celui qui vous prêche le sérieux, l'amendement intellectuel et moral, et non celui qui joue le sort de sa patrie pour montrer son éloquence ou son habileté.

Relever l'amour du vrai et du solide en toute chose; ne rien négliger pour former une nation raisonnable, éclairée, pratiquant la première des abnégations, la plus difficile, la plus méritoire, qui est de ne pas trop tenir à une fausse idée de l'égalité; fonder une éducation virile et sérieuse, ayant pour base de fortes études spéciales; inspirer au peuple la croyance à la vertu, le respect des hommes savants et graves; le détourner des révolutions, remèdes souvent plus funestes que le mal qu'il s'agit d'extirper; faire que chacun aime à rester à son rang, par résignation, par fierté, par goût de l'honnête; montrer le beau où il est, c'est-à-dire chez tant d'admirables soldats, d'admirables marins, d'ouvriers courageux, d'ouvrières résignées, qui continuent la tradition de la vertu; ne pas dire au pauvre : « Enrichis-toi, » mais lui dire : « Console-toi; tu travailles pour l'humanité et la patrie; » lui prêcher le bonheur par la simplicité du cœur et la poésie du sentiment; persuader à l'homme du peuple que ce qui le rend intéressant, c'est d'être respectueux pour les grandes choses morales auxquelles il coopère sans pouvoir toujours les comprendre; à la femme que ce qui fait son charme, c'est d'être dévouée et de servir; mais se comporter en même temps de telle sorte que l'inférieur sente bien que celui qui commande remplit un devoir et est animé d'un haut sentiment philosophique; présenter comme des choses funestes l'acrimonie, l'envie, la défiance systématique, qui rendent tout gouvernement impossible; faire comprendre que l'on devient un aristocrate par le mépris de ce qui est bas et vil; décourager de toutes les manières le mauvais goût public, ce fade genre d'esprit, cette basse littérature de turlupins qui est devenue à la mode; opposer une digue au charlatanisme qui nous envahit de toutes parts; respecter hautement le sentiment religieux, mais ne pas attacher la destinée morale de l'humanité à des formes confessionnelles qui peuvent périr, tandis que la foi vraie ne périra pas; par-dessus tout, respecter la liberté, condition essentielle de tout bien; voilà ce qui serait la bonne politique. Le reste ne sera qu'expédient d'une médecine aux abois. La maladie de ce pays est profonde; il faut toucher à l'essence même de son tempérament.

Les forces de la France sont infinies, mais elles s'étouffent faute d'air libre et d'espace. Redoutons un de ces accès périodiques où notre nation comme en délire semble vouloir se décapiter elle-même, et rejeter hors d'elle la partie la plus noble de ses enfants. Réprimons ces accès malsains d'amour-propre national qui nous font croire que la puissance d'une nation repose sur la division et l'affaiblissement de ses voisins. Il ne faut pas pousser le principe des nationalités jusqu'à la subtilité ni jusqu'au fanatisme. Mais, du moment qu'on a rejeté le principe du droit divin des dynasties, il n'y a plus de solide que le principe du droit des peuples; or, les peuples n'ont d'existence qu'en tant qu'ils sont des groupes naturels formés par la communauté approximative de race et de langue, la communauté de l'histoire, la communauté des intérêts. Au lieu de se haïr et de se contrarier, que les nations s'étudient les unes les autres, profitent tour à tour de leurs expériences. Les deux conditions essentielles du salut du monde moderne, les deux conditions qui feront (telle est ma ferme confiance) que la destinée de notre civilisation ne sera pas de disparaître, comme les civilisations de l'antiquité, après un éclat passager, sont, d'une part, la division de l'Europe en plusieurs États, garantie de sa liberté, et, d'autre part, cette profonde fraternité qui fait que les esprits des races les plus diverses s'entendent dans la grande unité de la science, de l'art, de la poésie, de la religion. C'est la Grèce, à la fois si puissante par la solidarité du génie et si divisée en politique, qui doit être notre modèle, et non cet empire romain qui fit périr la civilisation antique sous l'étreinte de son effrayante unité.

Dieu me garde de méconnaître ce qu'a de grand et d'extraordinaire le rôle de la France. Faite pour étonner le monde par ses coups de génie et ses caprices, la France ne sait pas être médiocre et bourgeoise. Si on veut travailler à la rendre telle, on n'y réussira pas : c'est basse et méchante qu'on la rendra; elle tombera au dernier rang, si elle ne travaille à quelque œuvre de première noblesse. Ses chimères sont sa gloire et sa vie. La Révolution a jeté la France dans un état de crise héroïque, qui parfois la met au-dessous de tous et lui enlève les avantages des gens sensés, mais qui la marque au front pour une destinée mystérieuse. Je ne voudrais pas que l'on coupât cette fièvre divine qui fait notre grandeur. Mais il faut prendre garde qu'un accès n'emporte le malade. Que tous mettent en commun leurs réflexions, amassées en des champs divers, pour conjurer ce danger. On lit dans les vieilles légendes hébraïques que Rébecca, sentant les deux enfants qu'elle portait lutter dans ses entrailles, consulta le Seigneur. « Deux nations sont dans ton sein, » lui fut-il répondu. Dans le sein de notre pays, comme dans celui de Rébecca, se battent deux peuples dont l'un veut étouffer l'autre. Faut-il que l'un abdique, cède à l'autre? Non, il faut que tous deux se supportent, et, malgré leurs divisions, aient un culte commun, celui de la justice et du bien, inséparable de celui de la patrie. Divisée en quatre factions, dont trois sont toujours hostiles à celle qui règne, la France ne dispose jamais, en réalité, que du quart de ses forces; et pourtant il est des intérêts permanents, supérieurs aux changements de dynastie, qui ne doivent jamais souffrir. Le galant homme qui ne voudrait servir qu'un gouvernement indiscuté et à la formation duquel il n'aurait pas contribué est réduit à se tenir à l'écart. Un gouvernement ne peut guère être bienfaisant qu'au bout de dix ou quinze ans. Jusque-là, il appartient non aux citoyens honnêtes et utiles, mais à ceux qui l'ont fondé ou vite accueilli. Les révolutions avilissent ceux qui en profitent et qui sont toujours suspects de les avoir provoquées; elles isolent, annulent, égarent ceux qui leur résistent. Funeste cercle vicieux, qui ne laisse pas de choix entre des variations pénibles, entraînant à la longue un complet avilissement des caractères, et une raideur qui vous rend malgré vous hostile à l'œuvre publique! Leçon terrible pour les peuples qui, incapables du gouvernement républicain, détruisent la dynastie que les siècles leur ont donnée! Si l'on n'y prend garde, le temps n'est pas loin où la mort de chaque souverain donnera le signal d'une guerre civile, où le pouvoir sera le prix du plus audacieux, où la nation sera divisée en deux parts, l'une composée d'intrigants de toute sorte, vivant de révolutions et de restaurations; l'autre composée d'honnêtes gens ayant pour règle absolue de ne pas se mêler des changements de gouvernement, attendant, mornes chez eux, l'arrêt du destin. Mais cet état de choses lui-même sera un paradis auprès de ce qui suivra. Nobles d'abord, puis faibles, puis méprisés, les honnêtes gens s'éteindront de jour en jour, et, au bout de cent ans, il ne restera plus que de hardis aventuriers jouant entre eux le jeu sanglant des guerres civiles et une populace pour applaudir le vainqueur du jour. Les scènes qui accompagnaient les changements de règne dans l'empire romain au Ier et au IIIe siècle se reverront alors. Le matin où l'on apprendra qu'au prix de la mort et de l'exil de quelques centaines d'hommes importants, un coup hardi a pacifié l'avenir, les gens paisibles applaudiront. L'homme couvert de sang, de perfidies et de crimes qui arrivera vainqueur de ses rivaux sera proclamé sauveur de la patrie. Deux causes, la pression de l'étranger, qui ne souffrira pas qu'une nation s'écarte trop de l'ordre commun de l'Europe, et l'autorité morale des évêques, appuyés sur le parti catholique, seront seules capables de créer un lest dans ce navire ballotté. Apparemment, ces deux interventions ne seront pas désintéressées. Dans le cercle fatal des révolutions, l'abîme appelle l'abîme. Il y a des exemples de nations qui, entrées dans cet enfer de Dante, en sont revenues. Mais que dire de la nation qui, après en être sortie, s'y replonge deux fois, trois fois?

QUESTIONS CONTEMPORAINES

PHILOSOPHIE
DE L'HISTOIRE CONTEMPORAINE.

C'est presque une obligation pour l'homme qui a tenu dans sa main les grandes affaires de son pays, de rendre compte à la postérité des principes qui ont dirigé ses actes et de l'ensemble de vues qu'il a porté dans le gouvernement. Peu d'hommes d'État y ont manqué, et il n'est pas de plus précieux documents pour l'histoire que ces espèces de confessions où les acteurs eux-mêmes viennent raconter devant un public plus calme et plus désintéressé les faits dont le vrai caractère a pu échapper d'abord dans le feu de la passion. L'éminent historien qui a montré de nos jours avec tant d'éclat ce que peuvent et ce que ne peuvent pas l'instruction et le talent appliqués à la direction des choses humaines pouvait moins qu'un autre se soustraire à ce devoir; mais, en l'acceptant, M. Guizot a dérogé sur un point essentiel à l'exemple de ses illustres devanciers [1]. D'ordinaire, c'est après la mort de l'auteur, ou du moins quand il a clairement avoué que sa carrière publique est finie, que de tels écrits se produisent. On croit écarter ainsi la plupart des motifs qui faussent le jugement sur l'histoire contemporaine, et, en rendant l'impartialité au lecteur plus facile, rendre la franchise au narrateur plus aisée. Cette fois, au contraire, c'est au milieu d'une activité toute virile que l'homme d'État dont le tour d'esprit et le caractère ont eu l'influence la plus décisive sur son pays vient exposer ses opinions sur les luttes auxquelles il a pris part. Ce n'est pas, comme d'ordinaire, du tombeau, c'est d'une retraite d'où n'est bannie aucune espérance, que sort la voix qui doit nous apprendre les pensées et les doctrines dont les conséquences ont pesé si gravement sur la vie de chacun de nous.

On aperçoit tout d'abord combien cette circonstance, en apparence insignifiante, doit mettre de différence entre les *Mémoires* de M. Guizot et ceux

---

1. *Mémoires pour servir à l'histoire de mon temps*, par M. Guizot; t. I et II, 1858-1859. Paris, Michel Lévy frères.

que nous ont laissés la plupart des hommes d'État.
Toute confession faite avant le temps où l'on peut avouer sans crainte qu'on a péché ne peut que ressembler à une apologie. Quelque éloigné qu'il soit de ces empressements vulgaires auxquels sont livrés sans défense les hommes qui tirent leur dignité du dehors, M. Guizot, comme tous les grands ambitieux (ce mot est un éloge quand l'ambition est justifiée), ne reconnaît pas à la fortune le droit de prononcer des exils sans retour. Pour lui, les affaires publiques ne sauraient plus être un ornement; mais elles peuvent toujours être un objet de haute préoccupation. Les causes qu'il a défendues, attaquées, compromises, se disputent la victoire, et de cette victoire dépendra le jugement définitif qu'il conviendra de porter sur son rôle et sur son influence. C'est dire assez que plus d'une fois dans ses *Mémoires* le souci de l'avenir a dû peser sur l'explication du passé. La politique ne comporte guère la haute impartialité de l'histoire; la prétention à l'infaillibilité, si blessante aux yeux de la critique, est comme une réponse obligée à la morgue hypocrite des partis. L'aveu candide d'une erreur n'exciterait qu'une superbe pitié chez la vanité jalouse ou la médiocrité présomptueuse, et, si quelqu'un osait dire à ces aveugles détracteurs : « Que celui d'entre vous qui

est sans péché me jette la première pierre, » une troupe de fous s'avanceraient hardiment pour le lapider.

Le succès du livre de M. Guizot l'excuserait d'ailleurs, s'il avait besoin d'excuse pour le dessein hardi qu'il a conçu de fournir lui-même à l'histoire les pièces sur lesquelles il veut être jugé. Nulle part, l'enchaînement des principes politiques qui l'ont guidé durant vingt-cinq années ne s'est montré avec tant de suite et de clarté. L'esprit libéral, la modération, le respect pour les opinions diverses, l'altière et haute sérénité qui respirent dans tout le livre, sont la meilleure réponse à tant de regrettables malentendus que la légèreté de la foule a accrédités, et que la fierté de M. Guizot a dédaigné de rectifier. Le style des *Mémoires* a ses défauts; comme écrivain, M. Guizot ne s'est jamais soucié de la perfection. Il n'a reçu du ciel en partage ni l'expression vive, profonde, animée de M. Sainte-Beuve, ni la richesse, la vigueur, la saillie de M. Michelet. Ce n'est point ce style ailé, cet adorable abandon n'admettant d'autres négligences que celles mêmes qui sont voulues, cette trame charmante d'un tissu filé d'or et de soie dont une muse savante et légère semble avoir révélé le secret à M. Cousin. Ce n'est pas cette correction austère, cette haute idée de la rigueur du langage français, cette étude assidue des vieux modèles, qui font la solidité du style de M. de Sacy. On peut être un éminent écrivain et ne point avoir ces qualités-là. Sans parler des auteurs tels que Chateaubriand, de Maistre, qui ont brillé par la passion et l'imagination, mais qui ne sont jamais arrivés à une notion complète de la prose française, de son timbre, de son ampleur harmonieuse et mâle, parmi nos prosateurs de premier ordre, tels que Lamennais, Augustin Thierry, combien en est-il qui se soient toujours astreints à cette inflexible teneur de style, fruit d'une perpétuelle attention et du saint tremblement qui fait garder des heures et des jours la feuille destinée à devenir irrévocable? J'ose dire qu'un tel effort blesserait dans certains ouvrages, où toute arrière-pensée littéraire est déplacée. La diction de M. Guizot, quoique peu châtiée, a ce quelque chose de sobre, de fort et de mesuré qui convient aux grandes affaires. Un ton général de réserve et de discrétion donne au livre beaucoup de noblesse. De tous les écrivains de notre temps, M. Guizot est peut-être le plus exempt d'une certaine coquetterie de mauvais goût, devenue fort commune depuis que les idées de dignité personnelle et de convenance se sont affaiblies; nul moins que lui ne s'est familiarisé avec le public, et n'a encouragé le public à se familiariser avec lui. Ce mérite, je le sais, est peu apprécié en France. La réserve, la timidité, le respect de soi et des autres, signes ordinaires des natures sérieuses et distinguées, paraissent chez nous de la fierté. J'ai entendu des personnes traiter comme un défaut cette froideur digne et sévère de M. Guizot, et regretter qu'il ne cherche pas davantage à se faire aimer. Pour moi, je l'en félicite : d'ordinaire, on ne se fait aimer de la foule que par ses petits côtés ou ses travers. L'homme d'État a des confessions, non des confidences à faire ; ceux que leurs devoirs mettent en rapport avec le public ne doivent se montrer à lui que comme des abstractions.

I.

Laissons de côté ces précautions vulgaires auxquelles il faut avoir recours quand on veut parler, sans le blesser, de l'esprit faux qui se croit impeccable. A la hauteur où s'est placé M. Guizot, l'éloge et le blâme perdent toute signification personnelle, puisque l'homme arrivé à représenter une des grandes causes qui se partagent le monde n'est coupable que de la loi fatale qui condamne chaque théorie à n'être qu'à moitié légitime. La critique n'est jamais plus à l'aise qu'avec ceux que la gloire a ainsi consacrés, et dont la seule faute est de n'avoir pas résolu le problème insoluble que l'humanité offrira éternellement à ceux qui voudront la comprendre ou la gouverner. Il est aussi superficiel de reprocher aux hommes d'État les défauts ou la caducité de leur œuvre, qu'il le serait de reprocher à Leibnitz ou à Hegel de n'avoir pas dit le dernier mot sur l'homme, le monde et Dieu. Chaque système philosophique et politique est un grand parti pris, qu'il faut juger, non comme représentant la vérité et le droit absolus, mais comme tenant une place plus ou moins élevée dans l'ordre moral. Tout ce qui est grand est légitime à sa manière; la médiocrité seule n'a pas de place dans le royaume de Dieu. Il est temps de renoncer à cette critique presque toujours mesquine qui, croyant posséder la règle du vrai, reproche aux hommes de talent ou de génie de n'avoir pas réalisé ce que, depuis l'origine de la pensée humaine, des milliers de présomptueux ont cru tenir sans que jamais leur prétention se soit trouvée justifiée.

Les deux premiers volumes de *Mémoires* publiés par M. Guizot vont de 1814 à la fin de 1832. Il est de notre devoir de nous borner strictement aux années jusqu'ici parcourues par l'illustre historien, et d'attendre les explications qu'il fournira sur l'époque où son rôle devient principal. Je n'ai pas d'opinion arrêtée sur les débats compliqués qui ont rempli les dix dernières années du régime parlementaire en France; d'autres bien mieux que moi sauraient juger entre les rivaux de ces luttes ardentes et apprécier la justice ou l'injustice de tant d'accusations contradictoires. Je ne le cache pas d'ailleurs, tout en reconnaissant l'utilité des guerres intérieures du gouvernement parlementaire, j'ai peu de goût pour le détail de ces combats. En fait de stratégie, le résultat seul me touche. L'histoire politique n'est pas l'histoire des partis, de même que l'histoire de l'esprit humain n'est pas l'histoire des coteries littéraires. Au-dessus des partis, il y a ces grands mouvements dont l'histoire de tous les temps est remplie, mais qui depuis soixante et dix ans ont pris un nom et une forme particulière, le nom et la forme de révolutions. C'est là l'objet qui doit, dans l'histoire contemporaine, fixer l'attention du philosophe et de l'observateur.

Des deux grandes révolutions que M. Guizot embrasse dans son récit, la première est, de tous les événements de notre histoire, le plus propre à faire réfléchir sur la nature des sociétés modernes et sur leurs lois constitutives. Négation absolue de la révolution française, la Restauration en applique cependant les meilleures maximes; illibérale en apparence, elle inaugure parmi nous la liberté; œuvre de l'étranger, elle ouvre une période d'éveil politique et d'esprit public; représentée souvent par des hommes d'une médiocre portée d'esprit, elle fonde le vrai développement intellectuel de la France au XIXe siècle, et reste une époque chère à tous ceux qui pensent. Il faut, pour comprendre un aussi étrange phénomène, se bien rendre compte des nécessités historiques qui amenèrent le retour de la maison de Bourbon. Il faut surtout s'élever à une vue générale des faits qui établissent une si profonde différence entre la civilisation moderne et les développements brillants, mais toujours éphémères, de l'antiquité.

Cette différence consiste, selon moi, dans un point fondamental, dont les conséquences s'étendent à l'ordre social tout entier, je veux dire dans une manière tout opposée de concevoir le gouvernement. L'État ancien, qu'il revêtît la forme de monarchie comme en Orient, ou celle de république comme en Grèce, ou celle de principat militaire comme à l'époque de l'empire romain, est toujours absolu. On partait de cette idée, que la communauté peut tout sur ceux qui la composent, qu'il n'y a pas de résistance légitime contre l'État, que l'individu n'a le droit de se développer que selon la loi de l'État. La liberté pour l'antiquité ne fut guère que l'indépendance nationale ; en réalité, on n'était pas plus libre à Sparte qu'à Persépolis. La « loi » valait mieux sans doute que la volonté du « grand roi »; mais elle n'était pas moins tyrannique, en ce sens qu'elle se mêlait d'une foule de choses qui, selon nos idées, ne regardent que l'individu. Chaque État de l'antiquité, ayant de la sorte un principe organique très-étroit et très-exclusif, traversait avec rapidité les diverses phases de la vie : la décadence venait fatalement après la splendeur ; les hégémonies et les dynasties se succédaient selon des règles en quelque sorte calculables, et le monde ancien lui-même, dans son ensemble, finit par s'abîmer. Un phénomène comme celui de la civilisation moderne, portant en elle-même un germe de progrès indéfini, ou bien comme celui de la France, conservant durant huit cents ans une même dynastie, toujours très-puissante malgré des périodes de revers, est sans exemple parmi les États de l'antiquité.

La race germanique, en brisant les cadres de l'empire romain, fit la plus grande révolution politique de l'histoire du monde. Ce fut la victoire de l'individu sur l'État. L'Empire, par son despotisme administratif, avait tellement affaibli le monde civilisé, qu'il suffit d'une imperceptible minorité pour l'abattre : une poignée de braves aventuriers lui rendit le service de le conquérir. L'esprit des peuples germaniques était l'individualisme le plus absolu : l'idée de l' « État » leur était complétement étrangère ; tout reposait chez eux sur les libres engagements, sur la « fidélité », sur la ligue passagère des individus associés pour une œuvre commune. Le dernier terme de ce principe social fut la féodalité. Quand nous aurons une bonne histoire des origines de la noblesse française, on verra que chaque centre de familles féodales correspond à un centre de colonisation germanique, et que la plupart des familles vraiment anciennes de France remontent à un établissement de l'époque carlovingienne. En effet, l'esprit de la féodalité est l'esprit germanique par excellence. L'homme libre ne doit au roi que ce à quoi il s'est obligé ; il est dégagé de ses devoirs, si le roi n'observe pas les siens ; lui seul est juge de ce dernier point, et, s'il n'est pas satisfait de son suzerain, il peut lui faire la guerre en tout honneur. Joinville est sans contredit le type de la loyauté chevaleresque ; on sait, de plus, quelle affection personnelle il avait pour saint Louis ; écoutons-le cependant : « Il arriva qu'un jour un sergent du roi mit la main sur un chevalier de ma bataille. Je m'en allai plaindre au roi et lui dis que, s'il ne m'en faisait droit, je laisserais son service, puisque ses sergents battaient les chevaliers. Il me fit faire droit, et le droit fut tel, selon les usages du pays, que le sergent vint en ma herberge deschaux et en braies, une épée toute nue en sa main, et s'agenouilla devant le chevalier, et lui dit : « Sire, je vous amende de ce que « j'ai mis la main sur vous, et vous ai apporté cette « épée pour que vous me coupiez le poing, s'il vous « plaît. » Et je priai le chevalier qu'il lui pardonnât son mal talent, et ainsi fit-il. » Conçoit-on un des généraux de Constantin ou de Théodose écrivant à l'empereur que, pour quelques mécontentements personnels, il avait résolu d'abandonner le service de l'État ?

Je ne veux pas méconnaître la part que le christianisme a eue dans cette révolution par les progrès qu'il a fait faire à la moralité générale et par le sentiment de respect pour la dignité de l'homme que tous ses dogmes respirent. On ne saurait dire pourtant que la liberté politique soit son œuvre ; il semble plutôt que par moments il y a nui. Ayant grandi en opposition avec l'idolâtrie de l'État, qui était l'esprit même de l'Empire, le christianisme fut bien, durant trois siècles, la protestation de la conscience contre le joug officiel; mais pas un moment, dans la lutte héroïque qu'il soutint, on ne voit poindre une idée politique. A partir du ive siècle, époque de son intime alliance avec le despotisme romain, il montre une préférence marquée pour les pouvoirs absolus, quand ceux-ci consentent à se faire persécuteurs à son profit. Durant la première époque de l'invasion germanique, et même sous Charlemagne, l'action du clergé, civilisatrice en un sens, corruptrice en un autre, s'exerce tout entière en faveur des idées romaines : ce sont les évêques qui donnent aux chefs germains des idées de souveraineté auxquelles ceux-ci ne songeaient pas. La papauté, à partir de Grégoire VII, rendit, il est vrai, des services à la liberté en empêchant la formation de souverainetés laïques trop puissantes; mais elle agissait elle-même au nom d'un principe de centralisation universelle qui, dans son ordre, était fort tyrannique, et qui le fût devenu bien plus encore, s'il eût été donné aux pontifes romains de se faire les vrais chefs de la chrétienté et de réaliser l'espèce de khalifat chrétien auquel ils aspiraient.

On aperçoit sans peine la nature particulière de la royauté qui devait sortir de ce chaos fécond. Elle devait être, elle fut en effet, en premier lieu, strictement héréditaire. La loi de succession en Orient et dans l'empire romain n'avait jamais été rigoureusement définie. Grâce au culte presque superstitieux de l'hérédité, la civilisation moderne fut préservée de ce régime d'aventures qui, une ou deux fois, a donné au monde des années de bonheur, mais qui, par les défiances, les hésitations, les rivalités qu'il entraîne, maintient en permanence le meurtre, la trahison, et noie la société qui s'y livre dans un torrent de sang. — La royauté fut, en second lieu, la conséquence d'un droit personnel et comme une extension de la propriété. La souveraineté du peuple fondait les vieilles républiques et les vieux despotismes. Dans ce nouvel ordre politique, il n'est plus question d'une telle souveraineté. Le moyen âge (j'excepte les scolastiques péripatéticiens, qui copiaient Aristote sans s'inquiéter de la constitution réelle des États de leur temps) n'a aucune idée de la nation envisagée comme source du pouvoir. Le roi est propriétaire de sa couronne, et, si on la lui retire sans juste motif, on le blesse dans son droit. — En troisième lieu, la royauté se trouve liée par des chartes ou obligations librement consenties, à l'exécution desquelles on peut forcer le roi par la guerre, par le refus de l'impôt et du service militaire. — En quatrième lieu enfin, elle est fort limitée : le roi s'occupe de bien moins de choses que le despote ancien;

sa cour a peu d'importance ; il n'a qu'un faible budget ou n'en a pas du tout ; il laisse librement exister autour de lui de vraies républiques, Église, universités, ordres religieux, villes, corporations de toute espèce. Tous sont armés contre lui de priviléges et de coutumes auxquels le souverain n'ose porter atteinte. L'honnête Charles V mourut la conscience troublée pour avoir levé des impôts non consentis par les états et entretenu des armées permanentes. L'évidente nécessité des temps ne suffit pas pour le rassurer sur la légitimité de ces actes, que tout le moyen âge regardait comme attentatoires aux principes du droit chrétien.

Une conséquence non moins importante de la transformation de l'Europe par les races qu'on est convenu d'appeler barbares fut sa division en un certain nombre d'États fortement constitués, et dont les rivalités ont fait avorter tous les rêves de monarchie universelle. M. Gervinus a comparé avec beaucoup de raison la constitution de l'Europe chrétienne à ce damier de petits États que nous présente la Grèce antique, petits États dont les alliances changeaient sans cesse et parmi lesquels ne purent jamais se former que des hégémonies passagères. L'uniformité, c'est le despotisme, et réciproquement le despotisme complet et durable n'est possible qu'avec la monarchie universelle, la république chrétienne ne pouvant souffrir qu'un de ses membres déroge complétement aux lois de l'ensemble. La division de l'Europe est ainsi devenue la garantie de sa liberté : c'est cette division qui a rendu possible la Réforme, la Philosophie; c'est elle qui brisera toutes les tyrannies à la façon antique, et préservera le monde moderne de l'inévitable ruine réservée aux sociétés qui n'ont pas de contre-poids.

Toute la supériorité des États modernes, tous les motifs d'espérer en leur avenir, se résument, selon moi, en ces deux points : 1° une Europe divisée, et arrivée à un état d'équilibre stable ; 2° une organisation de la royauté qui maintient le pouvoir exécutif hors de toute compétition, arrête les ambitions déréglées, écarte à la fois les tyrannies momentanées des pays républicains (tels que la Grèce, l'Italie du moyen âge), et le césarisme prétorien de l'époque romaine. Le roi n'empêche aucun développement légitime de l'activité humaine. Non-seulement il ne peut rien sur la propriété privée, mais ce n'est que par un abus des temps barbares qu'il s'occupe de la religion; le peu de tolérance que connut le moyen âge fut, en somme, un bienfait de la royauté. Ce dépôt de la continuité d'une nation fait une fois pour toutes entre les mains d'une famille en quelque sorte séquestrée au profit de la communauté, cette façon de retirer la souveraineté au peuple pour l'hypothéquer sur un domaine spécial, sont assurément l'inverse de la théorie rationnelle de l'organisation des sociétés. Il en sortit néanmoins des États d'une solidité merveilleuse. Tandis que le tyran antique succombe à la première faute ou au premier revers, le roi de France pouvait être un homme aussi méprisable que le fut Louis XV, il pouvait être réduit à une détresse aussi profonde que le fut celle de Charles VII, sans que personne doutât de son droit, de sa fortune et de la mission qu'il remplissait.

L'Angleterre seule, je le sais, a pleinement développé le type de gouvernement que nous venons d'esquisser; c'est là seulement que la féodalité a porté son fruit, qui est le régime parlementaire et la division du pouvoir. Le roi de France, depuis Philippe le Bel, en s'appuyant de préférence sur les jurisconsultes, représentants du principe romain, fait une guerre acharnée aux souverainetés locales, aux libertés provinciales, et cherche à établir un genre de souveraineté fort différente de celle de saint Louis. Au XVI° siècle, la Renaissance amène en politique comme en toute chose un retour encore bien plus caractérisé vers les idées de l'antiquité. Les publicistes de cette époque, Italiens pour la plupart ou subissant l'influence de l'Italie, reprennent, soit sous forme républicaine, soit sous forme absolutiste, les principes de l'État à la manière grecque ou romaine : les uns rêvent des utopies démocratiques fondées sur une conception abstraite de l'homme; les autres, vrais corrupteurs des princes, se font les fauteurs de la grande idolâtrie de leur temps, je veux dire de l'adoration sans réserve des souverains puissants. La France en particulier, suivant son goût pour l'uniformité et cette tendance théocratique que le catholicisme porte en lui, arrive à réaliser le phénomène le plus étrange des temps modernes, cette monarchie de Louis XIV, sorte d'imitation d'un idéal sassanide ou mongol, qui doit être tenue pour un fait contre nature dans l'Europe chrétienne. Le moyen âge l'eût excommunié, ce despote de l'Orient, ce roi antichrétien, qui se proclamait le seul propriétaire de son royaume, disposait des âmes comme des corps, et anéantissait tous les droits devant l'orgueil sans bornes que lui inspirait le sentiment de son identification avec l'État.

Mais, une fois la notion de l'État déchaînée, on ne compte plus avec elle. L'aberration de Louis XIV entraîne comme conséquence immédiate la révolution française. La pure conception de l'antiquité reprend le dessus. L'État redevient souverain absolu. On se laisse aller à croire qu'une nation doit être heureuse, pourvu qu'elle ait un bon Code. On veut avant tout fonder un État juste, et l'on ne s'aperçoit pas que l'on brise la liberté, que l'on fait une révolution sociale et non une révolution politique, que l'on pose la base d'un despotisme semblable à celui des césars de l'ancienne Rome. Le monde moderne revenait aux errements antiques, et la liberté était perdue pour toujours, si le mouvement qui entraînait la France vers la conception despotique de l'État fût devenu universel. Mais la révolution française ne fut pas un fait général : elle créa à la France une situation fatalement hostile à l'égard des autres puissances de l'Europe. Les pays où dominait l'élément germanique, et auxquels le régime administratif et militaire de la France était insupportable, opérèrent une vigoureuse réaction. En revendiquant leur indépendance, ils ramenèrent la France à la pure notion de la royauté, dont elle s'était écartée depuis des siècles, et qui, il faut le dire, n'était nullement en accord avec quelques-uns de ses instincts les plus secrets.

Voilà les origines de la Restauration, et dans ces origines on aperçoit sans peine le principe de ses défauts et de ses avantages. Elle fut un retour vers le régime qui convient le mieux aux États européens, mais un retour inintelligent et antipathique à la France, toujours dominée par ses idées de souveraineté du peuple, par ses goûts militaires. Elle fut un gouvernement civil et à beaucoup d'égards libéral, mais malgré elle et malgré la France. Elle n'eut rien de militaire; elle fut le résultat d'une pression de l'étranger légitime en son principe, puisque la république européenne possède, comme les États-Unis d'Amérique, quoique à un moindre degré, le droit d'amphictyonie; mais elle ne vit pas que, quand l'âge des entreprises héroïques est passé pour un grand pays, il n'y a qu'un moyen de le consoler du veuvage de la gloire, c'est la noble activité du dedans, les luttes de la tribune, les controverses religieuses, les sectes littéraires, l'éveil des esprits. Elle ne pouvait vivre sans la Charte, car, ainsi que le dit fort bien M. Guizot, « pour la maison de Bourbon et ses partisans, le pouvoir absolu est impossible : avec eux, la France a besoin d'être libre; elle n'accepte leur gouvernement qu'en y portant elle-même l'œil et la main. » Malheureusement, ni Louis XVIII ni ceux qui l'entouraient ne comprirent bien la nature de ce grand pacte; « la Charte se présenta comme une pure concession royale, au lieu de se proclamer ce qu'elle était réellement, un traité de paix après une longue guerre, une série d'articles nouveaux ajoutés d'un commun accord au pacte d'ancienne union entre la nation et le roi. »

C'est surtout dans la classe qui entourait le trône que l'erreur était profonde et que toute notion vraie des conditions de la royauté tempérée fut méconnue. Il est de l'essence des États modernes, sortis de la féodalité, de posséder une aristocratie, reste des familles autrefois souveraines, dont le rôle consiste à limiter la royauté et à empêcher le développement exagéré de l'idée de l'État. La noblesse française a toujours manqué à cette vocation. Brillante et légère, on la voit, depuis le XIVe siècle, mettre sa gloire à paraître avec éclat à la cour ; « servir le roi » fut toujours pour elle le devoir suprême : erreur énorme qui a faussé notre histoire et a été le principe de nos malheurs ! S'il ne s'agit que de « servir », il n'est pas besoin de nobles pour cela. Louis XI y employait des valets, les despotes d'Orient y emploient des esclaves ; voilà qui est conséquent. L'aristocratie est une condition de liberté, parce qu'elle donne aux rois des serviteurs d'office, et que l'indépendance du caractère, la plus solide de toutes, étant rare, il est bon qu'il y ait des indépendances de position, afin que tous ceux qui arrivent aux places élevées ne soient pas obligés de suivre ces voies pénibles où chacun laisse une partie de sa fierté, quand il n'y laisse pas une partie de son honneur. Mais, si les serviteurs-nés du roi sont eux-mêmes les instruments les plus dévoués du pouvoir absolu, on conçoit qu'à l'avilissement inséparable du despotisme se joindra dans toute sa force l'odieux du privilége. L'Orient est gouverné par des domestiques, mais du moins ces domestiques ne forment pas une caste à part. L'importance exagérée de la cour dans l'ancienne France amena une véritable perversion des idées. Versailles fut pour la noblesse le tombeau de toute vertu. Ainsi l'on peut dire sans injustice que la noblesse a été le vrai coupable de notre histoire : elle n'a point fondé la liberté; par son manque d'aptitude pour les affaires et son impertinence envers le tiers état, elle a rendu impossibles ou inféconds les états généraux, d'où, selon les vraies analogies de l'histoire moderne, aurait dû sortir le régime constitutionnel de notre pays. Elle laissa le rôle de l'opposition aux parlements, dont la nature n'était nullement politique, et dont l'intervention dans les affaires de l'État fut en général gauche, peu éclairée et dénuée de toute légitimité.

A quelques belles exceptions près, la noblesse de la Restauration ne fut pas plus sage que celle de l'ancien régime. Loin qu'elle ait aidé au développement d'une vie parlementaire où elle aurait eu le plus beau rôle, par un étrange renversement on la vit, plus royaliste que le roi, nier ou atténuer de toutes ses forces les conséquences libérales de la Charte. Tels étaient son ignorance en fait d'histoire générale et son aveuglement sur ses véritables devoirs, que la plupart de ses membres s'imaginaient que la mission naturelle d'une noblesse est de soutenir le pouvoir absolu. Ils préféraient une servitude dont ils étaient les agents à des libertés qu'ils auraient partagées avec les autres ordres de la nation. Le droit d'humilier la bourgeoisie fut presque le seul auquel ils semblèrent tenir. Leur alliance avec le clergé, assez légitime à l'époque où le haut clergé de France était en quelque sorte, par la façon dont les bénéfices se distribuaient, un membre de la noblesse, devenait un non-sens depuis que le clergé avait perdu tout caractère politique et avait commencé à se recruter dans les classes populaires. La déplorable tradition du xviie et du xviiie siècle, Louis XIV et sa splendeur mensongère donnaient le vertige à tout le monde. On voulait être de la religion du roi, sans songer que, si le roi est libre d'avoir telle opinion qu'il lui convient en religion et en littérature, son action dans ces sortes de choses doit se borner à ce qui convient au premier particulier du royaume et ne dépasser en rien les limites d'une propagande toute privée.

La noblesse, je le sais, n'était pas seule coupable de ces réminiscences du passé qui troublaient si profondément l'établissement d'un ordre nouveau. La nation suivait sa tendance, qui est de préférer la bonne administration et l'égalité sociale à la liberté. Les questions de classes, toujours si fatales aux questions politiques, prenaient une importance exagérée. Le vrai libéral s'inquiète assez peu qu'il y ait au-dessus de lui une aristocratie, même dédaigneuse, pourvu que cette aristocratie le laisse travailler sans obstacle à ce qu'il envisage comme son droit. A ses yeux, il n'y a qu'une égalité solide, l'égalité devant le devoir, l'homme de génie, le noble, le paysan, se relevant par une seule et même chose, qui est la vertu. Les libéraux du temps de la Restauration étaient loin de comprendre cette abnégation. De là des alliances fâcheuses avec les partisans des régimes déchus, parmi lesquels la nouvelle jeunesse devait trouver, j'imagine, bien peu de distinction et d'esprit. M. Béranger surtout créa une très-perfide combinaison, où l'esprit bourgeois, le matérialisme grossier, le goût du despotisme, pourvu qu'il se colore d'apparences nationales, se donnaient la main. Ce qu'il y eut de plus regrettable, c'est qu'au lieu de lutter contre la royauté en se servant des armes légales, les mécontents cherchaient par des conspirations à renverser l'ordre établi. Ces attaques contre le principe du gouvernement amenèrent le gouvernement de son côté à commettre une erreur grave. Il confondit la répression des actes séditieux, qui n'a en soi rien d'illibéral, avec les lois destructives de la liberté, lois toujours funestes et injustes, puisqu'elles n'atteignent guère les vrais coupables, et que, pour prévenir la faute de quelques-uns, elles portent atteinte aux droits de tous.

Cette disposition acariâtre de la nation fut, il faut l'avouer, la cause de plusieurs des fautes dont on a fait peser la responsabilité sur le gouvernement de la Restauration. Le peu de capacité de quelques-uns des hommes qu'elle mit à la tête des affaires ne fut un mal que par suite de l'esprit administratif de la France, et parce qu'on s'est habitué dans notre pays à demander aux gouvernements plus qu'ils ne peuvent donner. Je ne verrais pour ma part aucun inconvénient à ce que les positions élevées de l'État fussent occupées par des gentilshommes bien élevés et assez superficiels, mais à une condition, c'est qu'ils ne s'occupent de leurs fonctions que d'une manière sommaire. S'il se laisse simplement guider par son instinct général d'homme du monde, le gentilhomme attentera moins à la liberté que l'adminisateur de profession ou le parvenu ; mais il est clair que, si le gentilhomme descend à de mesquines tracasseries et veut imposer ses préjugés à tous, il reste fort au-dessous de l'administrateur, qui, à côté de ses petitesses, a du moins de l'aptitude et du sérieux. Ni le gouvernement ni l'opinion ne comprirent ces nuances. Les libéraux partaient de l'idée fort répandue parmi nous que les places sont dues au mérite, et que l'homme de talent a une sorte de droit naturel à être fonctionnaire de son pays, tandis qu'en réalité l'homme de talent n'a qu'un droit (et ce droit lui est commun avec tous): c'est de se développer librement, c'est-à-dire de ne pas trouver dans le gouvernement un rival jaloux qui l'opprime ou lui fasse une concurrence déloyale. Le gouvernement, d'un autre côté, avait la folle prétention de former les esprits à son image. Pourquoi l'inoffensif Charles X, qui, il y a trois ou quatre siècles, eût été ce qu'on appelait un « bon roi », devint-il si impopulaire ? Pourquoi ses petits défauts, sa dévotion étroite, sa frivolité, son goût un peu puéril de l'étiquette, sa tendance à s'entourer d'esprits légers, devinrent-ils des malheurs publics ? Hélas! c'est qu'on lui demandait d'accomplir une tâche supérieure aux forces d'un homme de génie, je veux dire d'administrer trente millions de citoyens pour leur plus grand bien. M. de Polignac était assurément le dernier des hommes auxquels il fallait songer pour résoudre un tel problème. Si l'on fait du gouvernement une question de direction universelle de l'esprit de la nation, il faut être conséquent et observer le système chinois jusqu'au bout; il faut, dis-je, qu'on arrive à être préfet et ministre au concours et au moyen d'un système d'examens. Il y a une flagrante contradiction à vouloir qu'un gouvernement de gentilshommes, étrangers par leur état à toute connaissance spéciale, soit en même temps un gouvernement d'administrateurs et de mandarins.

Telle est, selon moi, l'explication de cette époque singulière, digne à la fois de tant d'éloges et d'un blâme si sévère. Elle manqua à son devoir essentiel, qui était de fonder la liberté. La Restauration oublia que, n'étant pas nationale, elle était obligée d'être libérale; mais elle eut le bonheur d'être faible. Le fonds d'honnêteté qui était dans sa nature lui interdit cette tyrannie savante qui, arrêtant jusqu'à la possibilité d'une opposition, n'a pas besoin de recourir à des actes de violence. Elle fut loyale envers ses ennemis, en ce sens qu'elle les combattit, souvent les écrasa de son poids, mais jamais ne les prévint en les désarmant. La plus grande gloire des gouvernements est dans ce qu'ils laissent faire. Dure et parfois odieuse dans le détail de ses actes, la Restauration se fera absoudre de l'avenir, grâce à cette pléiade d'hommes distingués qui se développa sans elle et malgré elle, mais dont elle ne fut ni assez forte ni assez adroite pour arrêter le développement. On oubliera la commune antipathie qu'ils lui portèrent pour lui être reconnaissant de ce qu'elle ne les a pas étouffés. Par une étrange fortune, elle sera félicitée d'avoir laissé grandir ses ennemis, et elle bénéficiera de ce qu'elle n'a pu empêcher.

Telle est aussi l'origine de la position singulière du parti légitimiste et de la contradiction étrange en vertu de laquelle ce parti représente à la fois parmi nous ce qu'il y a de plus excellent et de plus regrettable : d'un côté, la résistance à la brutalité des faits au nom d'un principe, l'attachement désintéressé à une abstraction en apparence stérile; de l'autre, l'inanité de vues et d'idées, le refus systématique de se prêter aux résultats les plus acquis de l'esprit moderne. Je me hâte de le dire, quiconque est fidèle à son opinion rend un service à l'espèce humaine en préservant le monde de cette légèreté, pire que la barbarie, qui le livre au caprice de tous les vents. Rien ne vaut le légitimiste sincère, maintenant contre toute espérance, et en apparence contre toute raison, son culte obstiné du droit antique; mais, si cette obstination n'est que la persévérance dans une erreur historique, si c'est au despotisme et non au roi que l'on est fidèle, à tel point que la seule apparence du pouvoir absolu suffise pour opérer des conversions qu'on avait déclaré ne pouvoir faire sur l'autel de la liberté, le parti légitimiste est sans contredit le plus grand obstacle aux destinées de notre pays. Certes il serait mieux qu'une nation poussât la patience et la raison jusqu'à supporter pour l'amour pur du droit les plus pénibles épreuves; mais un tel héroïsme sera toujours rare : notre pays en particulier ne comprend guère qu'il est bon parfois de sacrifier l'esprit à la lettre, et qu'il vaut mieux pour un malade se guérir lentement et péniblement selon les principes que de dissimuler le mal par les procédés d'un empirisme trompeur.

II.

La résistance au coup d'État de Juillet fut, au point de vue du droit constitutionnel, d'une parfaite légitimité. Les ordonnances portaient atteinte au pacte fondamental de l'État. L'esprit étroit et subtil du roi Charles X et de ses conseillers put seul voir dans l'article 14 un prétexte pour une telle mesure. Jamais on ne doit supposer qu'un pacte a été rédigé de façon à le rendre illusoire. Or, il en aurait été ainsi, si l'auteur de la Charte y avait inséré un article qui eût permis, en pleine paix et sans provocation de la part de la nation, de suspendre la Charte elle-même. Le roi et ses conseillers en avaient si bien la conscience qu'ils se préparèrent à cet acte déplorable comme on se prépare à un attentat. Ils se crurent obligés d'appeler, pour l'exécuter, des survivants d'un autre monde, des hommes amnistiés d'avance par leur imprévoyance et leur légèreté. On cachait à peine, dans le parti fanatique, les efforts que l'on faisait pour s'aveugler et s'exciter à l'audace[1]. « Ce qu'on appelle coup d'État, disaient les organes avoués du cabinet, est quelque chose de social et de régulier, lorsque le roi agit dans l'intérêt général du peuple, agît-il même en apparence contre les lois. »

La situation de Charles X était donc celle d'un roi du moyen âge, violant les lois de son royaume, spoliant ses grands vassaux, abolissant les droits des bonnes villes, d'un Jean sans Terre, par exemple, déchirant la Grande Charte qu'il avait

---

1. Guizot, t. Ier, p. 351.

donnée. Tous les casuistes du moyen âge sont d'accord pour déclarer que dès lors la résistance est légitime, puisqu'en violant le pacte, le roi cesse d'être roi et n'est plus qu'un tyran. « Dans ce cas, dit énergiquement saint Thomas, c'est le tyran qui est le séditieux[1]. »

Mais, si la résistance était légitime, jusqu'à quel point convenait-il de la pousser? Au fond, la situation n'était pas aussi nouvelle qu'on le croit d'ordinaire. « Plus d'une fois, dit M. Guizot, les nations ont eu à lutter, non-seulement par les lois, mais par la force, pour maintenir ou recouvrer leurs droits. En Allemagne, en Espagne, en Angleterre, avant le règne de Charles Ier, en France jusque dans le XVIIe siècle, les corps politiques et le peuple ont souvent résisté au roi, même par les armes, sans se croire en nécessité ni en droit de changer la dynastie de leurs princes ou la forme de leur gouvernement. La résistance, l'insurrection même avaient, soit dans l'état social, soit dans la conscience et le bon sens des hommes, leur frein et leurs limites; on ne jouait pas à tout propos le sort de la société tout entière. Aujourd'hui et parmi nous, de toutes les grandes luttes

---

1. « Perturbatio hujus regiminis (tyrannici) non habet rationem seditionis... Magis autem tyrannus seditiosus est (*Summa*, II[a] II[ae], q. LXII, art. 2).

politiques, on fait des questions de vie et de mort ; peuples et partis, dans leurs aveugles emportements, se précipitent tout à coup aux dernières extrémités ; la résistance se transforme soudain en insurrection et l'insurrection en révolution. Tout orage devient déluge. »

En d'autres termes, la lutte aurait dû être une résistance, non une révolution. Certes il est difficile à distance de tracer des bornes à ces hardis élans d'un peuple auquel le pouvoir a donné lui-même, en violant la loi, le signal de l'anarchie ; mais l'arbitraire des révolutions est aussi fatal que celui des rois, les actes du peuple soulevé comme ceux des gouvernements doivent être soumis à un sévère examen. Le premier moment où il semble que la résistance aurait dû s'arrêter fut celui où M. de Sussy, le 30 juillet, porta de Saint-Cloud à la Chambre le retrait des ordonnances et la composition d'un nouveau cabinet. Plusieurs fois les Anglais ont ainsi admis à résipiscence leurs rois délinquants, et s'en sont bien trouvés. Il serait important qu'on pût se rendre compte de ce qui se passa à cette heure décisive. Malheureusement, les procès-verbaux de la réunion sont fort incomplets et n'ont pas de caractère officiel. Ils laissent voir que la défiance de la Chambre pour ces concessions reposait sur des motifs fort graves. Le récit de M. Guizot[1], confirmé par divers témoignages, montre aussi que le roi, en retirant son imprudente provocation, n'agissait pas avec une parfaite droiture. Il est donc difficile de blâmer les précautions que prit la Chambre en cette circonstance. Un roi qui recule dans un coup d'État qu'il a tenté doit subir la peine des rois, qui est l'abdication. Le roi, en rompant le pacte fondamental, avait remis la décision de la question à la force ; il avait lancé ses soldats dans la rue ; c'était un duel où le vainqueur restait maître de pousser sa victoire jusqu'au point où il le jugeait nécessaire pour sa sûreté.

Mais, après l'abdication de Charles X et la claire désignation d'un successeur contre lequel il n'existait aucun motif avoué de répulsion, la continuation du divorce avec la branche aînée était-elle légitime et opportune? Je ne le pense pas. Une longue régence commençant par le triomphe des idées libérales offrait, pour fonder le régime parlementaire, une de ces occasions comme il s'en présente bien peu dans la destinée des nations. Les Anglais, en reléguant dans l'île de Wight leur roi parjure Jean sans Terre, eurent bien soin de prendre pour son successeur son fils mineur Henri III. A part un petit nombre

---

1. Tome II, p. 8-9.

de sages, dont la conscience me semble devoir être merveilleusement tranquille [1], tous cédèrent à une erreur fort commune en notre pays, je veux dire à une préoccupation exagérée des qualités personnelles du chef de l'État. Égarée par une décevante analogie, qui fait répéter à beaucoup de personnes que la France n'a été grande que sous les grands souverains, l'opinion publique parmi nous se laisse volontiers aller à croire que, tant vaut le roi, tant vaut la nation. Les minorités, les régences, moments si excellents pour le développement du régime constitutionnel, sont en France des moments désastreux. Nous voulons un roi qui nous gouverne. De ce que telle famille nous paraît plus digne de régner, nous concluons que c'est elle qui est légitime, comme si le pouvoir était une récompense ou le prix d'un concours. Nous ne songeons pas qu'une race mûrie par le temps, nourrie dans la pensée de ses honneurs traditionnels, préservée par le sentiment de sa majesté des inquiétudes auxquelles les dynasties nouvelles peuvent difficilement se soustraire, vaut mieux pour séquestrer le pouvoir qu'une race jeune, active,

---

1. Le procès-verbal de la séance du 30 juillet ne mentionne qu'une seule protestation en ce sens. « M. Villemain déclare qu'en descendant dans sa conscience, il n'y trouve pas la conviction que le droit de changer de dynastie lui ait été confié par ses commettants. »

obligée de se faire sa place dans le monde. Nous oublions que la royauté est un dépôt qui doit être transmis, comme toute chose héréditaire, par le fait de la naissance, que c'est là une simple question d'état civil, non de mérite, et que faire intervenir, quand il s'agit de la succession au trône, les questions de popularité et de capacité, c'est attribuer à la personne du roi une importance qu'elle ne doit avoir que dans les monarchies absolues.

A Dieu ne plaise que je me fasse le complice de ce triste parti légitimiste qui a eu le privilége de rendre la légalité odieuse, et auquel on ne peut donner la main qu'après avoir déclaré qu'on le prend pour autre chose que ce qu'il croit être! Je ne méconnais pas les réserves imposées au théoricien quand il s'agit d'un temps où, par la faute des gouvernants et des gouvernés, la révolution a semblé déjouer à plaisir les solutions les mieux concertées. Il ne s'agit ici que de regrets, et certes un tel sentiment est bien permis en présence du divorce fatal qui a fait du droit une utopie et a réduit les sages eux-mêmes à vivre d'expédients. La responsabilité de cette fatale alternative doit peser avant tout sur le pouvoir qui l'avait amenée. L'opposition libérale, d'un autre côté, méconnaissait quelques-unes des conditions de la royauté moderne. Elle renfermait dans son sein des éléments fort divers, de vieux militaires incapables d'idées politiques, des sectaires, des badauds. Le peuple, à la courageuse intervention duquel on avait dû avoir recours, était bien incapable de ce degré d'abnégation raffinée qui fait que le philosophe préfère le droit abstrait, même quand il a les plus fâcheuses conséquences, à la révolution qui accomplit sur-le-champ ses désirs. La moyenne de l'opinion était trop superficielle pour sacrifier à des vérités métaphysiques le bien palpable du moment, et pour résister à l'empressement, en apparence si légitime, de faire ce qu'on croit le meilleur. Que de leçons il faut pour qu'un pays arrive à comprendre que les principes généraux sont seuls à longue portée, et que sans eux les combinaisons les plus ingénieuses sont au fond aventure et hasard!

On voit tout d'abord les graves conséquences que la dérogation aux lois d'hérédité commise par la révolution de Juillet fit peser sur la dynastie qui sortit de cette révolution. Le roi Louis-Philippe, malgré ses rares qualités, son admirable bon sens, sa haute et philosophique humanité, eut constamment à lutter contre la position délicate que lui créaient ses origines. Flottant entre le roi élu et le roi légitime, il se vit entraîné à des démarches indécises, dont sa dignité souffrit. Je ne dirai pas qu'il manqua à ses promesses : il n'en avait pas fait; mais on peut dire que la situation les avait faites pour lui. Il est certain qu'il se prêta d'abord à l'idée d'une origine toute populaire; il vit bien ensuite la contradiction radicale impliquée dans l'idée d'un roi élu, et il se rattacha à une autre théorie. Il y avait là cependant une infidélité réelle au principe qui l'avait fait roi. Fonder une dynastie, c'est abstraire une famille pour l'opposer à la nation comme une force indépendante, mais limitée. La royauté ne sort pas d'un hôtel de ville. Ceux qu'on a appelés « camarades » et « chers compatriotes » ne deviennent jamais des sujets. On reçoit le roi du dehors, on ne le fait pas. Le prince éclairé et habile que les accidents de nos révolutions bien plus que son propre choix avaient chargé d'une si lourde tâche ne sortit jamais de ce dilemme fatal : faible quand il était fidèle à ses origines, blessant quand il ne l'était pas, il se laissait arracher comme des concessions les actes que l'opinion dont il avait reçu l'investiture réclamait comme des droits, et il n'en recueillait pas le bénéfice, car on sentait trop bien qu'il se trouvait humilié comme roi légitime des déférences auxquelles il se prêtait comme roi élu.

L'esprit français fut, à vrai dire, le premier coupable dans cette tentative imprudente, qui, sous prétexte de rendre la royauté populaire, lui enlevait

en réalité son caractère libéral. Un des défauts de
la France, c'est de vouloir que ses souverains soient
en rapports intimes avec elle. Elle aime à toucher
ceux qui la conduisent; elle veut sentir en eux une
personne, et n'est pas blessée de ce genre de familiarité du supérieur envers l'inférieur qui ressemble
si fort à de l'impertinence. Le roi conçu comme une
sorte de personne neutre à qui l'on impose d'abdiquer sa personnalité pour le bien de tous est la chose
du monde qui est chez nous le moins comprise. On
voit sans peine combien une telle disposition d'esprit
est peu favorable au régime constitutionnel. Je ne
connais pas un seul roi d'Angleterre qui, d'après
cette manière de juger, eût été apprécié en France.
La royauté constitutionnelle, en effet, n'est pas une
position bien faite pour développer de grands talents
et acquérir un renom brillant. Un des avantages
de cette royauté, c'est précisément qu'elle est peu
enviable. Le souverain y est le personnage sacrifié;
il n'agit pas, n'écrit pas, n'a pas de *cursus honorum* régulier, pas de carrière. Les qualités qu'il
doit posséder sont de celles que les sages prisent
par-dessus tout, mais que la foule ne peut apprécier.
Un grand ambitieux, dans un tel état de choses,
désirera bien plutôt d'être ministre que d'être roi.
Le roi républicain, sorte de chef du peuple armé,

que rêva M. de la Fayette, n'a rien de commun avec cette noble et pacifique image du roi antique, qui, si elle eût osé se montrer sur les barricades, eût semblé, j'imagine, une apparition des temps féodaux.

De tous ceux qui essayèrent de donner la théorie d'une situation dont le malheur était précisément d'être en dehors des théories, M. Guizot fut sans contredit celui qui déploya le plus d'ingénieuse perspicacité. Son système devint peu à peu celui du roi lui-même. « Le roi démêla sur-le-champ, dit M. Guizot, que ma façon de comprendre et de présenter la révolution qui venait de le mettre sur le trône était la plus monarchique et la plus propre à fonder un gouvernement. Il ne l'adopta point ouvertement ni pleinement : il avait, pour agir ainsi, trop de gens à ménager; mais il me témoignait son estime, et me donnait clairement à entendre que nous nous entendions. » D'après cette théorie, le roi Louis-Philippe eut tort d'aller à l'hôtel de ville chercher une consécration populaire : personne ne l'avait fait roi, et il ne devait de reconnaissance à personne; il héritait directement du titre de la Restauration, et devait en continuer les traditions. « Amenés par la violence, dit M. Guizot, à rompre violemment avec la branche aînée de notre maison royale, nous en appelions à la branche cadette pour maintenir la monarchie en défendant nos libertés. Nous ne choisissions point un roi ; nous traitions avec un prince que nous trouvions à côté du trône, et qui pouvait seul, en y montant, garantir notre droit public et nous garantir des révolutions. L'appel au suffrage populaire eût donné à la monarchie réformée précisément le caractère que nous avions à cœur d'en écarter ; il eût mis l'élection à la place de la nécessité et du contrat... J'étais toujours tenté de sourire quand j'entendais dire du roi Louis-Philippe « le roi de notre choix », comme si, en 1830, nous avions eu à choisir, et si M. le duc d'Orléans n'avait pas été l'homme unique et nécessaire... Je montrai dans M. le duc d'Orléans ce qu'il était en effet, un prince du sang royal heureusement trouvé près du trône brisé, et que la nécessité avait fait roi. »

M. Guizot a parfaitement raison de repousser l'élection et l'appel au suffrage populaire comme moyen de fonder la royauté ; ce qui sort du suffrage populaire s'appelle d'un tout autre nom. Le chef élu ou représentant la souveraineté du peuple sera toujours trop fort pour accepter le rôle modeste de la royauté tempérée. M. de la Fayette, en prenant sa noble accolade pour une investiture, se trompait aussi gravement que le Sénat de 1814, imbu des idées de l'école impériale, en déclarant Louis XVIII rappelé par le « vœu de la nation ». Une seule chose désigne le roi, c'est la naissance : le mérite et le vœu du peuple sont pour cela de faibles fondements. Une seule chose l'investit de sa prérogative, c'est son avénement, impliquant la reconnaissance des droits constitutionnels de la nation. Mais qui ne voit que, pour rester conséquent à une telle manière de concevoir la royauté, il n'était pas permis de transiger avec l'hérédité ? Le parti légitimiste, auquel M. Guizot me semble en général attribuer trop peu d'importance historique, resta comme une protestation fatale qui pesa à son jour d'un poids décisif. L'appel au peuple changea de mains, et devint l'arme de ceux qui ne jugèrent pas que leur volonté eût été exactement interprétée.

Pour justifier l'acte hardi par lequel les droits de la branche aînée de la maison de Bourbon furent tranférés à la branche cadette, M. Guizot invoque la nécessité. Cette nécessité était réelle, et elle suffit amplement pour absoudre ceux qui s'y soumirent; mais un tel principe impliquait de graves conséquences. La racine de toutes les perturbations dynastiques est la nécessité. L'avantage de la royauté héréditaire est précisément d'écarter ces dangereuses conjonctures où un homme peut se présenter comme seul capable de sauver le pays. Si c'est par condescendance pour la révolution triomphante et par égard pour l'opinion que l'on se crut obligé à une dérogation aux lois fondamentales de l'État, ne sent-on pas quel principe de caducité on introduisait par là dans le régime nouveau?... Et qu'on ne dise pas que ce sont là des théories spéculatives, bonnes pour les casuistes de la politique, théories que l'homme d'action, uniquement attentif aux besoins du moment, doit dédaigner. Les principes abstraits, en apparence sans application dans le monde, sont au fond les plus grandes réalités, puisqu'ils renferment la logique et la raison des faits. Le temps, je le sais, a des remèdes pour toutes les blessures : le droit a commencé par être le fait, et, dans un pays où les événements auraient été moins assujettis que dans le nôtre à une rigoureuse conséquence, il n'est pas douteux que le régime le plus désirable eût été consacré par la durée, marque assurée du vœu national. La durée malheureusement a bien des caprices. Une modération exemplaire, des prodiges d'habileté, de nobles dévouements ne purent sauver un gouvernement sans reproche légal, qui se débattait contre un mal dont il n'était pas coupable. Son honnêteté même ne fut qu'une cause de faiblesse de plus dans une situation qui ne pouvait être sauvée que par l'audace. La plus grande faute que puissent commettre les personnes réservées est de se mettre dans des positions où il faut pour réussir des défauts qu'elles n'ont pas. Si Louis-Philippe eût été un tyran, il eût duré peut-être. Honnête comme il l'était, il crut devoir se retirer devant la manifestation même la plus équivoque de la volonté nationale : fatale situation des peuples qui mettent en question leur dynastie, ou plutôt crime des dynasties qui forcent les nations à douter d'elles ! L'avénement d'un prince qui, à beaucoup d'égards, ne peut être comparé qu'à l'exemplaire Charles V, inaugura dans les questions de droit constitutionnel le dangereux régime de l'à peu près, déchira le pacte d'unité de la nation, accoutuma les Français à répondre par un sourire superficiel quand on leur parle de questions de principes, et enracina cette opinion que les chartes, les traités, les constitutions, tous les serments en un mot, ne sont bons à respecter que tant qu'on n'est pas assez fort pour les violer.

III.

Avec cette blessure au cœur, comment le gouvernement du roi Louis-Philippe fit-il face aux difficultés nombreuses qui l'assaillirent dès les premiers jours? C'est ce qu'il importe maintenant de rechercher. Disons-le bien haut, pour ne pas être injuste envers une famille accomplie et des hommes éminents, ce gouvernement a donné à la France les dix-huit meilleures années que notre pays et peut-être l'humanité aient jamais traversées. C'est assez pour le défendre contre ceux qui ont intérêt à croire qu'il ne fut que faible et bas; ce n'est pas assez pour le philosophe qui, envisageant sur une longue échelle la portée des événements, s'est habitué à ne juger les faits de l'histoire que d'après leur influence définitive sur les progrès de la moralité humaine et de la civilisation.

Fidèle à sa théorie sur l'origine des droits du roi Louis-Philippe, M. Guizot résume en un mot la façon dont il comprenait les devoirs du gouvernement sorti de la révolution de Juillet : deux partis se disputaient la direction du pays, le parti du mouvement (que M. Guizot appelle ailleurs celui du laisser aller) et celui de la résistance; le second parti devait être celui du roi et de ses ministres. En mettant en pratique cette théorie, M. Guizot ne faisait que suivre la ligne qu'il avait toujours préférée. Le 23 novembre 1829, M. de la Fayette écrivait à M. Dupont (de l'Eure) : « M. Guizot est plus monarchique et moins démocrate, je pense, que vous et moi, mais il aime la liberté. Il sait beaucoup, s'exprime avec talent; il a de l'élévation, du caractère et de la probité. Avec une administration doctrinaire, il s'arrêterait en deçà de nous; jusque-là, tous les projets ministériels trouveront en lui un habile contrôleur dans le sens libéral[1]. » Il fut après la révolution de Juillet ce qu'il s'annonçait auparavant, et, comme l'opinion obéissait alors à des empressements souvent désordonnés, il pensa qu'en général le devoir de l'homme d'État devait être de résister à l'opinion.

Je ne veux point faire en détail la critique d'une conduite que d'impérieuses fatalités dominaient. J'avoue cependant que la formule que l'habile théoricien de la révolution de Juillet assigne à la politique de la dynastie nouvelle me paraît impliquer une cer-

1. *Mémoires* du général la Fayette, t. VI, p. 341.

taine confusion d'idées. La tendance à beaucoup gouverner et la révolution ne sont pas deux choses contraires; elles vont souvent de pair : c'est la liberté qui est l'opposé de l'une et de l'autre. Certes le laisser aller est toujours mauvais. Ce qui est désordre, violence, attentat au droit d'autrui, doit être réprimé sans pitié. Les délits contre les personnes et les propriétés ne sont pas plus permis en un temps qu'en un autre. Le sang versé pour empêcher la plus inoffensive illégalité n'est pas à regretter. De là pourtant à ce principe général de résistance à l'opinion, que M. Guizot semble donner par moments comme l'abrégé de sa politique, il y a loin. Un gouvernement ne doit ni résister systématiquement à l'opinion ni la suivre aveuglément; il doit protéger les droits et la liberté de tous. Je ne comprends pas que l'on consente à s'appeler parti du mouvement ou parti de la résistance; ces deux mots doivent être écartés. Parlez-nous de droits et de liberté, et il n'y aura plus d'équivoque, car devant ces mots-là les idées de résistance et de révolution disparaissent, ou du moins perdent leur sens odieux et subversif.

Certes il est des cas où le gouvernement a le droit et le devoir de résister à l'opinion, même quand il n'est pas douteux que cette opinion est celle de la majorité. C'est bien l'opinion qui, durant un siècle et demi, a poussé le gouvernement à tant d'actes d'une intolérance tantôt perfide, tantôt cruelle, contre la religion réformée. Le gouvernement qui révoqua l'édit de Nantes et ordonna les dragonnades n'en fut pas pour cela moins coupable. La recherche de la popularité est la marque du souverain ou de l'homme d'État de second ordre. Un prince accompli, remplissant ses devoirs avec discrétion, froideur, réserve, n'empiétant sur la liberté de personne, n'ayant pas de vues propres, ne cherchant à se faire aimer que dans son intimité, ne se servant pas de sa position pour se faire des obligés personnels, un tel prince, dis-je, ne serait que modérément populaire. Il ne faut pas néanmoins que, pour se soustraire à la tyrannie de l'opinion, l'homme d'État se croie obligé de ne lui rien céder. Je sais quel charme austère il y a pour les fortes natures à braver la médiocrité impuissante et à provoquer la rage des sots. Il y a des personnes pour lesquelles la douceur d'être aimé n'approche pas de la douceur d'être haï. L'antipathie des esprits superficiels étant une marque sûre pour discerner les sages, les âmes fières croient voir dans l'impopularité une contre-épreuve de leur valeur morale. M. Guizot a trop savouré cette volupté, contre laquelle la plus haute philosophie ne met pas toujours en garde. Il s'est trop laissé aller à la joie dangereuse qu'on éprouve à faire sentir son dédain. L'opinion est une reine à sa manière, mais non une reine absolue; il faut lui tenir tête, quand on croit le devoir faire, mais en la respectant et en prenant dans l'opinion même le point d'appui nécessaire pour l'attaquer.

En somme, le gouvernement n'est ni une machine de résistance ni une machine de progrès. C'est une puissance neutre, chargée, comme les podestats des villes d'Italie, de maintenir la liberté de la lutte, non de peser dans la balance pour l'un des partis. Quand l'opinion force le gouvernement à agir dans le sens qu'elle désire, elle commet une injustice, car elle force un pouvoir qui devait jouer le rôle d'arbitre et de conciliateur à favoriser une direction au détriment de toutes les autres; elle écrase son adversaire en invoquant contre lui un auxiliaire redoutable, qui deviendra bientôt son maître à elle-même. La France, qui n'a pas assez de foi dans la liberté et qui croit trop volontiers que les idées s'imposent autrement que par la marche naturelle des esprits, commet souvent cette erreur. S'imaginant que le progrès s'opère par le dehors et que le bien peut se décréter, elle est satisfaite quand elle a semé ses jardins d'Adonis; elle se fie au soleil pour faire germer ses fleurs sans racines : elle ne voit pas que le seul progrès désirable consiste dans l'amélioration des âmes, l'affermissement des caractères, l'élévation des esprits.

Combien les conditions mêmes du gouvernement de Juillet lui rendaient difficile ce rôle presque effacé, sans lequel il ne peut guère y avoir de royauté solide ni de vraie liberté! Et d'abord le régime nouveau fut et ne pouvait manquer d'être le gouvernement d'une classe. Dans une société où tous les priviléges, tous les droits particuliers, tous les corps ont été détruits, il ne reste, pour constituer un collége de notables, qu'un seul signe, la richesse, dont la mesure est la taxe de l'impôt. Un tel système devait évidemment amener ce que M. Guizot appelle avec assez de justesse un « torysme bourgeois ». Au lieu de représenter des droits, le gouvernement ne pouvait plus représenter que des intérêts. Le matérialisme en politique produit les mêmes effets qu'en morale; il ne saurait inspirer le sacrifice ni par conséquent la fidélité. Le tory bourgeois conçu par M. Guizot est trop dominé par ses intérêts pour devenir un homme vraiment politique. On dira peut-être que ses intérêts bien entendus, en lui faisant sentir le besoin de la stabilité, suppléeront aux principes et l'attacheront solidement à son parti : il n'en est rien. Loin de lui conseiller la fermeté, ses intérêts le porteront à être toujours de l'avis du plus fort. De là ce type fatal sorti de nos révolutions, l'homme d'ordre comme on l'appelle, prêt à tout subir, même ce qu'il déteste, cet éternel Fouché, avec ses perfidies honnêtes, mentant par conscience, et, n'importe qui a vaincu, toujours vainqueur. On hésite parfois à être pour lui trop sévère, on peut soutenir que, d'ordinaire, un sentiment assez juste des besoins du moment l'a dirigé : il a trahi tous les gouvernements, il n'a pas trahi la France ; mais, je me trompe, il l'a trahie en inaugurant le règne de l'égoïsme, de la lâcheté et de cette funeste croyance que le bon citoyen se résigne à tout pour sauver ce qu'il regarde comme la seule chose nécessaire, l'intérêt de sa classe et l'ordre apparent de l'État.

L'Évangile a dit avec raison : « Qui veut sauver sa vie la perd. » L'intérêt ne saurait rien fonder, car, ayant horreur des grandes choses et des dévouements héroïques, il amène un état de faiblesse et de corruption où une minorité décidée suffit pour renverser le pouvoir établi. Le lendemain de ces sortes de surprise, l'esprit conservateur est en quelque sorte le complice des violateurs de la loi, car, se laissant égarer par un faux calcul et ne se piquant pas de chevalerie, il trouve plutôt son compte à accepter les faits illégaux qu'à les combattre. Ainsi, en voulant le repos à tout prix, il perd justement ce qu'il voulait acquérir par le sacrifice de son honneur et de sa fierté.

Le torysme bourgeois ne fonde pas la stabilité; il ne fonde pas non plus la liberté. Ce reproche n'atteint pas les hommes d'État estimables qui déployèrent, pour introduire les mœurs libérales parmi nous, tant de talent et d'éloquence. On n'a pas écrit sur les droits de la presse de plus belles et de plus fortes pages que celles qui se rencontrent çà et là dans le livre même qui fait l'objet de notre étude[1]. Malheureusement, le besoin de sécurité, qui forme le premier instinct des sociétés fondées sur l'intérêt, faisait un redoutable contre-poids à ces hautes théories. Plus frappés de l'abus que du droit, les hommes pratiques, dans leurs accès « d'ardent égoïsme », pour me servir d'une expression excellente de M. Guizot, réclamaient des mesures répressives contre ce qui les effrayait. Deux mois après la révolution de Juillet, on déclara parfaitement en vigueur les deux articles 291 et 294 du Code pénal ainsi conçus : « Nulle association de plus de vingt personnes dont le but sera de se réunir tous les jours, ou à certains jours mar-

---

1. Tome Ier, p. 50, 176, 282, 408 et suiv.

qués, pour s'occuper d'objets religieux, littéraires, politiques ou autres, ne pourra se former qu'avec l'agrément du gouvernement, et sous les conditions qu'il plaira à l'autorité publique d'imposer à la société. — Tout individu qui, sans la permission de l'autorité municipale, aura accordé ou consenti l'usage de sa maison, en tout ou en partie, pour la réunion des membres d'une association, même autorisée, ou pour l'exercice d'un culte, sera puni d'une amende de 16 à 200 francs. » Je ne veux pas nier qu'une telle législation ne fût nécessaire ; je fais seulement remarquer la bizarrerie d'un peuple qui brise une dynastie pour défendre la liberté, et qui, peu de jours après, est amené à se donner de telles chaînes. Je ne pense pas qu'aucune nation de l'antiquité ou du moyen âge ait jamais connu une loi aussi tyrannique. Supposez une telle loi dans le passé : ni l'Académie, ni le Lycée, ni le Portique, ni le christianisme, ni la Réforme, n'eussent été possibles, car ces grands mouvements ont sans contredit entraîné des réunions de plus de vingt personnes. Cet article-là, appliqué durant un demi-siècle, suffirait pour éteindre dans une société toute initiative intellectuelle et religieuse. M. Dupin réclama au moins les droits de la liberté religieuse, il ne fut pas écouté ; on admit en principe que nul n'a le droit de communiquer sa pensée à ses semblables sans la permission de l'autorité, et qu'à moins d'être salarié par le gouvernement, on ne peut avoir rien de bon à dire au public.

Comment a-t-il pu se faire qu'au lendemain d'une révolution libérale, une telle mesure ait été prise par des hommes fort libéraux ? La première cause d'une telle législation doit sans doute être cherchée dans cette déplorable tendance qu'ont parmi nous les associations populaires à se changer en comités de gouvernement. Le club est la chose du monde la plus légitime, tant qu'il reste une réunion où s'élaborent des opinions bonnes ou mauvaises : il est un crime dès qu'il aspire à être un pouvoir dans l'État. Mais les amis de l'ordre ne s'arrêtèrent pas à cette distinction essentielle. Ce qu'ils demandaient, c'est qu'on « mît un terme à toutes ces réunions qui venaient troubler la tranquillité publique et arrêter les opérations commerciales. » La liberté paya les frais de l'industrie en souffrance, et, pour rétablir les affaires de quelques industriels, on trouva tout simple d'établir sur la société un vaste couvre-feu. Qu'on se figure l'éclat de rire qui eût accueilli à Florence ou à Pise une requête des négociants demandant la suppression de la vie publique, parce qu'elle nuisait à leur commerce. Nous subissons trop la tyrannie de ces sortes d'intérêts, tout respectables qu'ils sont. L'État n'a point à se mêler de la fortune privée : on doit à l'industrie la liberté ; mais il ne faut pas lui sacrifier celle des autres. Chose étrange ! ce fut la garde nationale qui, de son propre mouvement et sans s'inquiéter si elle en avait le droit, envahit les clubs, siffla les orateurs (fort ridicules en effet, j'en suis sûr), et accompagna les assistants de huées à leur sortie. L'éducation de la liberté était si peu avancée, qu'un corps constitué en vue de la défense de l'ordre commettait, pour donner satisfaction à ses craintes, un acte vingt fois plus séditieux que ceux qu'il voulait empêcher.

J'ai insisté sur cet exemple, car il n'en est aucun qui mette aussi bien dans tout son jour la fatale réciprocité d'erreur qui existe d'une part entre la turbulence populaire, toujours portée à peser illégalement sur l'État, et de l'autre la timidité exagérée qui fait croire au parti conservateur que tout mouvement d'opinion doit être prévenu comme un danger. Les complots, les sociétés secrètes ont presque toujours leur point de départ dans une liberté violée. L'Angleterre n'a pas de conspirateurs, parce qu'elle a des *meetings*. — Le *meeting*, dira-t-on, c'est le club, et le club, c'est l'anarchie. — Le club est l'anarchie dans un état de choses où, pour obtenir ce que l'on désire, il faut renverser le pouvoir et se mettre à sa place. Le club sera ou utile ou inoffensif quand les voies légales de la propagande et de la résistance seront permises à tous. Ouvrez sur tous les points du volcan social des foyers partiels, et vous éviterez ces explosions qui ébranlent le monde. L'attente est insupportable pour la minorité opprimée qui ne voit devant elle aucune espérance; elle est presque douce, quand on peut se croire sûr de triompher à son jour par la force de l'opinion. Tout est venin sans la liberté; l'ordre même n'est, sans elle, qu'un mensonge. Dix-sept ans après la fermeture du dernier des clubs sortis de la révolution de Juillet, un misérable enfantillage, un dîner qu'il aurait dû être permis de faire à la seule condition de ne pas gêner la voie publique, suffit pour anéantir le fruit de tant de nobles travaux, et pour ouvrir un abîme dont nous sommes loin encore d'avoir entrevu la profondeur.

Ainsi on combattait la révolution par les moyens révolutionnaires par excellence. On était violent pour l'ordre, séditieux dans la modération. On fortifiait le principe d'où sont sorties toutes les perturbations des temps modernes, cette défiance de la liberté qui porte les gouvernements à regarder ce qui se fait en dehors d'eux comme fait contre eux, à fermer les voies du prosélytisme régulier, à s'attribuer la régie de l'opinion. Que peut faire, dans un tel état politique, l'homme dévoué avec quelque énergie à la doctrine, vraie ou fausse, qu'il a embrassée? Une seule chose : chercher à être le maître du gouvernement, pour faire prévaloir par la force l'idée qu'il n'a pu servir par les voies pacifiques de la discussion. Tout devient de la sorte une question d'État. La plus humble ambition est obligée de revêtir une forme politique. Une machine d'une effrayante puissance, et auprès de laquelle les efforts individuels ne sont qu'un atome, a été créée; chaque homme, au lieu de combattre pour son opinion avec ses forces isolées, cherchera nécessairement à s'emparer du redoutable levier au moyen duquel le premier venu soulève le monde. Saint Paul, de nos jours, devrait songer à être ministre ou tribun; Luther et Calvin seraient obligés de se faire conspirateurs.

Toutes les critiques qu'on est en droit d'adresser à ceux qui dirigèrent dans les premières années le gouvernement issu de la révolution de Juillet se résument de la sorte en un mot : ils aimaient la liberté, mais ils n'en comprenaient pas bien les conditions. La Révolution et l'Empire, qui n'avaient pu créer aucune institution politique, avaient créé en revanche une administration singulièrement étendue et compliquée. La Restauration conserva dans son ensemble l'administration impériale, en la tempérant par un système d'égards et de considérations personnelles qui valait mieux que l'égalité dans la sujétion, mais qui ne profita guère qu'à la noblesse. Ces limites furent regardées par les libéraux comme des abus, et la révolution de Juillet fut un retour pur et simple à l'administration impériale. On ne vit pas qu'on cherchait à fonder la liberté en fortifiant le plus grave des obstacles qui s'opposent à la liberté. « Là où l'administration, dit très-bien M. Guizot, est libre comme la politique, quand les affaires locales se traitent et se décident par des autorités ou des influences locales et n'attendent ni leur impulsion ni leur solution du pouvoir central, qui n'y intervient qu'autant que l'exigent absolument les affaires générales de l'État, en Angleterre et aux États-Unis d'Amérique, en Hollande et en Belgique, par exemple, le régime représentatif se concilie sans peine avec un régime administratif qui n'en dépend que dans d'importantes et rares occasions. Mais, quand le pouvoir supérieur est chargé à la fois de gouverner avec la liberté et d'administrer avec la centralisation, quand il a à lutter au sommet pour les grandes affaires de l'État, et en même temps à régler partout, sous sa responsabilité, presque toutes les affaires du pays, deux inconvénients graves ne tardent pas à éclater : ou bien le pouvoir central, absorbé par le soin des affaires générales et de sa propre défense, néglige les affaires locales, et les laisse tomber dans le désordre et la langueur, ou bien il les lie étroitement aux affaires générales, les fait servir à ses propres intérêts, et l'administration tout entière, depuis le hameau jusqu'au palais, n'est plus qu'un moyen de gouvernement entre les mains des partis politiques qui se disputent le pouvoir. » Ce qu'il y a d'étrange, c'est que le parti qui se croyait le plus libéral était le plus porté à commettre cette faute. M. Guizot en fut d'abord aussi exempt que le permettaient les circonstances. « Cherchez des hommes qui pensent et agissent par eux-mêmes, écrivait-il le 14 septembre 1830, comme ministre de l'intérieur, à M. Amédée Thierry, préfet de la Haute-Saône. Le premier besoin de ce pays-ci, c'est qu'il s'y forme sur tous les points des opinions et des influences indépendantes. La centralisation des esprits est pire que celle des affaires. »

Ces excellents principes ne furent guère suivis. L'État, en janvier 1848, était bien plus chargé de fonctions qu'en juin 1830. Les progrès du budget durant ces dix-huit années le prouvent; or, tout progrès du budget correspond à quelque diminution de liberté. Il y aurait une souveraine injustice à comparer le genre de tyrannie sorti de nos perfectionnements administratifs avec les tyrannies brutales qui ont laissé dans l'histoire un sanglant souvenir. Les tortures et les supplices du passé opposés à l'apparente douceur de notre législation font croire au premier coup d'œil qu'un âge d'or a succédé à un âge de fer. On ne pense pas que le propre du régime administratif est de prévenir ce que les régimes anciens punissaient; sa douceur est peu méritoire, je dirai presque qu'elle est fâcheuse, car, en imposant d'avance la sagesse, elle rend impossible toute initiative. La presse au xviiie siècle était assujettie à une législation en apparence plus sévère que celle de notre temps, puisque la peine de mort y figurait, et pourtant Voltaire passa à travers les larges mailles du filet de la censure. La première édition de l'*Esprit des Lois* ne put être imprimée en France; mais en dix-huit mois il en fut fait vingt-deux éditions clandestines. De nos jours, un pamphlet de Hollande serait arrêté au premier relais. L'extension des services publics, en plaçant entre les mains de l'État des intérêts chers à tous, a mis la société entière dans la dépendance du gouvernement. Sous un tel régime, tous ont besoin de l'État à un certain jour, et celui qui se met en dehors de l'ordre officiel est, comme un ilote, privé de ses droits naturels. On arrive de la sorte à constituer une aristocratie de fonctionnaires, ayant la plupart des inconvénients de 'ancienne noblesse, sans offrir les mêmes avantages.

L'école libérale de 1830, en rêvant une royauté républicaine, au lieu de fonder une royauté limitée, gouverna en réalité plus que personne. Au lieu de diminuer la royauté, tous à l'envi travaillèrent à l'augmenter. La vraie conduite libérale eût été de rendre à l'individu le plein pouvoir d'exercer son action pour le bien et pour le mal dans la limite où le droit des autres n'est pas violé, de laisser les corporations, les associations, les réunions de toute espèce s'établir, de créer ainsi entre les hommes des liens différents de ceux de l'État. On suivit une voie tout opposée : le grand reproche que l'opposition adressa au gouvernement fut de ne pas assez faire, c'est-à-dire évidemment de ne pas assez gouverner. On crut sauver la liberté en disputant au roi le droit de régner par lui-même et en essayant de transporter au conseil des ministres la pleine souveraineté : discussion assez stérile, car il m'importe assez peu par qui je suis gouverné, si je suis trop gouverné. Certes les garanties parlementaires sont indispensables, car sans elles tout gouvernement est amené par la force des choses à empiéter sur ce qui ne le concerne pas; mais ce qui importe avant tout, c'est que ceux qui gouvernent, quels qu'ils soient, se renferment dans les bornes prescrites par les droits de chacun. En politique, la liberté est le but qui ne doit jamais être sacrifié, et auquel tout doit être subordonné.

A vrai dire, l'opposition libérale, en poussant de plus en plus la France dans cette voie de gouvernement, ne faisait que suivre la tradition de la Révolution, comme la Révolution ne faisait que suivre le mauvais exemple de la royauté des deux derniers siècles. Un publiciste éminent, dont la France éclairée porte le deuil, a démontré, dans le plus beau livre de philosophie politique et historique qui ait paru en ces dernières années, que la liberté n'est pas précisément dans la tradition de la France. On peut l'avouer sans faire cause commune avec ceux qui pensent qu'il n'y a rien à faire pour l'établir parmi nous. Le vrai patriote n'est pas celui qui cherche à découvrir les côtés faibles de sa nation pour les flatter. Gardons-nous de ce fatal raisonnement qui porte l'orgueilleux à être fier de ses défauts et à ne rien faire pour acquérir les vertus opposées. Si la France jusqu'ici a péché par absence de liberté, c'est par la liberté qu'il faut chercher à la guérir. La vraie cause des révolutions est la notion de l'État qui est résultée de l'action combinée de Richelieu, de Louis XIV, de la République[1] et de l'Empire. On ne sortira de l'ère des

---

1. Il importe d'observer que ce reproche ne doit point tomber sur les hommes supérieurs qui préparèrent la Révolution ou même la

révolutions qu'en réformant cette idée : or, on ne réforme l'idée exagérée de l'État qu'en la corrigeant par la liberté. La lutte et l'agitation sont des choses aussi vieilles que l'humanité ; ce qui caractérise notre siècle, ce sont ces brusques et complets revirements qui font qu'aucun gouvernement ne tombe à demi. L'édifice qui posait autrefois sur une foule d'étais, dont plusieurs pouvaient faiblir en même temps sans entraîner sa chute, ne porte plus que sur un point ; une attaque à la base suffit pour jeter par terre le colosse dont la tête a été démesurément grossie. Paris n'est pas coupable, ainsi qu'on le répète souvent, de cette instabilité. On détruirait le caractère révolutionnaire de Paris qu'on ne détruirait pas la révolution. On n'arrêtera la révolution que le jour où l'on amoindrira et divisera les gouvernements trop forts que la révolution française a créés, le jour où l'on cessera d'envisager les travaux publics, l'instruction publique, la religion, les beaux-arts, la littérature, la science, le commerce, l'industrie comme des branches de l'administration. La stabilité des gouverne-

---

commencèrent, Montesquieu, Turgot, politiques de premier ordre et vraiment libéraux. Il tombe sur l'école révolutionnaire proprement dite, qui se rattachait surtout à Rousseau, et qui a donné à la révolution française son caractère définitif, c'est-à-dire sa tendance vers l'organisation abstraite, sans tenir compte ni des droits antérieurs ni de la liberté.

ments (M. de Tocqueville l'a établi) est en raison inverse de leur puissance, ou, pour mieux dire, de l'étendue de leur action. Qu'est-ce que le pouvoir de la reine d'Angleterre comparé à celui dont furent investis les chefs de nos différents gouvernements? Et pourtant quel est celui de nos gouvernants depuis un siècle qui s'est assis sur son trône avec autant de sécurité que la reine d'Angleterre?

Et qu'on ne dise pas que c'est là un idéal réservé pour un lointain avenir, qu'il faut encore à la France une longue éducation pour être capable de le réaliser. S'il en est ainsi, laissons toute espérance. Si la France n'est pas mûre pour la liberté, elle ne le sera jamais. L'éducation politique ne se fait point par le despotisme; un peuple qui a longtemps subi le système administratif s'y enfonce toujours de plus en plus. Je ne me fais pas d'illusion sur les inconvénients qu'entraînerait d'abord un régime qui, pour être bienfaisant, a besoin qu'on en sache longtemps attendre les conséquences; mais je crois pouvoir dire sans paradoxe que le mal qui résulte de la liberté vaut mieux en un sens que le bien qui résulte du régime administratif. Le bien n'est le bien que quand il sort de la conscience des individus; le bien imposé du dehors aboutit à la longue au mal suprême, qui est pour une nation la léthargie, le matérialisme vulgaire, l'absence d'opinion, la nullité officielle, sous l'empire de laquelle on ne hait rien ni n'aime rien. L'institution d'un pouvoir investi du droit de mettre tout le monde d'accord, d'écarter, comme l'on dit, les causes de division entre les citoyens, semble au premier coup d'œil un précieux bienfait. Elle n'a qu'un défaut, c'est qu'au bout de cinquante ans, elle aura cent fois plus exténué la nation que ne l'aurait fait une série de guerres civiles et religieuses. Ces guerres, quelque déplorables qu'elles fussent, rendaient d'ordinaire le peuple plus sérieux et plus énergique. L'administration, au contraire, détruit le ressort des âmes en les assujettissant à une tutelle continue. Le clergé seul a pu jusqu'ici conserver en présence de cette force envahissante quelques priviléges, à peu près comme l'on vit, aux derniers jours de l'empire d'Occident, les évêques rester debout au milieu d'une société tuée par l'administration ; mais, quoique le clergé soit un bon auxiliaire dans la lutte contre le despotisme, puisque tout despotisme est amené forcément à se brouiller avec le pouvoir spirituel, il faut avouer qu'en général ce corps ne se soucie guère que de sa propre indépendance. Le catholicisme d'ailleurs, en accoutumant l'homme à se démettre sur autrui d'une foule de soins, tels que l'éducation des enfants, la charité publique, la direction de sa propre conscience, offre en général de graves dangers pour la liberté.

On arrive ainsi de toutes parts à regarder la liberté comme la solution par excellence et comme le remède à presque tous les maux de notre temps. Bien des personnes se sont habituées, sur la foi de quelques sectaires, à croire que la liberté ne convient qu'aux époques où, personne n'étant sûr de posséder la vérité, aucune opinion n'a le droit de repousser les autres d'une manière absolue. C'est là une grave erreur. La liberté est en tout temps la base d'une société durable. D'une part, en effet, la vérité ne se démontre qu'à des auditeurs libres ; d'une autre, la possibilité de mal faire est la condition essentielle du bien. Le monde moderne ne peut échapper au sort des civilisations antiques qu'en laissant à chacun le droit entier de faire valoir à sa guise le talent qu'il a reçu du maître. La dignité de l'homme est en raison de sa responsabilité. Que chacun tienne donc sa destinée entre ses mains; que la société prenne garde, en prévenant le mal, de rendre du même coup le bien impossible. Quand même il faudrait acheter de nouveau la liberté au prix de la barbarie, plusieurs pensent qu'elle ne serait pas trop chèrement achetée; car seule la liberté donne aux individus un motif de vivre, et seule elle empêche les nations de mourir.

Les *Mémoires* de M. Guizot jettent beaucoup de lumière sur ces grands problèmes de l'histoire contemporaine. Ni par son livre ni par ses actes, M. Guizot n'est arrivé ni n'arrivera à la popularité. Cette équivoque récompense est chez nous réservée à des qualités et à des défauts qui ne sont pas les siens. La France, en mesurant la gloire, consulte bien plus ses préférences que la froide justice. La gloire est pour elle une récompense nationale, et non un jugement de la raison. Avoir une doctrine en face de sa volonté est presque une sédition. La France veut qu'on la flatte et qu'on partage ses fautes ; ce qu'elle pardonne le moins, c'est d'avoir été plus sage qu'elle. Le poëte frivole, docile écho des erreurs de la foule, fut son idole; le penseur austère qui chercha à s'élever au-dessus des préjugés de son temps et de son pays encourut le plus grave des reproches, celui de n'être pas « national ». Coupable ne n'avoir livré au hasard que ce qu'il ne pouvait lui soustraire, et d'avoir songé à l'avenir dans un pays qui fait parfois de la prudence un crime d'État, M. Guizot (et je suppose qu'il en est fier) doit paraître à peine un homme de son temps à ceux pour qui le patriotisme consiste à ne rien prévoir. Ses *Mémoires* sont un éloquent appel de ces faux jugements au tribunal de l'opinion impartiale. Durant les dix-huit années qu'ils embrassent jusqu'ici, les fautes de M. Guizot furent le plus souvent celles de l'opinion dominante ou celles de la fatalité. Les livres suivants nous raconteront des fautes qui lui ont été personnelles. Peut-être verra-t-on du moins qu'elles sortirent comme une conséquence des nécessités de la situation, et que ses adversaires en furent souvent aussi coupables que lui.

L'INSTRUCTION SUPÉRIEURE

EN FRANCE.

Entre les meilleurs symptômes de notre temps, il faut compter le goût général qui s'est manifesté dernièrement pour les exercices de l'esprit, l'éveil qui en est résulté dans le public éclairé ou avide de s'instruire, les facilités accordées par l'administration au développement de ces utiles essais. Un danger, comme il arrive toujours, s'est révélé à la suite des tentatives nouvelles. Beaucoup de personnes, et des plus sérieuses, ont cru remarquer que la démocratie, en mettant au premier rang l'intérêt des classes les plus nombreuses, en posant comme un principe que ce que tous payent doit être utile à tous, finirait par porter un grave préjudice aux grandes découvertes, à celles qui prennent naissance dans la pensée d'un petit nombre avant de devenir le bien commun de l'humanité. Il est certain en effet que la haute culture est, à quelques égards, une chose tout à fait aristocratique. Pour y prendre part, il faut des études spéciales, une vie entièrement vouée à la recherche et à la méditation. Pour en sentir le prix, il faut une étendue de connaissances, une philosophie, une vue d'ensemble sur l'avenir et le passé, dont très-peu de personnes sont capables. Si un jour les contribuables, pour admettre l'utilité du cours de mathématiques transcendantes au Collége de France, devaient comprendre à quoi servent les spéculations qu'on y enseigne, cette chaire courrait de grands risques. Je crois cependant que ces inquiétudes reposent sur une idée inexacte des aspirations du peuple dans les temps modernes. Pas plus dans l'ordre des choses de l'esprit que dans l'ordre politique et social, le peuple n'est capable d'analyser ce qu'il veut; mais il veut avec justesse. Ce que l'influence démocratique favorisera sera, j'imagine, très-aristocratique. L'art que le peuple encouragera, ce sera le grand art et non les mièvreries où se complaisent les époques fatiguées. La littérature que le peuple inspirera sera une littérature noble s'adressant aux hauts sentiments, et non une littérature frivole, consistant en jeux d'esprit et en tours de force d'exécution. Le style que le peuple voudra sera le français de grand aloi, simple, naturel, non cette langue maniérée, variable à tout vent de doctrine, que la fantaisie individuelle essaye de créer. J'espère de même que la démocratie future, sans entrer dans le détail de la science, en saisira d'instinct l'esprit et la portée. Elle éprouvera devant les savants le même sentiment que les barbares éprouvaient à l'égard des saints à l'époque mérovingienne, un sentiment de respect et d'étonnement, comme devant un secret qu'on ne perce qu'à demi. Le peuple comprendra que le progrès de la recherche positive est la plus claire acquisition de l'humanité, et que cette acquisition importe avant tout à ceux qu'elle délivre et ennoblit. Un monde sans science, c'est l'esclavage, c'est l'homme tournant la meule, assujetti à la matière, assimilé à la bête de somme. Le monde amélioré par la science sera le royaume de l'esprit, le règne des fils de Dieu.

Le principal motif qui porte d'excellents juges à craindre pour la haute culture les influences de la démocratie, c'est l'opinion très-répandue que la science, quand elle veut se faire accepter du grand nombre, est obligée de se rapetisser. La vérité est qu'il y a deux manières de rendre la science accessible à tous : c'est de la prendre par son très-grand ou par son très-petit côté. Le milieu, qui est l'ordre des déductions spéciales, échappe à quiconque n'a pas d'études préalables. Les hommes d'exposition commettent d'ordinaire la faute, pour se mettre au niveau de leur public, de se rabattre sur les anecdotes, les analogies superficielles, les expériences voyantes, les mesquines applications; mais on réussirait beaucoup mieux en attaquant les plus hauts sommets, où toutes les vérités se rencontrent comme en un foyer et deviennent en quelque sorte de droit commun. Dans l'ordre des choses religieuses, morales, philosophiques, je ne suis pas d'avis qu'il faille initier la foule à nos distinctions, à nos subtilités; mais je maintiens qu'il n'y a pas de vérité si fine, si délicate, que tous ne puissent la comprendre. Le travail par lequel on rend populaires les résultats philosophiques est, non pas un amoindrissement, mais une traduction. C'est une erreur capitale que de traiter le peuple comme un enfant : il faut le traiter comme une femme. Un discours tenu devant des femmes est meilleur que celui qu'on tient en leur absence, car il est assujetti à plus de règles, il obéit à des exigences plus sévères. Ce qu'on écrit pour le peuple doit aussi se distinguer du reste en étant plus châtié. On peut lui tout dire, mais à la condition de ne rien dire qu'il ne comprenne, et surtout de ne rien dire qui puisse être mal compris.

·I.

Rien de grand jusqu'ici, non-seulement en France, mais dans aucun pays du monde, ne s'est passé tout à fait en dehors de l'État. Notre temps est arrivé, pour la première fois, à concevoir une organisation sociale où, l'initiative individuelle ayant toute liberté, l'État, réduit à un simple rôle de police, ne s'occuperait ni de religion, ni d'éducation, ni de littérature, ni d'art, ni de morale, ni d'industrie. C'est là un idéal vers lequel il faut tendre, quand bien même il serait impossible de l'atteindre entièrement. Le premier article de notre foi politique, sociale, philosophique, religieuse, c'est la liberté, et la liberté signifie pour nous l'abstention de l'État en tout ce qui n'est pas intérêt social immédiat; mais un second point sur lequel je ne pense pas que deux hommes judicieux puissent différer, c'est qu'un tel idéal est fort éloigné encore, et que le moyen de l'ajourner indéfiniment serait justement une trop prompte abdication de l'État. Il est peu conforme à notre système que l'État s'occupe d'éducation, et pourtant je ne crois pas qu'un seul libéral réclame pour demain la suppression du ministère de l'instruction publique. L'essentiel est qu'en rien l'influence de l'État ne soit exclusive. Or, grâce à l'esprit d'individualisme qui a jeté dans le monde civilisé de si fortes racines, le bon ou le mauvais vouloir d'un gouvernement ou même de tous les gouvernements pour les choses de l'esprit n'a plus qu'une importance assez secondaire. Le goût et les opinions personnelles de Louis XIV étaient la loi de son époque. Au xviiie siècle, les hommes qui tenaient à exercer une action sur leur temps étaient obligés de tenir grand compte d'un Frédéric, d'une Catherine. Le public européen est devenu de nos jours le véritable souverain intellectuel. Dans un si vaste monde, les intrigues et le charlatanisme sont de nulle conséquence. L'étendue fait le même effet que le temps ; à cent ans de distance, tous les mérites sont remis à leur place : de même l'Europe éclairée ne se trompe pas longtemps sur la valeur des hommes et des idées. Ce juge incorruptible, insaisissable, est le vrai Mécène ; on le gagne par de bonnes raisons, et non en lui faisant la cour.

Pour tout ce qui peut s'appeler art ou littérature, la question du patronage de l'État est d'une solution relativement facile. Une réforme qui supprimerait un tel patronage sur la poésie, les ouvrages d'imagination, la peinture, la musique, la sculpture, serait à l'heure qu'il est presque mûre. Le véritable encouragement ici, c'est la liberté. L'art et la littérature véritables d'un temps sont ceux que ce temps fait vivre, car un temps n'encourage jamais que la littérature et l'art qui répondent à son sentiment et à ses besoins. Une telle littérature peut être fort mauvaise, si le siècle est mauvais ; mais c'est la littérature du siècle. Maintenir artificiellement et bon gré mal gré, en dehors du public, des genres qu'il ne demande pas, est assez stérile, car cela ne produit jamais d'œuvre franche et vraie. Il arrive d'ailleurs presque fatalement que ces encouragements, n'étant pas réclamés par les vrais artistes, qui trouvent leur récompense dans leur entente avec le goût public, ne vont qu'à la médiocrité, et contribuent à jeter dans les carrières nobles des personnes sans vocation qui n'y voient qu'un métier.

Quoi qu'il en soit de ce point, sur lequel il faudrait encore éviter les solutions hâtives et trop radicales, on ne saurait nier que la culture supérieure de l'esprit ne constitue un véritable intérêt d'État. L'État a un intérêt de premier ordre à posséder des savants dans les sciences physiques et mathématiques. Ces sciences ont amené et amèneront encore des révolutions capitales dans la guerre, l'industrie, le commerce, l'administration. A l'heure qu'il est, il y a au monde deux classes de nations : les unes qui ont des savants, les autres qui n'en ont pas. Ces dernières sont aussi abaissées sous le rapport politique que sous le rapport intellectuel. L'Orient musulman a tenu tête à l'Occident et même l'a vaincu jusqu'au XVIe siècle, c'est-à-dire jusqu'à l'avénement de la science moderne. Le monde musulman s'est tué en étouffant dans son sein le germe de la science au XIIIe siècle. Ce que je viens de dire des sciences mathématiques et physiques, on peut le dire des sciences historiques. Ces sciences ne sont autre chose que la recherche des lois qui ont présidé jusqu'ici au développement de l'espèce humaine. Elles sont la base des sciences sociales. Sans elles, il n'y a que des esprits sans solidité, sans vivacité, sans pénétration. L'Oriental est inférieur à l'Européen, bien moins encore parce qu'il ne connaît pas la nature que parce qu'il ne connaît pas l'histoire. La grande cause de cette infériorité des États-Unis dont on a peine d'abord à se rendre compte, qui est réelle cependant, c'est l'absence de grandes institutions pour les choses de l'esprit, telles que les universités, les académies, les aristocraties intellectuelles de nos capitales européennes. Il n'est pas indifférent à l'État que les esprits soient universellement lourds et grossiers.

Ajoutons qu'en fait de science les objections qu'on peut opposer au rôle de l'État dans les choses de goût ne peuvent être reproduites. Il y a de graves inconvénients à ce que l'État ait une opinion en fait d'art, en fait de poésie. Il faut pour cela qu'il ait un dogme, qu'il soit classique ou romantique, qu'il prenne parti dans des choses absolument libres et relevant du choix de chacun. En patronnant la science, au contraire, l'État ne tranche aucune opinion controversée. Il s'agit de recherches positives, sujettes sans doute à mille discussions, mais où le goût individuel n'est pour rien. L'État n'est pas obligé de veiller à ce qu'il y ait toujours des gens s'occupant de faire des épopées ou des tragédies, mais il est obligé de veiller à ce qu'il y ait toujours des gens poursuivant l'investigation scientifique. En encourageant ces investigations, il ne prend parti pour aucune école, il sert seulement le mouvement général de l'esprit. Dans une société beaucoup plus perfectionnée et où la haute culture serait bien plus répandue, de tels encouragements seraient inutiles ; mais dans notre société ils sont indispensables. La science n'est le plus souvent cultivée que par des personnes obligées de vivre de leur travail. Or, la science, source de tout progrès, est par elle-même improductive. Elle enrichit celui qui met en œuvre, mais non le véritable inventeur. Ni Newton ni Leibnitz n'ont tiré aucun avantage pécuniaire de leur invention du calcul différentiel. Les vrais créateurs de la chimie n'ont pas profité des immenses fortunes industrielles que leurs découvertes ont fait faire. Cela est juste, car ils ont eu la gloire. En tout cas, cela est inévitable. Il faut donc que la société intervienne pour réparer cette injustice nécessaire, dont elle bénéficie; je dis mal, pour faire des avances en une entreprise dont elle touchera les fruits.

Le moyen âge, qui n'avait pas l'idée de l'État, procédait ici par de tout autres voies. Le développement intellectuel et moral appartenait en principe à l'Église; mais la maîtrise des choses de l'esprit arriva bientôt à former dans le sein de l'Église un ordre indépendant. Les universités, qui d'abord relevaient directement de l'autorité ecclésiastique, s'affranchirent peu à peu en s'appuyant sur la royauté, et formèrent une espèce de pouvoir, en partie ecclésiastique, en partie laïque, qui représenta la culture d'État. Le xiie et le xiiie siècle furent l'époque florissante de ce grand mouvement, qui rendit célèbres dans le monde entier la montagne Sainte-Geneviève, le clos de Garlande, les échoppes de la rue du Fouarre. Ce fut un mouvement fort original, surtout dans ses commencements, une vraie renaissance, mais qui ne sut pas porter des fruits durables. Au xiv⁰ et au xv⁰ siècle, les universités sont en pleine décadence, envahies par le pédantisme, uniquement préoccupées de l'enseignement, ne faisant presque rien pour le progrès de l'esprit humain. La vraie et grande renaissance, celle que l'Italie a la gloire éternelle d'avoir fondée, se fait en dehors des universités. Bien plus, elle compta dans les universités ses ennemis les plus acharnés; elle ameuta les docteurs de toute espèce. Elle fut l'œuvre de Florence, non de Padoue, des gens du monde, non des professeurs. Ni Pétrarque, ni Boccace, ni Bacon, ni Descartes, ne sont des hommes d'université. L'université de Paris en particulier, au xvi⁰ siècle, atteignit le dernier degré du ridicule et de l'odieux par sa sottise, son intolérance, son parti pris de repousser toutes les études nouvelles. Il fallut que la royauté, qui par sa puissante tutelle avait presque affranchi l'université de l'Église, prît sous sa protection, contre l'université, le mouvement scientifique, et, par le Collége de France au xvi⁰ siècle, par les académies au xvii⁰, créât un contre-poids à ces habitudes de paresse, à cet esprit de négation malveillante dont les corps purement enseignants ont beaucoup de peine à se préserver.

Le mouvement scientifique en France a eu ainsi

pour patron la royauté. Nous n'avons pas à rechercher si ce patronage fut toujours éclairé. Dans notre pensée, la royauté, par l'extermination du protestantisme, causa aux fortes études bien plus de dommage qu'elle ne leur fit de bien par ses faveurs. Le protestantisme français sous Henri IV et Louis XIII avait été une merveilleuse école de philologie et de critique historique. La France protestante était en train de faire dans la première moitié du xviie siècle ce que l'Allemagne protestante fit dans la seconde moitié du xviiie. Il en résultait pour tout le pays un admirable mouvement de discussion et de recherches. C'était le temps des Casaubon, des Scaliger, des Saumaise. La révocation de l'édit de Nantes brisa tout cela. Elle tua les études de critique historique en France. L'esprit littéraire étant seul encouragé, il en résulta une certaine frivolité. La Hollande et l'Allemagne, en partie grâce à nos exilés, eurent presque le monopole des études savantes. Il fut décidé dès lors que la France serait avant tout une nation de gens d'esprit, une nation écrivant bien, causant à merveille, mais inférieure pour la connaissance des choses, et exposée à toutes les étourderies que l'on n'évite qu'avec l'étendue de l'instruction et la maturité du jugement.

Le régime des universités du moyen âge avait à

peu près disparu en France au xviiie siècle[1]. Ce régime se continuait en Angleterre, en Allemagne, en Hollande, en Suède, et dans tous ces pays il est venu jusqu'à nos jours. On ne peut dire qu'en Angleterre un tel régime ait produit des résultats de premier ordre. Oxford et Cambridge ont eu au xviie et au xviiie siècle des hommes éminents, mais n'ont été le théâtre d'aucun grand mouvement. Ces vieilles institutions ont fini par s'endormir dans une routine, une ignorance, un oubli des grands intérêts de l'esprit, qu'on eût pu croire incurables, si l'Angleterre ne possédait dans ses libertés, dans l'éveil et l'activité des individus, le remède à tous les maux. C'est en Allemagne que le régime des universités porta des fruits merveilleux. On peut dire que l'Allemagne a fait dans l'ordre des choses de l'esprit ce que l'Angleterre a fait dans l'ordre politique. L'Angleterre a tiré de la féodalité, ailleurs insupportable et tyrannique, la constitution la plus libérale qui ait jamais existé. L'Allemagne a tiré des universités, ailleurs aveugles et obstinées, le mouvement intellectuel le plus riche, le plus flexible, le plus varié, dont l'histoire de l'es-

---

[1]. Les jésuites l'avaient tué. Les colléges de l'université eux-mêmes imitaient plus ou moins les colléges des jésuites. Le système d'éducation française créé après la Révolution sous le nom d'« Université » tient en réalité beaucoup plus des jésuites que des anciennes universités.

prit humain ait gardé le souvenir. La division de l'Allemagne en petites principautés et l'esprit particulier du luthéranisme, plus doux, plus tolérant, plus dégagé que le calvinisme des symboles absolus, produisirent, en ce qui concerne la science libre, des résultats admirables et un mouvement intellectuel dont les renaissances du xiie et du xvie siècle n'approchèrent pas. Pendant que la France, avec ses gens du monde et ses gens d'esprit, créait la philosophie du xviiie siècle, expression dernière d'un bon sens superficiel, sans méthode, sans possibilité de progrès, l'Allemagne, avec ses docteurs, créait l'histoire, non l'histoire anecdotique, amusante, déclamatoire ou spirituelle, dont la France avait fort bien eu le secret, mais l'histoire envisagée comme le parallèle de la géologie, l'histoire recherchant le passé de l'humanité, de même que la géologie recherche les transformations de la planète. Il fallait d'abord reconstituer les textes anciens, dont les critiques du xvie siècle, hommes éminents pour la plupart, mais condamnés à une œuvre trop hâtive, avaient supprimé les difficultés et souvent altéré les détails. Il fallait découvrir des sources nouvelles, principalement au moyen de l'étude de l'Orient. Il fallait surtout interpréter les témoignages antiques, en peser la valeur, en discuter l'authenticité, se placer dans le milieu intellectuel où vivait l'écrivain et où se formèrent les traditions, pour les contrôler et les comprendre. Voilà ce que l'Allemagne fit ou refit dans vingt écoles savantes avec une suite, une persistance, une pénétration merveilleuses. Certes la France y avait amplement contribué. D'abord, dans sa grande période scientifique, de François Ier à Louis XIII, elle avait, comme je l'ai déjà dit, préludé à ce que l'Allemagne réalisa plus tard. Même au xviiie siècle, l'Académie des inscriptions et belles-lettres compta cinq ou six hommes vraiment éminents, qui fondaient la critique à leur manière, manière en un sens supérieure à celle de l'Allemagne ; mais ils étaient isolés. En fait de critique, le plus spirituel des hommes ne sortait pas des contre-sens naïfs ou puérils de la vieille école. Voltaire ne comprenait ni la Bible, ni Homère, ni l'art grec, ni les religions antiques, ni le christianisme, ni le moyen âge. Il faisait une œuvre excellente, il fondait la tolérance, la justice, le bon sens public : inclinons-nous devant lui, nous vivons de ce qu'il a fondé ; mais dans l'ordre de la pensée il a peu de chose à nous apprendre. Il n'était pas dans la tradition de la grande culture ; il n'est sorti de lui aucune série vraiment féconde de recherches et de travaux. Voltaire n'a pas fait d'école. Je vois ce qui est sorti de Descartes, de Newton, de Kant, de Niebuhr, des Schlegel, des Humboldt, mais non ce qui est sorti de Voltaire.

De nos jours, bien qu'en décadence, le mouvement des universités allemandes est encore très-brillant, et constitue la part principale du travail sérieux de l'esprit humain. Dans les sciences physiques et mathématiques, ces grandes écoles ont peut-être des rivales; mais dans les sciences historiques et philologiques leur supériorité est telle, que l'Allemagne, en ces études, peut être considérée comme rendant plus de services que tout le reste de l'Europe ensemble. La vaste reconstitution des textes grecs et latins qui s'est faite depuis cinquante ans est l'œuvre de l'Allemagne. La philologie comparée est la création de l'Allemagne. La critique historique lui doit, sinon sa création, du moins ses plus larges applications. Je ne vois que l'archéologie et les voyages scientifiques où sa gloire soit égalée. Une université allemande de dernier ordre, Giessen ou Greifswald, avec ses petites habitudes étroites, ses pauvres professeurs à la mine gauche et effarée, ses *privatdocent* hâves et faméliques, fait plus pour l'esprit humain que l'aristocratique université d'Oxford, avec ses millions de revenu, ses colléges splendides, ses riches traitements, ses *fellows* paresseux. Dieu me garde de médire de l'Angleterre! Dans les sciences physiques et mathématiques, elle a des hommes de premier ordre. En toute chose, elle compense par la grandeur des efforts individuels la faiblesse des directions officielles; mais dans les sciences historiques et philologiques, le peu de disposition de l'esprit anglais pour comprendre ce qui n'est pas lui, la pesanteur de son gros bon sens pratique, qui n'est guère de mise en ces études, lui créent une réelle infériorité. On dirait que l'aptitude pour les sciences dont nous parlons est en raison inverse de l'aptitude à la politique. Je voulus un jour lire Macaulay; ces partis tranchés, cette façon de n'aimer pas ses ennemis, ces préjugés avoués, ce manque d'impartialité, cette absence de la faculté de comprendre les choses contraires, ce libéralisme qui n'est pas de la largeur d'esprit, ce christianisme si peu chrétien, me blessèrent. Telle est la pauvre espèce humaine qu'il y faut des esprits étroits. Peut-être l'impuissance politique de l'Allemagne est-elle la condition de sa supériorité intellectuelle[1]. C'est parce que l'esprit français a le charmant privilége de s'élever mieux qu'aucun autre au-dessus des préjugés de caste, de secte, de métier, de spécialité, qu'il

---

[1]. L'Allemagne a certes, l'an dernier, fort bien secoué son impuissance. Mais la question se pose à l'inverse : l'entrée de l'Allemagne dans le champ de l'activité politique et militaire ne sera-t-elle pas son abaissement intellectuel ?

étonne si souvent le monde par ses contradictions, ses défaillances, ses singuliers retours.

II.

La révolution française, en faisant table rase des institutions du passé, en ne laissant subsister en face l'un de l'autre que l'individu et l'État, se donna la tâche difficile de tout créer à nouveau sur le modèle de la pure logique. Tout ce que faisaient autrefois l'Église, les universités, les ordres religieux, les villes, les provinces, les corporations, les classes diverses, l'État dut le faire. Il serait facile de montrer qu'en cela la Révolution n'innova guère, qu'elle ne fit que suivre la voie ouverte par la royauté du xviie siècle. Quoi qu'il en soit, le principe fut appliqué avec beaucoup de rigueur dans l'ordre qui nous occupe. L'État nouveau accepta l'héritage de la vieille Université; il enseigna. Il eut des écoles de tous les degrés, depuis l'école de village jusqu'à l'école scientifique de l'ordre le plus élevé. Un tel système, se combinant avec la nature particulière de l'esprit français, produisit des résultats singulièrement originaux, et qu'il est bon, à la distance où nous sommes, d'étudier dans leur ensemble. Je m'abstiendrai de tout jugement sur l'enseignement primaire et secondaire, non que j'en méconnaisse la capitale importance, mais parce que l'instruction supérieure a des intérêts à part, et qui suffisent pour le moment à nos réflexions.

L'enseignement supérieur, tel qu'il sortit de la Révolution (sous ce mot, je renferme l'Empire, suite et développement naturel du mouvement qui l'avait précédé), se composait de trois séries d'établissements : 1° d'écoles spéciales chargées de transmettre certaines connaissances d'une nécessité absolue pour l'État (l'École polytechnique par exemple), 2° d'établissements de science pure uniquement chargés d'augmenter le trésor des vérités acquises et de continuer la tradition de la recherche savante (Collége de France, Muséum), 3° des facultés des lettres et des sciences, chargées de répandre un enseignement plus élevé que celui des colléges, sans aucune vue d'application immédiate, sans autre but que la culture désintéressée de l'esprit.

L'admission dans les écoles spéciales étant assujettie à certaines conditions, ces écoles possédèrent tout d'abord un public déterminé. Leurs amphithéâtres, tout en s'ouvrant parfois avec beaucoup de libéralité à quiconque en exprimait le désir, eurent un auditoire fixe, compétent, ayant prouvé qu'il possédait les connaissances préalables. Il n'en fut pas de même des établissements scientifiques et des facultés. Comme la gratuité absolue était et devait être la loi de ces établissements, on adopta pour l'admission du public le régime le plus singulier. Les portes furent ouvertes à deux battants. L'État, à certaines heures, tint salle ouverte pour des discours de science et de littérature. Deux fois par semaine, durant une heure, un professeur dut comparaître devant un auditoire formé par le hasard, composé souvent à deux leçons consécutives de personnes toutes différentes. Il dut parler sans s'inquiéter des besoins spéciaux de ses élèves, sans s'être enquis de ce qu'ils savent, de ce qu'ils ne savent pas. Quel enseignement devait résulter de telles conditions? On l'entrevoit sans peine. Les longues déductions scientifiques, exigeant qu'on ait suivi toute une série de raisonnements, durent être écartées. L'auditeur vient ou ne vient pas au cours selon ses occupations ou son caprice. Faire une leçon qui suppose nécessairement que l'élève a assisté à la leçon précédente, qu'il s'est préparé avant de venir, c'est faire un calcul qui sera sûrement couronné de peu de succès. Que signifie, dans un tel régime, ce mot terrible « avoir peu de succès »? C'est avoir peu d'élèves ; en d'autres termes, ce qui est le signe d'un enseignement vraiment supérieur devait devenir une sorte de reproche. Laplace, s'il eût professé dans de pareils établissements, n'aurait certainement pas eu plus d'une douzaine d'auditeurs. Ouverts à tous, devenus le théâtre d'une sorte de concurrence dont le but est d'attirer et de retenir le public, que seront les cours supérieurs ainsi entendus ? De brillantes expositions, des « récitations » à la manière des déclamateurs de la décadence romaine. Qu'en sortira-t-il? Des hommes véritablement instruits, des savants capables de faire avancer la science à leur tour? Il en sort des gens amusés durant une heure d'une manière distinguée, il est vrai, mais dont l'esprit n'a puisé dans cet enseignement aucune connaissance nouvelle.

Certes de nombreuses exceptions protesteront contre l'épidémie du bel esprit, conséquence nécessaire d'un tel système. Un Eugène Burnouf mettra sa gloire à avoir six ou huit élèves venus des quatre coins de l'Europe, et auxquels il enseigne les textes les plus difficiles, textes que lui seul sait comprendre et expliquer; mais pour cela il faudra être un héros de la science. Dans un grand nombre de cas, le savant solide portera envie à son confrère superficiel qui, par une parole aisée, par des aperçus faciles à saisir, par des leçons détachées dont chacune fait un tout, saura mieux attirer et retenir la foule. Une sorte de rivalité souverainement déplacée s'établira, rivalité où le savant consciencieux, celui qui aspire à enseigner à ses auditeurs quelque chose de positif, aura nécessairement le dessous. Ce qu'il faut, c'est que l'oisif qui en passant s'est assis durant un quart d'heure sur les siéges d'une salle ouverte à tous les vents sorte content de ce qu'il a entendu. Quoi de plus humiliant pour le professeur, abaissé ainsi au rang d'un amuseur public, constitué par cela seul l'inférieur de son auditoire, assimilé à l'acteur antique dont le but était atteint quand on pouvait dire de lui : *Saltavit et placuit*[1] ?

La surprise de l'Allemand qui vient assister à ces cours est très-grande. Il arrive de son université, où il a été habitué à entourer son professeur d'un grand respect. Ce professeur est un *Hofrath*; il voit le prince à certains jours! C'est un homme grave, ne disant que des paroles remarquables, se prenant fort au sérieux. Ici, tout est changé. Cette porte battante, qui durant tout le cours ne cesse de s'ouvrir et de se fermer, ce va-et-vient perpétuel, cet air désœuvré des auditeurs, le ton du professeur presque jamais didactique, parfois déclamatoire, cette habileté à re-

---

1. Inscription d'Antibes.

chercher les lieux communs sonores qui n'apprennent rien de nouveau, mais qui font infailliblement éclater les marques d'assentiment, tout cela lui paraît étrange et inouï. Les applaudissements surtout excitent son plus haut étonnement. Un auditoire attentif n'a pas le temps d'applaudir. Cet usage bizarre lui montre de plus qu'il s'agit ici non d'instruire, mais de briller. Il s'aperçoit qu'il n'apprend rien, et se dit à lui-même qu'en Allemagne il ne souscrirait pas à ce cours. Dans un cours assujetti à une rétribution, ce qu'on veut pour son argent, c'est de la science positive, ce sont des résultats précis. On ne paye pas pour écouter un homme qui n'a d'autre but que de vous prouver qu'il sait bien parler. Wilhelm Schlegel, m'a-t-on dit, voulut, à l'imitation de la manière française, faire à Bonn de ces cours oratoires; il n'eut aucun succès. Personne ne voulut se déranger pour entendre des récitations brillantes, dont le but principal était de montrer l'esprit du professeur, et dont le résultat le plus clair était qu'on se dît à la sortie : « Il a du talent. »

Le talent, tel fut en effet le but suprême de la culture nouvelle inaugurée sous le double régime de la publicité absolue et de la gratuité. Deux circonstances importantes donnèrent à cette direction un caractère encore plus tranché. La Révolution, loin d'interrompre les traditions des sciences physiques et mathématiques, avait semblé leur donner un nouvel élan. Il n'en fut pas de même dans l'ordre qu'on appelle « des lettres », et qu'on appellerait beaucoup mieux l'ordre des sciences historiques et philologiques. Dans cet ordre, la France, à la fin du xviiie siècle, était fort abaissée. La Révolution acheva de la décapiter. Vers 1800, la France n'avait réellement que deux savants éminents dans les études dont nous parlons, Silvestre de Sacy et d'Ansse de Villoison; encore ces deux hommes, de premier ordre comme hellénistes et orientalistes, étaient-ils dénués de toute philosophie. Les études historiques et littéraires, tenant à des choses bien plus délicates que les sciences physiques et mathématiques, ne pouvaient se développer sous l'Empire : elles ne prirent chez nous un essor brillant que sous la Restauration; mais le pli était donné. L'interruption fâcheuse que la Révolution avait amenée dans les études savantes devait porter ses fruits pendant plus d'un demi-siècle. Une certaine faiblesse dans l'enseignement des langues et de l'histoire fut la conséquence de cette interruption. A part quelques hommes éminents, peut-être supérieurs à tout ce que l'Europe produisait dans le même ordre, l'école française, en fait de lettres savantes, resta médiocre. Ce ne fut ni l'esprit, ni la pénétration, ni les habitudes laborieuses qui lui manquèrent, ce fut la tradition. Une quantité énorme de force se perdit faute de direction; des efforts surhumains furent dépensés pour acquérir ce que l'étudiant d'une bonne université allemande ou hollandaise apprend en quelques mois.

La nature particulière de l'esprit français contribua bien plus encore à faire pencher notre enseignement supérieur vers les exercices oratoires. La maîtrise de l'esprit français, au moins depuis Louis XIV, est bien plus dans la forme que dans le fond des choses. Nulle part on n'écrit si bien qu'en France; nulle part on n'hérite d'un si précieux trésor de bon langage, de si excellentes règles de style; formé par des générations d'incomparables artisans de la parole, notre idiome est comme un guide excellent de la pensée, la contenant, la mesurant, parfois la limitant, mais toujours lui donnant un relief, une clarté qu'aucune langue n'égale. Les Italiens ont un privilége analogue, et sont après les Français la nation qui écrit le mieux. Certes je suis loin de dire que ce don de lucide exposition exclue la solidité des recherches : la perfection serait de réunir les deux qualités; mais la perfection est rare, et les dons des nations sont presque toujours exclusifs. Avec sa langue puriste à l'excès, l'Italie devait aboutir aux sonnets et à l'élégant radotage des académies du xviii° siècle. Le danger de la France dans l'ordre intellectuel est de devenir une nation de parleurs et de rédacteurs, sans souci du fond des choses et du progrès réel des connaissances. L'institution à laquelle la France a confié le recrutement de son corps enseignant dans l'ordre secondaire et supérieur, l'École normale, a été, pour la division des lettres, une école de style, non une école où l'on apprend des choses. Elle a produit des publicistes exquis, des romanciers attachants, des esprits raffinés en des genres fort divers, tout enfin, excepté des hommes possédant une solide connaissance des langues et des littératures. L'enseignement grammatical en particulier, base de la philologie, y a toujours été systématiquement abaissé. Sous prétexte de s'en tenir à des vérités générales de morale et de goût, on a enfermé les esprits dans le lieu commun. Les esprits, quand il s'en est trouvé, ont pris leur revanche, et sûrement aucun séminaire[1] d'Allemagne n'a produit d'hommes comme M. Prevost-Paradol, M. About, M. Taine. Telle est la France, compensant d'un bond son arriéré, sachant tout sans avoir rien appris, réalisant par les dons heureux et faciles de son génie ce que les

---

1. *Séminaire* est en Allemagne à peu près synonyme d'*école normale*.

autres obtiennent à force d'application et de travail.

Serait-il juste d'oublier, en effet, ce que le système d'instruction supérieure dont nous venons de critiquer certaines parties eut par moments de brillant et de glorieux? Peut-on oublier ces professeurs illustres qui, dans la première moitié de ce siècle, donnèrent à la chaire profane un éclat sans égal? Ce fut là une manifestation tout à fait originale de l'esprit français, à laquelle aucune autre nation n'a rien à comparer. Mais les institutions doivent être combinées en vue de durer. Il faut que, dans un système embrassant des centaines de personnes, la médiocrité ait sa place et puisse produire des fruits. Un élève même secondaire de M. Bœckh, de M. Bopp, de M. Karl Ritter, rend des services, est un homme utile, qui compte dans le mouvement scientifique du temps, et travaille pour sa part à polir une des pierres qui entrent dans l'édifice du temple éternel; mais qu'est-ce qu'un élève médiocre de M. Cousin, de M. Guizot, de M. Villemain, de M. Michelet? Le genre d'enseignement inauguré par ces hommes supérieurs ne pouvait convenir qu'à eux. Il n'en pouvait sortir un mouvement fécond de recherches[1]. De brillantes généralités, enseignées

---

1. M. Cousin et M. Michelet ont provoqué des vocations historiques et de sérieux travaux; mais ce n'est point par leurs cours de la Sorbonne ou du Collége de France qu'ils les ont provoqués.

avec le plus rare talent, attirent un auditoire, mais ne forment pas d'élèves. Dans un pays comme la France, où la contagion du succès est dangereuse, la vogue de tels cours devait avoir de fâcheux résultats. Elle devait nuire aux enseignements spéciaux. Des facultés, où il était à sa place, l'enseignement oratoire devait gagner les établissements scientifiques proprement dits. On dut être amené à mesurer l'excellence d'un cours au nombre de ses élèves. Tel savant de premier ordre, dont le nom sera attaché dans des siècles à des découvertes capitales, se vit préférer l'agrégé, formé par de longs exercices aux habiletés de la parole. Ce qu'on appela un sujet de grande espérance fut le jeune homme habile dans l'art de l'exposition, mais le plus souvent incapable de faire faire à la science un progrès, de travailler utilement sous une direction, ou même de se tenir au courant des connaissances acquises. La recherche pure en souffrit d'irréparables dommages. Il fut trop souvent de bon goût d'accueillir par une feinte incrédulité les résultats nouveaux et les recherches de première main, qu'on qualifiait de témérités de la critique allemande. Par ce dédain superbe, on se donnait un air de supériorité, et du même coup on excusait sa paresse d'esprit. L'homme voué à l'exposition, en effet, n'aime pas qu'on change ses partis pris et ses phrases toutes faites. Moins soucieux du vrai que de la forme, ce qu'il voudrait, ce seraient des thèses convenues à la façon de la Chine, où l'on enseigne, dit-on, une fausse astronomie en la sachant fausse, parce qu'elle est celle des bons auteurs. L'*Histoire universelle* de Bossuet n'a plus, dans l'état actuel des études historiques, aucune partie qui tienne debout; mais le livre est classique : tant pis pour l'histoire. Mommsen aura beau faire, il n'aura pas raison contre ce beau style et ces habitudes enracinées.

Je ne me plains pas qu'un tel esprit existe. Il est utile, nécessaire peut-être ; mais, selon moi, il a beaucoup trop envahi l'enseignement supérieur. Il en est résulté un véritable abaissement pour les recherches de première main. Toute culture qui tourne sur elle-même sans se renouveler dégénère forcément en déclamations de rhétorique. Il ne faut pas croire qu'un corps enseignant puisse impunément n'être ni peu ni beaucoup un corps savant. On enseigne mal ce dont on n'a pas le sentiment vif et direct. Un exemple rendra ma pensée. Les textes de l'antiquité sont venus jusqu'à nous à travers mille accidents qui en ont rendu la reconstitution dans une foule de cas douteuse et toujours pleine de difficultés. Les premières éditions des classiques, faites au XVe siècle, se bornant presque toutes à reproduire lettre pour lettre un seul manuscrit, étaient illisibles. Les éditeurs savants du xvie siècle, hommes de goût et surtout préoccupés de faire jouir les anciens de la vogue qu'ils méritaient, voulurent donner au public des éditions où l'on ne s'aheurtât pas à chaque ligne contre des non-sens. Ils corrigèrent, parfois avec bonheur, mais souvent avec une effrayante hardiesse, voulant à tout prix que le texte qu'ils offraient au public fût net et clair. La comparaison de tous les manuscrits était alors impossible, et puis on était pressé; il fallait répondre à la juste avidité que le public témoignait pour tant de chefs-d'œuvre. En réalité, pendant deux cents ans, les textes classiques que les écoles admirèrent et commentèrent furent des textes fort altérés, où les rhéteurs du Bas-Empire et les philologues de la Renaissance avaient collaboré pour une bonne part. Quelle fut, dans la grande enquête qui s'ouvrit en Allemagne vers la fin du dernier siècle, la méthode suivie par la critique? La même que celle qu'on observe dans la restauration des œuvres d'art. Une foule de statues antiques avaient été, au xvie siècle, réparées et retouchées, car ce qu'on se proposait à cette époque, ce n'était nullement de voir les œuvres de l'antiquité telles qu'elles étaient venues jusqu'à nous : c'était de montrer des œuvres belles, que rien ne déparât. Quand un goût plus exercé s'introduisit dans l'étude de l'art ancien, on se hâta d'enlever ces additions malencontreuses. On a fait de même pour les textes. Grâce aux facilités qu'offrent maintenant les grandes collections de manuscrits centralisées dans les capitales, on a institué un vaste travail de collation ; au moyen de règles sûres, on est remonté au plus ancien texte qu'il soit possible d'atteindre ; on a fait justice des corrections maladroites des éditeurs modernes. Or, voici ce qu'il y a de bien remarquable. Le département des manuscrits de la Bibliothèque impériale est la plus précieuse collection que l'on possède pour les textes de l'antiquité latine. Sont-ce les professeurs de l'Université de France qui ont fait usage de tels trésors? Nullement. Ce sont des colonies d'Allemands et de Hollandais qui ont exploité ce vaste dépôt et en ont cueilli tout le fruit. Des collections de classiques, où rien n'était épargné sous le rapport de la typographie, se sont faites en France, sans qu'on se soit avisé d'aller rue de Richelieu chercher les moyens d'améliorer les textes. Ce travail même, exécuté par l'Allemagne et la Hollande avec une si rare patience, l'école universitaire l'a presque vu de mauvais œil. Il a été de règle de dire que les Allemands « changent les textes », quand en réalité ils ne font qu'essayer de les retrouver. Autant vaudrait prétendre qu'on change un beau tableau de maître en le dégageant de mauvais repeints. La routine, du reste, est toujours la même. Quand l'Aristote grec, l'Aristote véritable, parut, il eut une longue lutte à soutenir contre l'Aristote apocryphe des universités. Les professeurs se plaignirent ; habitués à s'en tenir à des cahiers d'école qui n'avaient pas cent ans et qui étaient en possession de présenter les vraies doctrines du philosophe, ils traitèrent celui-ci en intrus lorsqu'il osa se présenter avec le texte authentique de ses ouvrages. Combien de fondateurs, s'ils revenaient, seraient ainsi fort mal reçus de ceux qui prétendent enseigner en leur nom !

Je sais que des restrictions nombreuses sont ici nécessaires ; mieux que personne j'ai pu apprécier ce que valent quelques-uns de nos maîtres, et je déclare bien haut qu'il n'est pas une seule des assertions précédentes qui ne fût fausse, si on la prenait dans un sens absolu ; mais presque tous les vrais savants que compte dans son sein le corps enseignant seront eux-mêmes, j'imagine, d'accord avec moi pour regretter de voir la direction qu'ils donnent si peu suivie. L'enseignement de nos facultés des lettres, dans son ensemble, est moins celui de la science moderne que celui des rhéteurs du IVe ou du Ve siècle, et souvent je me figure que, si les grammairiens contemporains d'Ausone entraient dans les salles de notre haut enseignement, ils croiraient entrer dans leur école. Paris est un centre si brillant, qu'on ne s'aperçoit pas de cette lacune ; mais, si l'on passe à la province, quel désert! A part quelques honorables exceptions, il ne sort des facultés de province rien d'original, rien de première main. Une ou deux tentatives qui se sont produites pour former ou continuer des écoles provinciales, bien que révélant une activité louable, ont décelé un manque de sérieux, une puérilité, une fausseté de jugement, qui attristent. Strasbourg seul, par suite de ses institutions protestantes, a gardé une forte tradition d'études propres et de solides méthodes. A cela près, toute la production scientifique va de plus en plus se concentrant à Paris. On ne cherche, on ne trouve que là. Cette brillante Alexandrie sans succursales m'inquiète et m'effraye. Aucun atelier de travail intellectuel ne peut être comparé à Paris ; c'est une ville faite exprès pour l'usage des gens d'esprit ; mais qu'il faut se défier de ces oasis au milieu d'un désert! Des dangers perpétuels les assiégent. Un coup de vent, une source tarie, quelques palmiers coupés, et le désert reprend ses droits.

N'hésitons donc pas à le dire : il y a là une infériorité dont il importe de se préoccuper. Dans les voies nouvelles où est entré l'esprit européen depuis cent ans, la France cesserait de garder son rang, si elle s'en tenait à ses vieilles traditions de spirituelle légèreté. Admettons que la France soit aujourd'hui aussi spirituelle qu'elle l'était autrefois ; il est bien sûr au moins que son genre d'esprit n'est pas aussi goûté. Ce n'est plus cet esprit qui fait la loi en Europe. Le groupe nombreux d'hommes intelligents qui travaillent avec ardeur et succès à tirer l'Angleterre de ses habitudes arriérées est tourné tout entier du côté de l'Allemagne. L'Italie, la Grèce, qui s'éveillent, ne vont pas à l'école de la France ; elles vont à l'école de l'Allemagne. La Russie y est depuis cent ans et y reste. Or, c'est justement le privilège de la France de savoir se plier à tout et d'exceller même en ce qu'elle emprunte. La France, à l'heure qu'il est, est assez ignorante : elle croit qu'on lui dit des choses hardies quand on lui parle de choses élémentaires ; mais, qu'on ne s'y trompe pas, demain elle sera passée maîtresse. On dirait une femme qui d'abord vous écoute sans vous comprendre, puis tout à coup vous prouve par un mot juste, vif, profond, qu'elle a tout compris, et qu'en un moment elle a deviné ce qui vous a coûté de longs efforts. En une heure, la France peut ainsi réparer toutes ses fautes passées. Il y a dans le naïf étonnement que lui inspirent les nouvelles études quelque chose de si spirituel, qu'un pédant même en serait désarmé. Seulement, ne nous imaginons pas que, pour soutenir notre réputation, nous soyons obligés d'être superficiels. Nos pères ne l'étaient pas tant qu'on le dit ; en tout cas, ils l'étaient sans effort. La légèreté a un premier charme ; mais il n'y faut pas trop appuyer. Gardons-nous de ce que madame de Staël a quelque part appelé le pédantisme de la légèreté.

III.

En soumettant ces réflexions aux personnes qui s'occupent des choses de l'esprit, on n'a nullement prétendu faire la critique d'aucune administration. Ce qui est arrivé est arrivé fort logiquement ; personne n'en est responsable, et en tout cas ceux qui peuvent le plus justement s'en laver les mains sont ceux qui n'ont fait que recueillir l'héritage d'un long passé. Encore moins a-t-on voulu demander des réformes, ou même en indiquer. Je crois peu à l'efficacité des règlements ; non qu'ils soient indifférents, mais rarement le bien qui résulte des réformes compense l'inconvénient de changer ce qui est établi. Je conçois une administration idéale qui ne ferait pas un seul arrêté nouveau, et se bornerait à un choix de personnes. Les hommes sont tout ; les règlements, très-peu de chose. Les conditions de notre enseignement supérieur tiennent d'ailleurs si profondément aux lois fondamentales de la société française sortie de la Révolution, qu'il ne faut songer à aucune modification radicale. Limiter la gratuité et la publicité absolues de cet enseignement semblerait illibéral. Le transporter hors de Paris, créer en France des villes d'étude, des Gœttingue, des Heidelberg, paraîtrait à plusieurs une pensée si folle, qu'il est inutile de la discuter. Or, toute la direction qu'a prise en France le système de l'enseignement supérieur est la suite de ces trois ou quatre conditions fondamentales. Faut-il donc renoncer à voir la France dotée de ces grands établissements scientifiques qui font la gloire des pays étrangers ? Non, sans doute. Les cadres existent ; une administration éclairée, également attentive à toutes les parties de ses attributions, persuadée que le devoir de l'État est double, qu'il doit à la fois répandre les connaissances et les étendre, une telle administration, dis-je, saurait tirer parti des ressources infinies que la France possède. Deux ou trois circonstances récentes me semblent de nature à faciliter cette tâche et à élever chez nous le niveau de l'enseignement supérieur.

Je mets sur la première ligne la liberté accordée en principe à un enseignement libre, d'un caractère à la fois attrayant et élevé, de se former à côté de celui de l'État. Si, comme on doit l'espérer, cette excellente institution est destinée à prendre des développements, on en peut attendre les plus heureux effets [1]. Tout éveil est salutaire, et telle est la miraculeuse efficacité de la liberté, qu'elle profite à tous, même à ceux dont elle semble blesser les priviléges. Dans mon opinion, personne ne retirera plus d'avantages de ces sortes de cours libres que l'enseignement de l'État. La charge d'amuser et d'instruire un public aimable et spirituel étant devenue ce qu'elle doit être, c'est-à-dire une industrie libre, permise, encouragée même, les titulaires des grandes chaires seront plus à l'aise pour vaquer à leurs austères devoirs. L'État ne doit l'amusement à personne. Il doit l'instruction élémentaire à tous ; il doit de plus la haute instruction destinée à un petit nombre, mais dont les bienfaits retombent sur tous. On peut sérieusement espérer que les établissements d'instruction supérieure gagneront à être ainsi débarrassés d'un public qui les faussait. Rendus à leur vraie destination, qui est de continuer la tradition de

1. Ceci fut écrit en 1864. Les espérances qu'on formait alors ne se sont guère réalisées.

la haute culture, ils songeront moins à attirer la foule qu'à faire des élèves. L'idée de l'autorité scientifique, qui manque si profondément en France, s'étendra et se fortifiera.

Une distinction d'ailleurs s'établira de plus en plus. Que les chaires de facultés continuent à avoir pour but principal de répandre les vérités acquises, la science déjà faite, nous n'y voyons pas d'inconvénient ; mais qu'on ne sacrifie pas à ce besoin légitime d'une exposition élégante et claire la science en voie de se faire, l'enseignement dont le but principal est de découvrir des résultats nouveaux. Que le Collége de France redevienne ce qu'il fut au xvi° siècle, ce qu'il a été depuis à plusieurs reprises, le grand chapitre scientifique, le laboratoire toujours ouvert où se préparent les découvertes, où le public est admis à voir comment on travaille, comment on découvre, comment on contrôle et vérifie ce qui est découvert. Les cours intéressants ou simplement instructifs n'y sont pas à leur place ; il ne doit pas y être question de programmes formant un ensemble. Les cadres mêmes du Collége doivent varier sans cesse. A part un certain nombre de chaires, qui ont toujours leur raison d'être, car elles représentent de grandes divisions scientifiques où le travail se continue de siècle en siècle, les titres des chaires devraient être pour la plupart mobiles, correspondant à la tâche de chaque jour. Il ne faut pas s'obliger ici à des symétries imaginaires, ni tenir à ce que toutes les branches de l'enseignement soient représentées. Certes, Dieu me garde d'indiquer une seule des chaires actuellement existantes dont on pût désirer la suppression, puisqu'il n'en est pas une qui ne soit occupée par un homme d'un rare mérite ; n'est-il pas cependant regrettable qu'aucun vide ne se soit encore produit qui ait permis de créer une chaire de zend, une chaire de littérature védique, et surtout une chaire de langues et de littératures celtiques? Ce dernier point est pour les amis des études savantes l'objet d'amères réflexions. Il n'y a pas en Allemagne, je ne dis pas une université, mais une école d'un ordre élevé, qui n'ait sa chaire de langues et de littératures germaniques anciennes. Serait-ce que les langues celtiques possèdent moins de monuments, qu'elles donnent lieu à des problèmes de critique moins intéressants et moins variés? Non certes. Les textes écrits dans les quatre dialectes celtiques forment une masse presque égale à celle des anciens textes germaniques ; ils remontent presque aussi haut, et, sous le rapport de l'intérêt historique et poétique, ils sont, selon moi, supérieurs. Eh bien, ces trésors nationaux sont chez nous oubliés. Il a suffi de quelques exagérations niaises, des ridicules d'une ou deux académies celtiques au commencement de ce siècle pour jeter un discrédit complétement injuste sur ces études : nos vieilles langues indigènes ne jouissent pas du même honneur que le turc et le javanais; elles n'ont jamais été représentées dans notre haut enseignement.

Un riche Collége de France où rien ne soit donné à la frivolité, dont l'existence soit à peine connue du grand public, bien que personne n'en soit exclu, voilà donc le grand remède à cette infériorité dans les hautes études qu'un peuple jaloux d'être envié par les autres ne saurait patiemment souffrir. La raison qui fit créer le Collége de France au XVIe siècle est celle qui doit le faire durer. La Renaissance avait créé une foule d'études et de méthodes auxquelles l'Université refusait l'entrée dans ses établissements. François Ier, au lieu de combattre directement par des mesures administratives l'esprit routinier de l'université, créa à côté d'elle un établissement rival, où les études nouvelles que l'on repoussait trouvèrent un asile. Que faire pour rendre le Collége de France à cette haute destination? Reprendre l'esprit de François Ier et de Henri II, y appeler les hommes qui, dans les sciences physiques et mathématiques, ou dans les sciences historiques et philologiques, sont en voie de créer. Qu'aucune branche nouvelle d'études ne se manifeste en France sans qu'immédiatement elle soit représentée au Collége par son fondateur. Il n'est nullement nécessaire que les chaires du Collége de France représentent le cadre encyclopédique de l'enseignement. Ce qui est essentiel, c'est qu'elles représentent l'état du mouvement scientifique. Le but du Collége de France étant moins de fournir une série complète de cours que de maintenir la grande tradition des recherches de première main, les leçons du professeur, pour un grand nombre d'enseignements, ne devraient constituer qu'une partie de ses devoirs. Le Collége de France n'a jamais été plus florissant qu'à l'époque où il n'avait pas de bâtiment à lui [1], et où chaque professeur réunissait à son domicile les disciples désireux de l'entendre. L'essentiel serait que l'homme voué à une série de recherches nouvelles formât autour de lui une école qui travaillât sous sa direction. Les laboratoires atteignent très-bien ce but pour la chimie, la physique, la physiologie. Peut-être pour l'enseignement philologique serait-il opportun de créer quelques bourses « d'auditeurs

---

1. Il importe, en effet, d'observer que l'ancien « lecteur royal » était uniquement pensionné pour répandre et perfectionner de la façon qu'il jugeait la meilleure les études qu'il représentait. Le Collége n'a commencé à avoir un local que sous Louis XIII.

pensionnaires », qui permettraient à des jeunes gens studieux de suivre durant un certain nombre d'années des études qui sont d'abord complétement improductives. La vie modeste du jeune savant étant devenue beaucoup plus difficile depuis les récentes transformations de la vie parisienne, il s'ensuivra un grand déchet pour la haute culture, si l'on n'y porte remède par des précautions sagement ménagées.

A plusieurs, de tels soucis pour des études en apparence humbles et obscures paraîtront superflus. Le grand danger de nos sociétés, ce sont les courtes vues. On ne songe qu'à un seul âge. « Depuis cinquante ans, a dit très-bien M. Biot[1], les sciences physiques et chimiques ont rempli le monde de leurs merveilles. La navigation à vapeur, la télégraphie électrique, l'éclairage au gaz ou celui qu'on obtient par la lumière éblouissante de l'électricité, les rayons solaires devenus des instruments de dessin, d'impression, de gravure, cent autres miracles humains que j'oublie, ont frappé les peuples d'une immense et universelle admiration. Alors, la foule irréfléchie, ignorante des causes, n'a plus vu des sciences que leur résultat, et, comme le sauvage, elle aurait volontiers trouvé bon qu'on coupât l'arbre pour avoir le fruit. Allez

---

1. *Journal des Savants,* mars 1854, et *Mélanges scientifiques et littéraires,* t. I*er*, p. 469-470.

donc lui parler d'études antérieures, de théories physiques, chimiques, qui, longtemps élaborées dans le silence du cabinet, ont donné naissance à ces prodiges. Vantez-lui les mathématiques, ces racines génératrices de toutes les sciences positives. Elle ne s'arrêtera pas à vous écouter. A quoi bon des théoriciens? Lagrange, Laplace, ont-ils créé des usines ou des industries? Voilà ce qu'il faut! Elle ne veut que jouir. Pour elle, le résultat est tout ; elle ignore les antécédents et les dédaigne. Gardons-nous, tous tant que nous sommes qui cultivons les sciences, de nous laisser troubler à ce bruit des exigences populaires. Poursuivons avec une invariable persévérance notre patient travail d'exploration, sans les écouter. »

C'est moins la foule ignorante qu'une médiocrité prétentieuse et mesquine qui fait le raisonnement justement blâmé par M. Biot; mais il est très-vrai que ce faux raisonnement est le véritable danger des sociétés modernes, surtout de la société française. Ce qui est brillant et actuel a chez nous trop d'avantages sur ce qui est à longue portée. La solidité en a beaucoup souffert. Certes nous savons plus de choses que le XVIIe et le XVIIIe siècle; le monde s'est pour nous infiniment élargi, l'histoire surtout, comme nous la concevons, n'a presque rien de commun avec ce qu'on appelait de ce nom; mais la discipline intellectuelle était plus forte autrefois. Quelle application ! quel sérieux ! et, au milieu de singulières petitesses, quel goût de la vérité ! Les classes sociales étaient à quelques égards mieux ordonnées. La magistrature, le clergé, les institutions monastiques fournissaient aux hommes laborieux d'excellentes formes d'existence. En s'obligeant à remplacer tout cela, le budget a accepté un lourd héritage. Qu'il n'y manque pas tout à fait ; que l'État fasse pour la culture scientifique ce qu'il fait pour les choses indispensables qui seraient négligées s'il ne s'en mêlait. Les forêts disparaîtraient, si on les abandonnait à la spéculation privée ; il en faut cependant, et voilà pourquoi on les cultive comme choses d'État. Il en est de même de la haute science. Elle ne périrait pas sans doute, si l'État en France l'abandonnait : grâce à la division de l'Europe et aux bienfaisantes rivalités qu'elle porte en son sein, grâce surtout à l'initiative individuelle et aux grandes fortunes qui, en Angleterre particulièrement, sont venues en des mains intelligentes, l'avenir du libre développement de l'esprit est assuré ; mais il y va de l'honneur de notre pays. L'intime persuasion que le monde nous admire ne suffit pas : il faut prouver par des effets qu'on tient sa place dans le genre de culture d'esprit que l'Europe a définitivement préféré.

Certes il serait fort puéril d'espérer que la France modifiera son caractère ; il serait même téméraire de le souhaiter. Elle est charmante comme elle est. Aurait-on la baguette des fées, il faudrait trembler avant de toucher à ces choses complexes où tout se tient, où les qualités sortent des défauts, et où l'on ne peut rien changer sans faire crouler l'ensemble. Mais le moyen d'être vraiment soi-même n'est pas de cultiver ses défauts. La grandeur de la France est de renfermer les pôles opposés. La France est la patrie de Casaubon, de Descartes, de Saumaise, de Du Cange, de Fréret. La France a été une nation sérieuse aux époques où elle était le plus spirituelle ; on pourrait même soutenir qu'elle était plus spirituelle quand elle était plus sérieuse, et que ce qu'elle a perdu en solidité, elle ne l'a pas gagné en véritable agrément. Gardons, je le veux bien, la tradition de l'esprit français, mais gardons-la tout entière. N'espérons pas surtout que nous exercerions désormais sur l'Europe l'action que nous avons exercée au XVIIe et au XVIIIe siècle en nous renfermant dans nos vieilles habitudes. La culture intellectuelle de l'Europe est un vaste échange où chacun donne et reçoit à son tour, où l'écolier d'hier devient le maître d'aujourd'hui. C'est un arbre où chaque branche participe à la vie des autres, où les seuls rameaux inféconds sont ceux qui

8

s'isolent et se privent de la communion avec le tout.

La grande expérience que la France accomplit depuis la fin du siècle dernier se poursuit dans l'ordre intellectuel comme dans l'ordre politique. L'issue de cette expérience est tout à fait incertaine ; mais il sera sûrement glorieux de l'avoir tentée. La démocratie à la manière française peut-elle constituer en politique une société forte et durable? Peut-elle constituer dans l'ordre intellectuel une société éclairée, qui ne soit pas dominée par les charlatans, où le savoir, la raison, la supériorité d'esprit aient leur place, leur autorité légitime et leur prix? Voilà ce qu'on saura dans cent ans, et on le saura grâce à la France. Je suis de ceux qui croient à l'avenir de la démocratie ; mais ces sortes de prévisions sont toujours sujettes à beaucoup de doutes, car les choses humaines sont trop compliquées pour qu'on puisse être sûr de tenir à la fois toutes les données du problème, et d'ailleurs la volonté des grands hommes vient de temps en temps déjouer les calculs. En tout cas, il faut continuer l'expérience. *Felix culpa!* Cette audace qui parfois nous enlève les avantages des gens sensés fait notre grandeur. Beaucoup d'excellents esprits, à la vue des crises périodiques, suivies d'abattements, qui semblent le régime de notre pays, voudraient imiter ceux qui n'ont pas péché, ou bien user de remèdes capables de nous rendre le calme. Ce calme serait la mort. La France ne sait pas être médiocre. Si on veut travailler à la rendre telle, on n'y réussira pas ; ce n'est pas médiocre, c'est nulle et inférieure à tous qu'on la rendrait. N'arrêtons donc pas cette fièvre glorieuse, qui est le signe de notre noblesse. Prenons garde seulement qu'un accès n'emporte le malade, ou ne le frappe d'une incurable débilité. La solide culture de l'esprit, une vigilante attention donnée aux intérêts permanents des sociétés, une perpétuelle appréhension de céder aux vues superficielles qui trop souvent surprennent les jugements de la foule, sont les contre-poids au moyen desquels on préviendra quelques-unes des chances mauvaises d'une situation pleine de péril.

L'INSTITUT DE FRANCE.

L'Institut est une des créations les plus glorieuses de la Révolution, une chose tout à fait propre à la France. Plusieurs pays ont des académies qui peuvent rivaliser avec les nôtres par l'illustration des personnes qui les composent et par l'importance de leurs travaux; la France seule a un Institut, où tous les efforts de l'esprit humain sont comme liés en faisceau, où le poëte, le philosophe, l'historien; le philologue, le critique, le mathématicien, le physicien, l'astronome, le naturaliste, l'économiste, le jurisconsulte, le sculpteur, le peintre, le musicien, peuvent s'appeler confrères. Deux pensées préoccupèrent les hommes simples et grands qui conçurent le dessein de cette fondation toute nouvelle : l'une admirablement vraie, c'est que toutes les productions de l'esprit humain se tiennent et sont solidaires l'une de l'autre ; l'autre, plus critiquable, mais grande encore et en tout cas tenant à ce qu'il y a de plus profond dans l'esprit français, c'est que les sciences, les lettres et les arts sont une chose d'État, une chose que chaque nation produit en corps, que la patrie est chargée de provoquer, d'encourager et de récompenser. « Il y a pour toute la République un Institut national chargé de recueillir les découvertes, de perfectionner les arts et les sciences (loi du 22 août 1795). » L'avant-dernier jour de la Convention (25 oct. 1795), parut la loi destinée à réaliser cette pensée pleine d'avenir. L'objet de l'Institut est le progrès de la science, l'utilité générale et la gloire de la République. Il rend compte tous les ans au Corps législatif des progrès accomplis. Il a son budget, ses collections, ses prix ; il confie des missions, patronne les établissements scientifiques et littéraires. Pour la formation du noyau primitif de ses membres, il fut décidé que le Directoire exécutif nommerait quarante-huit personnes, soit un tiers des titulaires : ceux-ci nommeraient les deux autres tiers au scrutin.

Trois hommes contribuèrent surtout à tracer ces grandes lignes, auxquelles il faudra revenir toutes les fois que l'Institut voudra renouveler sa jeunesse : ce furent Lakanal, Daunou, Carnot. Malheureusement, la France était alors à l'état d'un malade qui sort épuisé d'un accès de fièvre. Des branches entières de la culture humaine avaient été balayées. Les sciences morales, politiques, philosophiques étaient profondément abaissées. La littérature était presque nulle. Les sciences historiques et philologiques ne comptaient que deux hommes éminents, Silvestre de Sacy et d'Ansse de Villoison. En revanche, les sciences physiques et mathématiques étaient à un des moments les plus glorieux de leur développement. Les divisions de l'Institut en classes et en sections se ressentirent de cet état de choses. Les classes étaient au nombre de trois. L'une répondait exactement à l'Académie des sciences actuelle, et présentait à peu près les mêmes sections. La seconde s'appelait classe des « sciences morales et politiques ». Elle répondait à l'Académie qui porte aujourd'hui le même nom et à une petite partie de notre Académie des inscriptions et belles-lettres. La troisième classe s'appelait « littérature et beaux-arts ». Elle embrassait ce que nous appelons maintenant Académie française, Académie des beaux-arts et la plus grande partie de l'Académie des inscriptions. La grande erreur de cette division était de ne pas admettre l'existence des sciences historiques. A dire vrai, ceux qui la firent étaient excusables : ces sciences alors existaient à peine en France. Les sciences historiques supposent de longues traditions, une société raffinée et, jusqu'à un certain point, aristocratique. La philosophie, d'un autre côté, ne se commande pas et ne se laisse point classer. Quelque chose d'un peu écolier, sentant le pédagogue, présida à toute cette distribution primitive. La deuxième classe avait une section appelée « Analyse des sensations et des idées. » Six personnes étaient toujours occupées à ce difficile labeur. La troisième classe comprenait huit sections qui s'appelaient : « Grammaire, Langues anciennes, Poésie, Antiquités et monuments, Peinture, Sculpture, Architecture, Musique et Déclamation. »

Cette organisation primitive dura six ans. Divers règlements vinrent successivement la compléter. La loi du 4 avril 1796 régla le mode des élections; elles étaient à trois degrés. Les sections faisaient des présentations aux classes, celles-ci en faisaient à l'Institut entier, lequel votait en dernier ressort. On ne pouvait être membre à la fois de plusieurs classes. Le droit de présentation pour les vacances dans toutes les grandes écoles de l'État fut attribué aux classes correspondantes. Enfin, par cette même loi fut dévolue à l'Institut la continuation des grands recueils commencés sous la royauté par l'Académie des sciences et par l'Académie des inscriptions et belles-lettres. On jugea que, dans une société où, en haine des corporations, on avait tout rendu individuel et viager, l'Institut avait seul assez de continuité pour accepter l'héritage de ces grands travaux ; pensée juste et féconde, dont il faut principalement faire honneur à Camus.

Le premier consul, cependant, voyait de mauvais œil un corps libre, borné, il est vrai, à la pure spéculation, mais se mouvant sans limites ni entraves dans le vaste champ des choses de l'esprit. Quelques défauts sensibles s'étaient d'ailleurs manifestés dans le plan primitif. Le 23 janvier 1803, une organisation nouvelle, inspirée par Chaptal, vint modifier l'œuvre de la Convention. L'approbation du premier consul fut requise pour toutes les élections. Le nombre des classes fut de quatre. La première répondait à notre Académie des sciences ; la deuxième (langue et littérature françaises), à l'Académie française ; la troisième (histoire et littérature anciennes), à notre Académie des inscriptions ; la quatrième, à l'Académie des beaux-arts. A beaucoup d'égards, cette division était meilleure que celle de 1795. Sous une forme chétive encore, elle créait une place aux sciences historiques. Elle détruisait l'agglomération disparate de spécialités sans lien entre elles, que la loi de 1795 avait établie sous le nom de troisième classe. Dans la classe de langue et de littérature françaises, et dans celle d'histoire et de littérature anciennes, les sections intérieures, toujours funestes aux corps savants, furent supprimées. La création des secrétaires perpétuels donna plus de suite aux travaux. La continuation des recueils diplomatiques, legs de l'ancien régime et en particulier de la savante Congrégation de Saint-Maur, fut dévolue à la troisième classe. Mais l'esprit général de cette organisation nouvelle était, sous d'autres rapports, bien étroit. Les sciences morales et politiques se trouvèrent écartées des travaux de l'Institut. La première classe n'eut le droit de s'occuper de ces sciences que « dans leur rapport avec l'histoire ». On sent la volonté systématique de découronner l'esprit humain, de réduire la littérature à de puérils exercices de rhétorique. Les sciences physiques et mathématiques gardèrent la supériorité que leur assuraient des hommes tels que Laplace, Lagrange, Monge, Berthollet. Mais la nullité littéraire et philosophique devint déplorable ; les sciences historiques, de leur côté, se développèrent d'une façon pénible. C'était la faute du temps, plus que celle du gouvernement. Celui-ci prit l'initiative de quelques fondations utiles. La continuation de l'*Histoire littéraire de la France*, précieux recueil commencé par les Bénédictins, fut décrétée en 1807 sur la proposition de M. de Champagny.

L'organisation de l'Institut, inaugurée en 1803, dura jusqu'en 1816. Le 21 mars de cette année, une ordonnance du roi Louis XVIII porta à l'Institut un coup bien plus grave que celui du 23 janvier 1803. Fondation révolutionnaire, l'Institut déplaisait aux hommes exaltés de ce temps. Un moment on songea à le supprimer et à rétablir les académies de l'ancien régime. Un parti de conciliation prévalut. « La protection que les rois nos aïeux ont constamment accordée aux sciences et aux lettres nous a toujours fait considérer avec un intérêt particulier les divers établissements qu'ils ont fondés pour honorer ceux qui les cultivent : aussi n'avons-nous pu voir sans douleur la chute de ces académies qui avaient si puissamment contribué à la prospérité des lettres, et dont la fondation a été un titre de gloire pour nos augustes prédécesseurs. Depuis l'époque où elles ont été rétablies sous une dénomination nouvelle, nous avons vu avec une vive satisfaction la considération et la renommée que l'Institut a méritées en Europe. Aussitôt que la divine Providence nous a rappelé sur le trône de nos pères, notre intention a été de maintenir et de propager cette savante compagnie; mais nous avons jugé convenable de rendre à chacune de ses classes son nom primitif, afin de rattacher leur gloire passée à celle qu'ils ont acquise, et afin de leur rappeler à la fois ce qu'elles ont pu faire dans des temps difficiles, et ce que nous devons en attendre dans des jours plus heureux. »

Voilà un fort bon langage, et qui semble nous porter bien loin de l'œuvre mesquine de Chaptal et du premier consul. Malheureusement, le gouvernement de Louis XVIII démentit son apparente modération, et, sous prétexte de reconstituer l'Institut, lui fit la plus grande violence qu'il eût jamais subie. Jusque-là, il n'y avait eu qu'une seule radiation parmi les membres de l'Institut, celle de Carnot, prononcée avec une déplorable légèreté à la suite du 18 fructidor, et bientôt réparée. Le premier consul, en supprimant la classe des sciences morales et politiques, n'avait privé personne du titre de membre de l'Institut. Tous ceux qui jouissaient de ce titre en 1803 furent répartis entre les nouvelles classes établies à cette époque. Il n'en fut pas de même en 1816. Vingt-deux académiciens, entre lesquels le peintre David, l'évêque Grégoire, Monge, Carnot, Lakanal, Sieyès, furent privés d'un titre qu'ils honoraient par leur caractère ou leurs œuvres. Cette mesure de vengeance et d'iniquité avait été provoquée par le comte de Vaublanc. En revanche, dix-sept personnes reçurent, par ordonnance royale, un titre qui n'a toute sa valeur que quand il est décerné à un homme de lettres ou un savant par le libre suffrage de ses pairs. C'était là un triste début. La suite ne le démentit pas. Le brillant éclat littéraire du temps de la Restauration, le puissant éveil des esprits qui firent de cette époque le commencement d'une nouvelle ère intellectuelle pour la France, ne doivent pas laisser oublier l'état d'infériorité où la science fut tenue sous Louis XVIII et Charles X. Une sorte de puérilité frappa en particulier l'académie qui représentait les études historiques. Le titre de gentilhomme de la chambre faisait admettre un homme parmi les érudits. Ce n'est pas que l'organisation fût mauvaise. En réalité, on n'avait guère fait que changer le nom de deux académies. La classe de langue et de littérature françaises était devenue l'Académie française ; la classe d'histoire et de littérature anciennes avait repris le nom, compris de peu de personnes[1], d'Académie des inscriptions et belles-lettres. Les académies eurent

---

1. Ce nom ne vient pas de ce que cette Académie s'occupe d'inscriptions. Il vient de ce que le premier noyau de la savante compagnie qui a rendu tant de services à l'histoire au xviiie siècle fut une commission formée au sein de l'Académie française, et chargée de faire des inscriptions pour les médailles de Louis XIV. Cet objet devint bientôt accessoire, mais le nom resta.

leur règlement particulier et furent plus distinctes. La grande unité de l'Institut, telle que la Convention l'avait rêvée, était brisée depuis 1803; peut-être était-ce là une conception impossible. Mais les expulsions de 1816 ne sauraient être pardonnées. Au sein des diverses académies, surtout de l'Académie des inscriptions et belles-lettres, les préjugés politiques et religieux du temps régnèrent, d'ailleurs, avec beaucoup d'intolérance. De précieuses qualités furent usées en intrigues. Les influences les plus ridiculement incompétentes s'exerçaient au su de tous. M. le duc de Berry, M. le duc d'Angoulême avaient leurs candidats. L'institution des membres libres créa pour l'avenir le germe de grandes difficultés. L'intérêt des études sérieuses était le moindre souci d'académiciens hommes du monde, qui voyaient surtout dans leur nomination le privilége de porter l'épée et un habit brodé.

La révolution de 1830 amena des jours meilleurs. Certes, si jamais la vengeance littéraire était permise, elle l'eût été au lendemain des journées de juillet. Le parti légitimiste avait énormément abusé de sa force. Il s'était montré rogue, étroit, malveillant. Il restait, quoique vaincu sur la place publique, en majorité dans presque toutes les académies. Le gouvernement du roi Louis-Philippe, avec une haute raison, se fia au temps et à la bonne direction qu'il comptait donner aux choses de l'esprit pour vaincre ces survivants d'un régime déchu. Il n'enleva ni ne conféra à personne le titre de membre de l'Institut. Mais, attentif à s'attacher les hommes de mérite, habile à traiter les affaires de littérature et de science, il eut bientôt conquis dans les diverses académies, par des moyens légitimes, l'influence qu'il eût peut-être vainement demandée à des radiations ou à des intrusions.

Une mesure importante, qui fut prise sur la proposition de M. Guizot, en 1832, mit cette sage conduite dans tout son jour. Le mot de « sciences morales et politiques » avait disparu de l'Institut depuis 1803. On ne peut pas dire précisément que cette académie eût été supprimée, puisque tous les membres en avaient été placés dans d'autres sections, et que les études historiques et géographiques qui furent d'abord attribuées à ladite classe avaient passé dans le domaine de la troisième classe, devenue depuis 1816 Académie des inscriptions. Mais la philosophie, la morale, la législation, l'économie politique, la statistique, n'avaient pas de place officielle dans l'Institut sous l'Empire et la Restauration. — En ce qui concerne la philosophie, cette lacune n'était pas fort à regretter. La philosophie de notre temps n'est pas une science à part; c'est l'esprit général de toutes les sciences. Il est assez singulier qu'il y ait dans l'Institut une section de six personnes s'appelant « section de philosophie ». En tout cas, une telle section serait à quelques égards mieux placée dans une académie scientifique, vouée à la pure spéculation, que dans une académie composée de magistrats, de politiques, d'économistes, d'hommes préoccupés de l'utilité journalière et des principes qu'il faut aux peuples. Les six membres de la section de philosophie devraient être les six penseurs les plus éminents de leur temps, sans distinction d'opinion. Dans deux cents ans, quand on fera le tableau de la philosophie du xixe siècle, les noms des membres de la section dont il s'agit seront-ils les noms qui occuperont les premières places dans les récits de l'historien? On en peut douter. Auguste Comte n'a pas fait partie de ces représentants officiels de la philosophie. A l'heure qu'il est, Vacherot, Littré, Taine, ne figurent point parmi eux.—En ce qui concerne la morale, on peut s'étonner aussi de la voir traitée comme une science à part. La morale n'est pas susceptible de progrès; on n'y fait pas de découvertes. — Quant à l'histoire, nous croyons qu'il y a des inconvénients à séparer le travail des documents originaux du travail littéraire et philosophique. Il est à craindre que dans l'avenir cela ne constitue deux sections du travail historique, l'une se faisant avec compétence par le paléographe, le diplomatiste, le philologue ; l'autre se faisant par des hommes de talent sans spécialité. — Nous préférons donc la division pratiquée dans l'Académie de Berlin, où nos deux académies des sciences morales et des inscriptions ne font qu'une classe et constituent ce qu'on peut appeler l'Académie des sciences de l'humanité, en opposition avec l'Académie des sciences de la nature. Mais, ces réserves faites, on ne peut que louer la façon libérale dont on procéda au rétablissement de la cinquième classe. On rechercha les membres de l'ancienne académie, qui se trouvèrent au nombre de dix. (On oublia Lakanal, réfugié en Amérique depuis 1815, et dont on ignorait l'existence, mais qui fut réintégré par élection en 1837, après son retour en France.) On leur adjoignit deux des correspondants de la classe qui, depuis, étaient devenus membres de l'Institut. Ces douze personnes complétèrent par des élections successives le nombre de trente titulaires. Ainsi le gouvernement qui venait de créer une académie tout entière ne s'arrogea pas le pouvoir de nommer un seul membre. Cette réserve ne devait pas toujours être imitée.

De 1830 à 1849, l'Institut ne fit que grandir. L'Académie des sciences, entraînée par M. Arago dans les voies d'une publicité peut-être exagérée, acquit une importance extraordinaire. Si le journalisme y prit dès lors trop de place, si cette docte compagnie en vint par moments à ressembler plus à une chambre de députés qu'à une académie, il ne faut pas oublier que c'est par là qu'elle devint le centre scientifique de l'Europe. L'Académie des inscriptions fit des progrès bien plus incontestables. Eugène Burnouf et Letronne rivalisèrent avec les savants les plus exacts de l'Allemagne en méthode et en sagacité. Augustin Thierry développait en des œuvres accomplies sa fine et profonde manière d'entendre l'histoire. Entre les mains de Daunou, de Fauriel, et surtout du vrai bénédictin de notre siècle, M. Victor Le Clerc [1], les travaux de l'Académie furent conduits avec un soin et une activité inconnus jusque-là.

Le gouvernement de 1848 continua envers l'Institut les traditions de 1830. Quelques changements sans portée furent introduits. La gravité des problèmes sociaux qui s'agitaient donna de l'importance à l'Académie des sciences morales et politiques. On vit l'honnête général Cavaignac, en sa naïve conception des choses humaines, s'adresser à cette aca-

---

1. On s'interdit de nommer ici des membres vivants.

démie afin d'obtenir d'elle des traités pour combattre les erreurs socialistes. Sûrement ces petits livres, qu'on a depuis réunis en un gros volume, n'eurent pas un seul lecteur parmi ceux qu'ils devaient convertir. On compromettait ainsi la dignité de la libre science, qui ne songe pas aux applications, en des luttes d'un autre ordre, qui s'accommodent mieux d'expédients que de philosophie.

Les réactions qui suivirent ramenèrent l'Institut à ses paisibles travaux. Jamais peut-être l'activité intérieure n'y fut plus grande que depuis 1852. Quelques dangers qui menacèrent un moment sa dignité et son indépendance furent habilement conjurés. Moins bien inspiré que ne le furent les ministres de 1830 et de 1848, M. Fortoul essaya d'apporter des restrictions aux libertés de l'Institut. Dès qu'on eut montré à l'empereur les conséquences de ces mesures, les choses furent ramenées à leur ancien état. Il ne resta de cette malheureuse tentative qu'une section nouvelle ajoutée à l'Académie des sciences morales, section dont, apparemment, le besoin n'était pas bien sensible, puisque plus tard l'Académie l'a fondue dans les autres sections, avec le consentement des membres et l'approbation du gouvernement. Dix personnes furent nommées par décret pour remplir les nouvelles places, ce qui ne s'était pas vu depuis les plus mauvais jours de la Restauration.

Est-ce à dire que nous prétendions que l'Institut n'a besoin d'aucune réforme ? Non certes ; mais, avant de rien tenter à cet égard, les gouvernements feront bien de réfléchir beaucoup et de beaucoup consulter. Entre les réformes possibles, il en est deux qui nous paraissent surtout devoir être méditées. L'une serait relative à la division de certaines académies en sections. Cette division, indispensable dans l'Académie des beaux-arts, est funeste aux académies scientifiques. Elle fait dominer dans les élections un esprit étroit de spécialité et de coterie. Les fondateurs des sciences nouvelles et ceux qui les cultivent sont exclus justement par ce qui fait leur gloire ou leur mérite. L'importance relative des sciences change, le nombre de ceux qui les cultivent varie. Le cadre des sciences qui était bon en 1795 ne saurait plus l'être de nos jours. En 1795, il pouvait être juste d'affecter six personnes à la botanique et six personnes à la chimie. Dira-t-on que l'importance relative de la botanique et de la chimie est maintenant ce qu'elle était alors ? La conséquence de ces divisions intérieures est que certaines sections sont obligées, pour se recruter, de prendre des sujets de mérite secondaire, tandis que d'autres sont forcées de se priver d'hommes de premier ordre.

L'institution des membres libres semble aussi appeler une réforme. Sous l'ancien régime, cette institution avait toute sorte de motifs d'exister. A tort ou à raison, notre société ne s'y prête pas. Selon l'idée qui présida à la création des membres libres, le membre libre est un haut personnage, aimant la science, la comprenant, la patronnant, n'ayant pas le temps de la cultiver, venant très-rarement aux séances, ne songeant pas à s'occuper des affaires intérieures de l'académie, qu'il ne connaît pas, et qu'il a d'ailleurs la confiance de voir bien gérées par les membres ordinaires. Il n'est ni supérieur ni inférieur aux membres ordinaires ; il est d'un autre rang et, si j'ose le dire, d'un autre état. Or, de nos jours, on voit des académiciens libres se plaindre de n'avoir pas toutes les charges des académiciens ordinaires. On voit poindre l'idée fausse et inconvenante que les académiciens libres sont des académiciens de second ordre. Certes, si une telle idée devait prévaloir, il vaudrait mieux procéder par voie d'extinction successive à la suppression des membres libres ; car l'égalité académique est le premier principe d'un corps fondé sur l'estime réciproque et la bonne confraternité.

Tel qu'il est, l'Institut est un des éléments essentiels du travail intellectuel en France. Le régime intellectuel de la France ne saurait être ni celui de l'Angleterre, à plus forte raison de l'Amérique, ni celui de l'Allemagne. Notre centralisation ne permet pas ces nombreuses et fortes universités, qui sont à la fois des académies et des corps enseignants, et d'où le génie allemand a tiré sa plus grande force. Chez nous, la science et l'enseignement sont choses distinctes, souvent jalouses et ennemies. Le régime de pure liberté intellectuelle, pratiqué par l'Angleterre et l'Amérique, pourrait encore moins nous convenir. Outre que ce régime a créé pour les pays où il règne une véritable infériorité en critique, il a l'inconvénient d'offrir au charlatanisme et à la sottise trop de facilités. Il y a une vraie science, il faut donc qu'il y ait une autorité scientifique. C'est en Allemagne que cette autorité existe au plus haut degré ; là, le charlatanisme et l'absurdité sont infailliblement arrêtés dès les premiers pas. Chez nous, d'assez fortes mystifications peuvent se produire et réussir. La voix de la science sérieuse est parfois bien faible contre l'audace et l'imposture. Mais il y a une voix de la science, et, quand les clameurs de la mode sont tombées, cette voix continue de se faire entendre, et à la fin l'on n'entend plus qu'elle. Voilà pourquoi, malgré les plaintes perpétuelles de la basse opinion contre les académies scientifiques, ces académies finissent toujours par l'emporter, parce qu'elles sont les gardiennes de la vraie méthode. Elles existent pour un petit nombre, mais ce petit nombre a raison, et il n'y a que la raison qui dure.

On peut dire que le régime des choses de l'esprit en France doit résulter d'une sorte d'équilibre entre trois pouvoirs, dont aucun ne doit régner absolument : le gouvernement, les académies, le public. Ces trois grands Mécènes ne sont pas toujours d'accord, et leur division est justement la garantie de la liberté pour les penseurs, les écrivains et les chercheurs. Constituées en sénats irresponsables, les académies se montreraient souvent égoïstes et passionnées. Le gouvernement, disposant de moyens d'action supérieurs aux leurs, corrige au besoin leurs injustes exclusions; le public, avec la grande couronne qu'il a dans la main, le succès, console amplement les exclus. — Seul maître des choses de l'esprit, le gouvernement céderait trop souvent à des considérations personnelles, à des jugements superficiels. Les académies le ramènent à la saine appréciation des hommes; le contrôle du public l'empêche de tout donner aux complaisances de cour, aux intérêts de parti. — Le public est souvent mauvais juge, il n'est pas capable d'apprécier certains mérites scientifiques. Le gouvernement et les académies sont là pour dispenser les savants d'avoir besoin du public, pour favoriser ces travaux spéciaux qu'une cinquantaine de personnes en Europe suivent et comprennent, pour faire justice des charlatans et des intrigants qui surprennent souvent les suffrages de la foule et la faveur des journaux. Nulle part plus que dans les choses de l'esprit, l'unité du pouvoir n'est dangereuse : la liberté résulte de forces contraires, ne pouvant s'absorber et servant par leurs rivalités mêmes la cause du progrès.

TROIS PROFESSEURS

AU COLLÉGE DE FRANCE.

I.

RAMUS.

Parmi les nombreuses monographies dont la Faculté des lettres de Paris, soit par les savants travaux de ses membres et de ses agrégés, soit par le remarquable mouvement d'études qu'elle encourage, a enrichi l'histoire littéraire et philosophique, l'étude de M. Charles Waddington sur Ramus[1] est une des plus dignes d'éloge : elle ajoute un chapitre curieux à l'histoire de la philosophie française et de l'université de Paris. Ramus ne saurait prétendre à la gloire de ces grands créateurs dont l'influence s'étend sur toute la ligne de l'esprit humain; mais peu

---

1. *Ramus (Pierre de la Ramée), sa Vie, ses Écrits et ses Opinions*, par Charles Waddington, professeur agrégé de philosophie à la Faculté des lettres de Paris. — Paris, 1855.

de maîtres ont eu plus d'importance dans l'enceinte des écoles. A Ramus appartient le premier essai tenté pour tirer l'instruction du cercle étroit de la scolastique et pour faire parler aux sciences la langue vulgaire. L'enseignement littéraire et l'enseignement scientifique, dans leur opposition avec l'enseignement scolastique, doivent le tenir pour un de leurs pères. Le moyen âge n'a pas eu de plus ardent adversaire, et, comme presque tous les réformateurs, il fut victime de sa réforme. Sa mort déplorable, en effet, ne saurait être mise uniquement sur le compte des passions religieuses, et Ramus doit être considéré bien plus comme un martyr de la bonne discipline de l'esprit humain que comme un martyr de la liberté de conscience.

Le principal intérêt de l'ouvrage de M. Waddington est dans le tableau vivant qu'il présente de l'état des études et de l'Université au xvie siècle. Ce tableau n'est pas flatteur : je ne sais si l'université de Paris compte dans ses longues et souvent glorieuses annales une époque de plus grand abaissement. La Renaissance, fait essentiellement italien dans son origine, n'y avait pas encore pénétré. La routine, la paresse, le parti pris de repousser les études nouvelles avaient formé autour de cette grande institution d'infranchissables barrières; une scolastique formaliste et vide de sens occupait la place due aux études libérales, seules vraiment efficaces pour la culture de l'esprit; les règlements, toujours funestes à l'enseignement supérieur, ne laissaient rien à l'initiative du maître. Le grief sans cesse renouvelé contre Ramus est que, dans son cours de philosophie, il se permettait parfois d'expliquer des poëtes et des orateurs : un professeur de philosophie ne devait citer qu'Aristote, c'est-à-dire les cahiers traditionnels où l'on prétendait qu'était renfermée la doctrine de ce philosophe. Le même Ramus ayant osé dire qu'Aristote n'avait pas bien défini la logique, un procès lui fut intenté, et un arrêt du roi, publié à son de trompe dans les rues de Paris, le déclara pour ce fait téméraire, arrogant, impudent, ignorant, homme de mauvaise volonté, médisant, menteur. Encore cet arrêt fut-il trouvé beaucoup trop doux : Jacques Charpentier, préludant aux violences qui devaient plus tard faire de lui un assassin, réclamait un exil perpétuel; d'autres adressèrent au roi leurs plaintes et supplications, « afin que, dans son amour pour les lettres et sa bienveillance pour les maîtres qui les enseignent, il voulût bien condamner cet homme aux galères ». Leur requête fut un moment prise au sérieux, car, plusieurs années après, Charpentier, dans une apostrophe adressée à Ramus, disait : « Ceux auxquels il souvient encore de ce temps disent que, si l'on n'eust adouci le roy, il vous eust dès lors envoyé plus loin semer vostre doctrine, et par adventure occupé en un lieu où vous n'eussiez eu le loisir de faire des animadversions sus Aristote. »

Ce qu'il y a de curieux, c'est que François Ier, en rendant l'arrêt ridicule dont nous venons de parler, crut de la meilleure foi du monde soutenir sa réputation de restaurateur des études. On lui avait persuadé que Ramus en voulait aux auteurs anciens, qu'il couvrait de sa royale protection. « Étrange contradiction! dit M. Waddington. Voilà un roi qui avait, dit-on, de la sollicitude pour la philosophie, et qui la persécute outrageusement; ce même roi se vante de protéger les sciences, et c'est pour en étouffer le progrès; il s'appelle le « père des lettres », et il bâillonne un des écrivains qui ont fait le plus d'honneur à la France du xvie siècle. Telles sont les erreurs inévitables du pouvoir absolu quand il se mêle de ce qui ne le regarde pas. La pensée n'a pas de maître ici-bas : elle ne relève que d'elle-même. » Quant à l'Université, elle regarda la condamnation de Ramus comme une victoire. Le texte de l'arrêt, imprimé en français et en latin, fut affiché dans tous les quartiers; on représenta dans les colléges des pièces où Ramus était accablé d'outrages aux grands applaudissements des scolastiques qui y assistaient.

En présence d'un pédantisme aussi intolérant, la nature et la vraie destination du Collége de France apparaissent dans tout leur jour. La fondation de cet illustre établissement fut la conséquence de l'esprit d'exclusion qui repoussait de l'Université toutes les études nouvelles, réclamées par les progrès du temps. Les études, ainsi chassées de l'enseignement officiel, allaient coloniser près de là ; et ainsi, par le concours de bannis, se forma la grande école qui a eu la gloire de représenter à diverses reprises la plus haute culture de l'esprit humain. Le grec se présenta d'abord ; mais l'Université, ne trouvant pas dans ses archives un texte qui permît l'enseignement de cette langue, suspecte d'hérésie, considérant d'ailleurs que les bons docteurs ne l'avaient pas connue, ferma ses portes, et ce fut le Collége royal qui eut la chaire de Danès. L'hébreu s'offrit ensuite ; mais l'hébreu n'était pas une des langues dont l'Université admît l'existence légale ; l'hébreu fut repoussé, et le Collége royal eut la chaire de Vatable. Les canonistes et les professeurs de droit romain s'obstinant à soutenir que le droit français n'existait pas et ne pouvait être enseigné, le Collége de France eut la première chaire de droit national, fondée pour De Launai. Ramus ayant vainement essayé d'introduire dans la philosophie universitaire un esprit plus libéral, le roi Henri II, au lieu de l'envoyer aux galères selon la supplique de ses collègues, lui adressa une lettre pleine d'encouragements et d'éloges, pour lui annoncer qu'il venait de créer en sa faveur au Collége royal une chaire d'éloquence à la fois et de philosophie, et qu'il l'autorisait à y poursuivre ses études selon le plan qu'il s'était tracé.

Telle fut à l'époque de sa fondation et telle est encore de nos jours la raison d'être de ce grand établissement, dont la destination est en général si peu comprise. Loin de faire double emploi avec les établissements de l'Université, comme on le suppose trop souvent, le Collége de France répond à des besoins d'un autre ordre et qui tiennent si profondément au progrès de l'esprit humain, que la manière plus ou moins fidèle dont il remplit sa mission peut être prise comme mesure du développement scientifique à un moment donné. Les époques où le Collége de France a compté dans son sein les chefs du mouvement intellectuel ont été les époques fécondes en grands résultats; les moments où le Collége de France, transformé en succursale des établissements ordinaires, n'a fait que répéter des doctrines reçues sans poursuivre aucune méthode nouvelle, ont été des temps de décadence scientifique. Un corps comme l'Université, — ai-je besoin de dire que je n'entends parler ici que de la tendance générale de l'institution, et non des personnes distinguées qui peuvent en faire partie? — un corps, dis-je, comme l'Université, chargé d'enseigner à tous les degrés les études réputées classiques, est nécessairement un peu étroit dans ses jugements. Les nouvelles études ne doivent pas être témérairement introduites dans le programme de l'instruction : il faut qu'un stage leur soit pour ainsi dire imposé, et il n'y a pas d'inconvénient à ce que l'enseignement commun ne suive qu'avec une certaine mesure le progrès de la science ; autrement on s'exposerait à donner une sanction officielle à des hypothèses, et l'on s'obligerait à mener la jeunesse à travers les tâtonnements qui se produisent toujours au début d'un nouvel ordre de travaux. Toute corporation d'ailleurs doit avoir ce qu'on appelle « l'esprit de son état », et par conséquent une tradition chargée de maintenir cet esprit. Or, la tradition dans les choses intellectuelles dégénère en routine, sans qu'il y ait de la faute de personne. L'esprit particulier de chaque état implique quelque chose d'étroit, qui n'est pas la libre allure de l'homme dégagé de tout lien de profession. Un corps enseignant, quel que soit le nombre des hommes illustres qu'il renferme, est obligé de conserver un peu de ce bon petit esprit à la manière de Rollin, sage, honnête, ne péchant pas par trop de pénétration et de vivacité. La science a d'autres droits et d'autres devoirs ; les utiles barrières que réclame l'austère fonction de l'enseignement seraient quelquefois pour elle des entraves ; la première condition qu'elle exige pour porter ses fruits est la liberté. A côté des établissements où se garde le dépôt des connaissances acquises, il est donc nécessaire qu'il y ait des chaires indépendantes où s'enseignent, non les branches de la science qui sont faites, mais celles qui sont en voie de se faire, et où la grande originalité, qui dans l'enseignement proprement dit n'est pas une qualité indispensable, trouve sa juste place. S'il était permis de comparer des choses aussi différentes par leur nature, je dirais que le Collége de France, aux bonnes époques, a été à l'Université ce que les anciennes colonies des États-Unis ont été pour l'Angleterre, un asile ouvert à tout ce qui ne se trouve point à l'aise dans la mère patrie, et où des fondations distinctes, en apparence sans lien les unes avec les autres, arrivent à constituer par la liberté un ensemble harmonieux.

Jamais peut-être le Collége royal ne réalisa mieux ce beau programme que dans les premières années de sa fondation. Malheureusement, les factions religieuses vinrent y porter le trouble et anéantir presque l'œuvre de François Ier. Ramus, comme plusieurs de ses collègues, embrassa la Réforme ; c'était trop de deux haines contre un seul homme, à une époque où la haine ne s'assouvissait que dans le sang. En général, la bonne politique défend de conduire plus d'une opposition à la fois. Le monde, avec raison peut-être, a de telles antipathies contre les novateurs, que l'homme qui dévoue sa vie à une idée ne peut guère triompher qu'en succombant sous le poids des colères que les fortes individualités ont le privilége d'exciter autour d'elles. Le jour où, à la haine des partisans d'Aristote, qui étaient assez modérés pour ne demander contre lui que les galères, vint se joindre la haine du parti fanatique, qui en appelait aux massacres et aux bûchers, le pauvre Ramus fut perdu. On débuta par les destitutions et les tracasseries. « Les ennemis de Ramus, dit M. Waddington, n'avaient pas manqué de dire et de répéter qu'un professeur huguenot faisait tort à l'Université, et que les pères de famille ne voudraient plus envoyer leurs enfants dans des colléges infectés par l'hérésie. « Les parents, disait-on dans une « requête du mois d'août 1568, estoient divertis « d'envoyer leurs enfants aux colléges, pour la « crainte qu'ils avoient que par tels principaux et « pédagogues ils ne fussent divertis de la vraye « religion; dont procédoit une infinité d'inconvé- « nients et mesme toute espérance ostée de pouvoir « remettre ladite Université en sa première splen- « deur et vigueur. » De là dans le corps ensèignant tant d'épurations qui, au dire de certaines gens, devaient repeupler les écoles... Peut-être le lecteur est-il curieux de savoir ce que devinrent l'Université et le Collége royal, quand on en eut chassé par tant d'exorcismes et d'ordonnances tout ce qui sentait de près ou de loin l'hérésie... L'Université est sans doute plus florissante? Il n'en est rien : des milliers d'étudiants qui naguère affluaient de tous les pays de l'Europe ont renoncé à venir sur une terre inhospitalière pour entendre des professeurs qui ne sont plus les premiers du monde, ou dont les doctrines intolérantes les effrayent. Mais du moins les pères de famille catholiques ont-ils repris confiance? envoient-ils de nouveau leurs enfants dans les écoles purifiées? Pas davantage; ils les envoient chez les jésuites, par la raison très-simple que, si l'on cherche uniquement dans l'éducation les principes les plus purs du catholicisme, personne, sous ce rapport, ne saurait rivaliser avec la société fondée par Loyola. Écoutons du reste un témoin oculaire, assez peu suspect de favoriser cette société. Hubert Languet, écrivant de Paris à son ami Camérarius, le 26 août 1571, lui décrit en quelques mots l'état de l'enseignement : « Les études se relèvent un peu ; « mais ceux qui professent notre religion sont exclus « de toutes les chaires. Les jésuites éclipsent en « réputation tous les autres professeurs, et peu à « peu ils font tomber les sorbonistes dans le mé- « pris. » Quant au Collége de France, personne n'en parle à cette époque : Turnèbe est mort ; Ramus est condamné au silence ; Denis Lambin, intimidé par le nom de « politique » que lui donne Charpentier et par les dénonciations furibondes de ce dernier, Lambin s'exile, sous prétexte d'aller consulter en Italie des manuscrits. Il reste Charpentier ; mais, s'il a bien pu, comme il s'en vante, conserver au Collége royal son existence, il est incapable de lui donner la gloire. Il ne retient du monde à ses cours qu'en se livrant à des déclamations sanguinaires, à des sorties violentes contre les « politiques ».

« Ainsi, continue M. Waddington, s'annonçait cette décadence progressive de l'Université que

devait achever la Ligue, et que décrit assez plaisamment la satire Ménippée : « Jadis, au temps des
« politiques et des hérétiques Ramus, Gallandius,
« Turnebus, nul ne faisait profession des lettres
« qu'il n'eust de longue main et à grands frais estu-
« dié et acquis des arts et sciences en nos colléges,
« et passé par tous les degrés de la discipline sco-
« lastique. Mais maintenant les beurriers et beur-
« rières de Vanves, les vignerons de Saint-Cloud,
« sont devenus maistres es arts, bacheliers, princi-
« paux, présidents et boursiers des colléges, régents
« des classes, et si arguts philosophes que mieux
« que Cicéron ils disputent *de inventione*. »

Les efforts consciencieux de Ramus pour s'opposer, en qualité de doyen du Collége royal, à cette décadence, achevèrent de perdre le courageux réformateur. La Saint-Barthélemy offrit à ses ennemis l'occasion de satisfaire leur rage, en la couvrant d'un prétexte religieux. Les circonstances de cet abominable assassinat nous sont connues dans leurs plus menus détails, grâce à la piété des amis de Ramus, dont l'un habitait la même maison que lui, et dont l'autre fit un long voyage pour venir à Paris recueillir le témoignage des voisins et des témoins oculaires. Le mardi 26 août, c'est-à-dire le troisième jour du massacre, des assassins à gages, conduits par deux hommes, dont l'un était tailleur et l'autre sergent, forcèrent l'entrée du collége de Presles[1], où demeurait Ramus, et se mirent à fouiller la maison. Ramus, à la vue des meurtriers, s'était retiré dans un petit cabinet de travail au cinquième étage; il y attendait la mort en priant, lorsque la troupe homicide, sur quelques indications qui lui furent données, força la porte et se précipita dans la chambre. L'un des chefs de la bande lui déchargea sur la tête une arme à feu dont les deux balles allèrent se loger dans la muraille, tandis qu'un autre scélérat le perçait de son épée. Les assassins le précipitèrent ensuite par la fenêtre, d'une hauteur de plus de cent marches. Le corps, dans sa chute, rencontra un toit qu'il défonça en partie, et tomba palpitant dans la cour du collége. Le sang et les entrailles se répandirent sur le sol, et pourtant l'infortuné respirait encore. On lui attacha une corde aux pieds et on le traîna par les rues étroites qui avoisinent la place Maubert jusqu'à la Seine; là, on lui coupa la tête, et le corps fut jeté dans la rivière. Mais la populace, chez laquelle trois journées de massacre avaient éveillé l'horrible ap-

---

1. Le collége de Presles était situé sur le versant de la montagne Sainte-Geneviève, près de l'emplacement actuel du Collége de France.

pétit du sang et de la mort, n'était pas encore satisfaite. Les passants, moyennant un écu qu'ils donnèrent à des bateliers, se firent apporter sur la berge le cadavre qui surnageait près du pont Saint-Michel, et s'en donnèrent le spectacle. Les ennemis de Ramus prodiguèrent de nouveau à ses restes d'infâmes outrages, pendant que sa riche bibliothèque et son mobilier devenaient la proie des assassins.

La rage qui se déploya lors de la mort de Ramus ne permet guère de croire que le fanatisme religieux ait été le seul mobile qui conduisit le bras des assassins. Tel fut l'avis des contemporains, et tous, d'une seule voix, désignèrent comme le principal coupable le rival et l'indigne confrère de Ramus, Jacques Charpentier. La discussion lumineuse de M. Waddington ne permet plus un doute sur ce point. Oui, l'histoire peut, sans craindre d'être injuste ou téméraire, faire peser sur Charpentier toute la responsabilité de l'assassinat que nous venons de raconter. Les antécédents de Charpentier, sa haine bien connue contre Ramus, les imprécations auxquelles on le voit se livrer dans sa chaire contre les protestants et les « politiques », les menaces de mort et les prédictions sinistres qui reviennent fréquemment sous sa plume, l'éloge impudent qu'il ne rougit pas de décerner aux

plus odieuses proscriptions, la joie qu'il témoigna
de la Saint-Barthélemy, qu'il appelle une belle et
douce journée[1]; la part qu'il prit comme dizenier à
toutes les violences contre les protestants et probablement au massacre même du 24 et du 25 août;
l'horrible façon dont, quelques mois après, renou-
velant ses diatribes contre Ramus, il apostrophe sa
mémoire et le représente comme frappé par Dieu
d'un juste mais trop tardif châtiment; ses liaisons
intimes avec une coterie d'hommes qui jouèrent un
rôle important dans la Ligue, tous violents, fanatiques, médiocres, et partageant sa haine contre
Ramus; les félicitations qu'il reçut après la Saint-
Barthélemy de l'un de ses collègues, félicitations
qu'il mit en tête de son dernier ouvrage, et où se
trouvent d'atroces plaisanteries sur « le plongeon
profitable pour tous, que Ramus aurait dû faire un
peu plus tôt »; la mort de Denis Lambin, qui, attaché au parti des « politiques » et se souvenant des emportements de Charpentier contre ce parti, crut voir
son sort écrit dans celui de l'infortuné Ramus
et mourut de frayeur quelques jours après la Saint-
Barthélemy; enfin le témoignage unanime des con-

---

[1]. *Clarissimus sol idemque suavissimus Galliæ illuxit, superiore mense Augusto...*

temporains, excepté un seul, dont le récit porte des traces évidentes de fausseté, tout se réunit pour accabler Charpentier. Le Collége de France lui-même a paru renoncer à défendre une mémoire aussi compromise. Dans un discours prononcé en 1595 sur la constitution et la réorganisation de cet établissement, le professeur H. de Monantheuil, exprimant le vœu que l'on place dans le Collége les portraits de tous ceux qui y ont enseigné, propose d'en exclure Jean Dampestre, à cause de son incapacité avouée ; puis il énumère tous les lecteurs royaux depuis l'an 1530 ; dans cette liste il n'omet qu'un seul nom, celui de Jacques Charpentier. Associons-nous donc à l'arrêt sévère qu'à trois siècles de distance prononce M. Waddington : « Je le dis en terminant, avec une conviction profonde et inébranlable : Ramus a péri victime d'une vengeance particulière, et le meurtrier est bien Jacques Charpentier. Au nom de sa victime, je le voue à l'indignation des hommes de cœur et au mépris éternel des gens de bien. Tout ami des lettres, de la philosophie et des sciences, pour ne pas dire de la religion et de la morale, s'unira, j'en suis sûr, à cet anathème. »

La dispute et l'injure, qui semblèrent le partage de Ramus durant sa vie, ne cessèrent point par sa mort. En 1577, cinq ans après la Saint-Barthélemy, le théologien Génébrard, dans un discours prononcé à Saint-Germain-des-Prés, l'appelait « corrupteur et abuseur de la jeunesse, laquelle il dégoustoit de bons autheurs, doctes livres et anciennes disciplines, hérétique aux éléments et langues, hérétique en grammaire, hérétique en rhétorique et philosophie, hérétique en Euclide, père et fondateur des mathématiques, hérétique en l'art militaire, hérétique en théologie, esprit de trouble, de contradiction, vertigineux, gros, espais et ignorantissime en la cognoissance des choses, manquant d'une des principales parties de rhétorique, à sçavoir invention, pauvre et outrecuidé ignorant. » Ces invectives, ainsi qu'il arrive d'ordinaire, provoquaient d'un autre côté des louanges non moins exagérées. Ramus, condamné en France comme un dangereux novateur, s'élevait aux honneurs de chef d'école, et le *ramisme* devenait la philosophie officielle de presque tous les pays protestants. L'Allemagne, qui avait encore deux cents ans à attendre avant de trouver sa philosophie originale, fut *ramiste* pendant une partie du xvie et du xviie siècle. Il faut lire, dans l'ouvrage instructif et judicieux de M. Waddington, l'histoire de cette longue tradition pour comprendre le rang élevé que Ramus mérite d'occuper parmi les fondateurs de la philosophie moderne. Il scella de son sang le principe fondamental de cette philosophie, la liberté de la pensée; les tribulations de sa vie et l'horreur de sa mort resteront comme un frappant exemple des ridicules et des atrocités qui se produisent, toutes les fois que l'État ne remplit pas son premier devoir, qui est de rester neutre dans les combats de l'esprit.

II.

EUGÈNE BURNOUF[1].

La France et l'Europe viennent de perdre un savant qui, dans une vie de cinquante années, a su faire revivre deux ou trois civilisations de l'antique Asie, restituer à la science des langues dont le nom était à peine connu avant lui, expliquer des mouvements religieux dont le sens avait jusqu'à nos jours échappé à la critique, rendre leur signification primitive aux livres de Zoroastre, aux inscriptions de Darius et de Xerxès, aux légendes primitives du bouddhisme, découvrir et déterminer avec finesse mille lois délicates de l'esprit humain, mille relations inaperçues, mille traits de la nature morale intéressants pour l'histoire et la vraie philosophie, laisser enfin le plus parfait modèle d'une vie consacrée à l'étude et à la méditation. S'il est un homme pour lequel il

---

1. Écrit au lendemain de sa mort.

soit vrai de dire que l'histoire de sa vie fut l'histoire de ses travaux, c'est assurément Eugène Burnouf. Jamais pensée ne fut plus absorbée que la sienne dans la recherche du vrai ; jamais existence ne fut plus exclusivement vouée à l'objet qu'elle s'était assigné. Et pourtant ceux qui ne connaîtront cet homme éminent que par ses livres n'apprécieront jamais que la moindre partie de ses admirables facultés. Il fut supérieur à ses travaux, non qu'il ne les ait portés au plus haut degré de perfection qu'il soit possible d'atteindre dans l'état actuel de la science, mais parce que volontairement il s'y borna à l'œuvre la plus humble et la plus utile, évitant avec autant de soin que d'autres les recherchent, les occasions de déployer les parties brillantes de son génie.

Le trait essentiel du caractère d'Eugène Burnouf fut le dévouement et l'oubli de soi-même. Non content de donner à ses livres la forme la plus strictement scientifique, il se refusait jusqu'aux moyens les plus légitimes de publicité, moyens dont le charlatanisme peut abuser, il est vrai, mais que la bonne science n'est pas obligée pour cela de s'interdire. « Il en est des vérités philosophiques, disait-il en 1848, en présidant la séance annuelle des cinq académies, comme des vérités morales : l'homme ne doit pas en détourner un seul instant ses regards, parce que c'est dans la contemplation incessante de ces vérités qu'il trouve, avec une règle infaillible, la récompense promise à qui sait les comprendre. Analyser les œuvres de la pensée humaine en assignant à chacune son caractère essentiel, découvrir les analogies qui les rapprochent les unes des autres, et chercher la raison de ces analogies dans la nature même de l'intelligence qui, sans rien perdre de son unité indivisible, se multiplie par les productions si variées de la science et de l'art, tel est le problème que le génie des philosophes de tous les temps s'est attaché à résoudre, depuis le jour où la Grèce a donné à l'homme les deux puissants leviers de l'analyse et de l'observation. »

Telle était la pensée dominante d'Eugène Burnouf. L'histoire de l'esprit humain était le but suprême qu'il posait à la science, histoire non pas improvisée par l'esprit de système ou devinée *a priori* par une prétendue philosophie, mais fondée sur l'étude la plus patiente et la plus attentive des détails. C'est parce que l'Inde lui parut une des pages les plus importantes de cette histoire qu'il y consacra tous les efforts de sa noble intelligence; et c'est parce que les études indiennes lui semblaient encore à leur enfance qu'il se confina dans les travaux de la philologie la plus spéciale. Il pensait avec raison qu'il ne s'agit pas encore de disserter sur une littérature que l'on connaît depuis un demi-siècle, et dont on ne possède les monuments en Europe que d'une manière très-incomplète. Quelques personnes semblaient croire qu'avec ses hautes facultés, il eût fait une œuvre plus méritoire et plus honorable en écrivant sur l'Inde de savantes généralités qu'en se livrant à ce pénible travail d'éditeur et de traducteur. Eugène Burnouf résistait à ces entraînements, et, quand l'occasion le forçait à développer ces vues générales où éclatait la pénétration de sa critique, il ne le faisait qu'à contre-cœur, en s'excusant d'avance des belles pages qu'il allait écrire, et en protestant que l'étude positive, la discussion philologique étaient à ses yeux, dans l'état actuel de la science, l'œuvre la plus urgente et la plus essentielle.

Cette admirable abnégation, il la portait jusqu'au mépris de ses droits les plus acquis. La priorité des découvertes le touchait peu quand il s'agissait des siennes. Dans plusieurs circonstances où des personnes moins désintéressées eussent engagé de vives polémiques, il se tut. Il regardait comme perdu le temps employé à ces stériles débats. Son cours au Collége de France était le reflet du même esprit. Nul n'était plus capable que lui d'attacher un auditoire par sa parole vive, élevée, pleine de justesse. Il se refusait ce moyen si légitime de séduction; il n'était éloquent qu'à la dérobée et dans ses moments d'oubli. Il croyait mieux faire pour la science en se bornant à une analyse purement philologique des textes les plus difficiles de la littérature sanscrite, les Commentaires du code de Manou. Lui seul possédait le secret de ce style étrange, vraie algèbre de la pensée humaine; à peine quatre ou cinq personnes en Europe étaient capables de le suivre. Il préférait cet austère enseignement à des développements qu'il jugeait prématurés, ou à des explications plus accessibles, mais que d'autres maîtres eussent pu donner comme lui.

Et ne croyons pas que ce fût là une fantaisie d'érudit, un simple amour de la difficulté pour elle-même et pour le plaisir qu'on trouve à la vaincre. Eugène Burnouf était convaincu que la science n'est solide que si elle repose sur la plus scrupuleuse philologie. Voilà pourquoi une des intelligences les plus vives et les plus ouvertes de ce siècle se voua au rude métier de manœuvre, se borna presque à la tâche de recueillir des documents, d'apprendre des langues, de se créer des dictionnaires, des grammaires. La disproportion apparente qu'on peut trouver entre sa réputation méritée d'homme supérieur et le caractère de ses écrits, trop sérieux pour être généralement appréciés, n'eut pas d'autre cause. Cuvier est plus connu par son superficiel *Discours sur les révolutions du globe* que par les mémoires spéciaux qui forment, aux yeux du savant, ses véritables titres scientifiques. Eugène Burnouf ne voulut laisser aucun écrit de cette espèce. Il ne faisait nulle concession à la frivolité (de cela, il faut le louer sans réserve), ni même au public simplement curieux (de ceci, on peut éprouver quelques regrets). Cet habile maître, appelé par la supériorité de son esprit et ses précieuses qualités morales à devenir le centre d'une grande école, resta ainsi dans l'isolement. Il craignait d'abaisser la science, et, ne tenant pas compte de la faiblesse de son siècle, il la rendait presque inabordable. La fière et noble manière des maîtres d'autrefois, repoussant comme indigne d'eux tout effort pour rendre l'instruction attrayante et facile, suppose dans l'élève une force de volonté, une résolution, un désintéressement bien rares de nos jours. L'œuvre scientifique, d'ailleurs, renferme deux fonctions bien distinctes : le génie de la découverte, le travail des recherches originales et l'art de les rendre accessibles au public. Ces deux rôles ne peuvent être bien remplis que par la même personne. La science se trouve presque toujours mal des interprètes qui veulent parler pour elle sans connaître sa méthode et ses procédés. Par un rare bonheur, Eugène Burnouf réunissait ces deux aptitudes presque opposées ; mais, des riches dons de sa nature, il préféra les plus sévères, et négligea les plus brillants. Le public distrait ne sut pas comprendre cette haute abnégation. Eugène Burnouf put d'abord y être sensible ; mais cela n'atteignit pas le fond de son âme. Nous lui avons souvent entendu répéter qu'il n'était guidé dans ses travaux que par la vue la plus abstraite du devoir, et qu'il n'avait besoin d'attendre aucune récompense de l'opinion. Les joies exquises de l'intérieur, qui lui furent si abondamment départies, d'abord auprès d'un père, dont le souvenir était pour lui un véritable culte, puis au sein d'une famille digne de lui, suffisaient à son bonheur ; tout le reste, il le faisait parce qu'il croyait devoir le faire. Il avouait que, dans ses premières années, il avait été soutenu par une noble émulation de gloire, et que peut-être, sans ce mobile, il n'eût pu mener à fin les immenses travaux par lesquels il débuta dans la science. Mais cette chaleur de jeunesse l'abandonna ; il en était venu à cette paix inaltérable de l'homme qui ne connaît au monde qu'un seul juge, sa conscience.

Et c'est précisément parce qu'il la fuyait, que la gloire vint le chercher. L'opinion fut vraiment étrange à son égard. Elle ne sut pas le suivre dans la haute voie où il s'était engagé, et pourtant elle le comprit d'instinct; elle sentit tout ce qu'il y avait de grave et d'élevé dans cette noble figure. Son immense réputation dans les écoles savantes de l'étranger réagit sur l'indifférence de ses compatriotes. Ses derniers jours furent son triomphe : à quelques semaines d'intervalle, il se vit élevé par le gouvernement aux fonctions d'inspecteur général de l'enseignement supérieur, et par l'Académie des inscriptions et belles-lettres, à la charge de secrétaire perpétuel. Les louanges unanimes et sans mélange qui éclatèrent à sa mort prouvèrent qu'en prenant la part du sérieux et de l'honnête, il avait réellement pris la meilleure part.

Son souvenir restera, pour tous ceux qui l'ont connu, un sublime et cher entretien, un motif de foi et de confiance, une excitation à bien penser et à bien faire. Cette vie toute consacrée aux choses supérieures, cet exemple d'un homme possédé par la passion désintéressée du vrai, avec un rare génie pour la satisfaire, leur rappellera que, si la gloire n'est pas faite pour tous, les pures joies de l'étude et du devoir accompli sont ouvertes à tous. Non, aucun de ceux qui ont senti le parfum qui s'exhale de cet illustre mort ne croira qu'il eût mieux fait de suivre une voie moins noble et moins pure.

III.

ÉTIENNE QUATREMÈRE.

Il n'est point permis de laisser sans mémoire une vie comme celle de l'orientaliste éminent que l'Académie des inscriptions et belles-lettres a perdu il y a quelques jours. M. Étienne Quatremère avait demandé qu'aucun discours ne fût prononcé sur sa tombe. L'austérité de ses mœurs et l'âpre fierté de son caractère eussent repoussé de même l'idée d'une louange posthume qui ne fût pas venue de ses œuvres. L'éloge avec ses formules obligées et ses partis pris de dissimulation nous est donc interdit. Ce n'est point à des convenances personnelles, c'est à la science qu'on doit le compte de ces vies consacrées à l'étude et qui appartiennent à tous.

M. Étienne Quatremère naquit à Paris en 1782, d'une famille où la gravité, la sévérité de mœurs et le goût des choses sérieuses qu'inspirait le jansénisme formaient une sorte d'hérédité. Son aïeul, marchand de drap comme ses ancêtres (le mot n'est point emphatique appliqué à d'anciennes familles bourgeoises où vivait une si forte tradition), fut anobli par Louis XVI avec la clause exceptionnelle que l'un de ses fils pourrait toujours, sans déroger, continuer le commerce. Sa grand'mère, Anne Bourjot, dont la vie a été écrite par dom Labat, fut un modèle de charité chrétienne poussée jusqu'à l'héroïsme. Son père, pénétré de la même foi, et ouvert aux idées généreuses du siècle dans la mesure assez large où le jansénisme les admettait, fut un des premiers officiers municipaux élus en 1789. L'étude et le goût des exercices de l'esprit prenaient place dans ces vies austères à côté des devoirs religieux. La famille de M. Quatremère, soit par elle-même, soit par ses branches collatérales, a donné aux lettres les noms inégalement célèbres de Quatremère de Quincy, Quatremère-Roissy, Quatremère-Disjonval. La séve énergique de ces vieilles familles aboutissait presque toujours à une grande originalité : chacun y avait son type, et, comme on dirait en ce temps de pâle uniformité, son ridicule. Le pli vigoureux que les caractères recevaient de l'éducation traditionnelle y inculquait très-profondément certains préjugés ; mais ces préjugés mêmes entretenaient une force de volonté et une puissance d'initiative qui s'en vont de plus en plus, depuis qu'on a cru régler le monde en n'y laissant de place que pour la faiblesse et la médiocrité.

Une horrible expérience de la méchanceté humaine ouvrit la vie de M. Étienne Quatremère, et ne contribua pas peu sans doute à lui inspirer cette humeur sombre et mélancolique qui a si souvent attristé ses plus fidèles amis. Au milieu des misères des premières années de la Révolution, son père commit la généreuse imprudence de répandre des aumônes abondantes, qui lui firent supposer des richesses supérieures à celles qu'il avait. Traduit au tribunal révolutionnaire, il fut condamné le 21 juin 1794 pour incivisme et fanatisme. Les malheureux dont il était le soutien habituel étaient présents à l'audience, et, dans ce sanglant prétoire où la voix de la nature était si rarement entendue, il se fit un mouvement quand l'arrêt fut prononcé. Le président se leva et déclara que Quatremère, n'ayant eu en vue que son Dieu et nullement les sans-culottes, méritait la mort « pour avoir humilié le peuple par ses bienfaits. »

On conçoit quel refoulement cette exécrable dérision dut produire dans l'âme d'un enfant de douze ans. La largeur de l'esprit et l'indépendance de la libre pensée sont presque toujours le fruit d'une expérience heureuse de la vie : l'homme qui n'a rencontré autour de soi que bonté et droiture admet volontiers d'énormes diversités dans la manière de croire au vrai et de réaliser le bien ; mais il ne faut pas demander la modération à celui qui a souffert, ni la tolérance pour les idées à celui qui a vu les idées servir de prétexte à la spoliation et à l'assassinat. M. Quatremère ne connut point cette pacifique disposition d'esprit, qui est non pas l'indifférence, mais l'optimisme d'une belle âme supposant chez les autres la sérénité et l'absence de passions qu'elle sent en elle. Ni la philosophie ni les habitudes de l'homme du monde ne tempérant sa roideur, il aima mieux renoncer à la part de légitime influence qu'il eût pu exercer que de faire aucun sacrifice au commerce des hommes. De bonne heure, il se plongea dans l'étude et ne voulut pas en être distrait. Toute sa vie il vécut seul, presque sans autres amis que ses livres, les seuls qui ne pussent jamais le contredire. Les grands travaux qu'il a publiés n'étaient pas eux-mêmes le but principal qu'il se proposait, et ses écrits sont toujours restés, pour le nombre et l'importance, au-dessous de son érudition. Il aimait sa science jusqu'à en être jaloux ; il voulait qu'on y crût sur sa parole et semblait regretter que le public en profitât.

Les langues orientales furent le champ principal de sa curiosité, mais il ne les prit point comme une spécialité exclusive : toute autre étude l'eût autant charmé, et, s'il préféra celle-ci, c'est probablement parce qu'il la trouva plus rare et plus difficile. Il n'y avait livre qu'il ne lût. Son admirable bibliothèque de cinquante mille volumes n'était point, comme cela arrive si souvent, un instrument oisif entre les mains d'un maître qui ne lit pas; c'était l'image fidèle de son savoir universel. De toutes ses œuvres, c'est celle qu'il a le plus aimée, et une de ses préoccupations habituelles était la beauté du catalogue qui en serait dressé après sa mort.

Cette manière de prendre l'étude comme une jouissance personnelle, bien plus que comme un moyen d'enrichir la science de résultats nouveaux, explique les côtés éminents et les parties faibles de la carrière de M. Étienne Quatremère. Peu de savants peuvent lui être comparés pour l'étendue et la sûreté des connaissances; on sent que ce qu'il donne au public est le fruit d'un vaste travail dont la plus grande partie reste inconnue : nul souci de se montrer; aucun de ces artifices, bien vite découverts par un œil exercé, au moyen desquels l'érudition novice essaye de faire illusion. Tous les travaux de M. Quatremère, quand il n'y mêle point de jugement propre, peuvent être pris comme des sources premières et maniés avec une entière sécurité. Mais on ne saurait nier que, sous le rapport de la critique, ils ne laissent beaucoup à désirer. Ce n'est jamais impunément qu'on manque d'esprit philosophique, même dans les travaux qui semblent en exiger le moins. Faute de direction générale, M. Quatremère, avec d'incomparables ressources et une puissance de travail qui ne fut jamais surpassée, n'a point ouvert de voie vraiment féconde. L'unité d'une carrière intellectuelle résulte toujours d'une grande idée extérieure, impersonnelle, objective, comme on dit en Allemagne, qui entraîne l'homme, le domine, fait sa vie sans lui et malgré lui. L'activité, si noble d'ailleurs, de M. Quatremère fut gouvernée par de tout autres vues. L'intérêt abstrait de la science le touchant moins que sa propre curiosité, il se laissa conduire par son travail plutôt qu'il ne le dirigea. On ne saisit pas le principe qui relie ses ouvrages les uns aux autres. Ce n'est point une critique que je fais ici; je constate seulement la diversité des dons que la nature sait partager entre les esprits excellents. M. Quatremère a laissé dans le champ des études historiques et philologiques une trace durable, quoiqu'il n'ait jamais bien nettement compris, je crois, la portée et l'objet de ces études. Il ne se douta pas du lien qui rattache toute recherche sérieuse au problème vital de l'être pensant ; il n'aperçut pas le but supérieur de l'érudition, qui est de construire pierre à pierre la science historique de l'esprit humain, c'est-à-dire la moitié de la philosophie. Il ne vit pas tout cela, et peut-être, s'il l'eût vu, eût-il moins bien mérité de la cause qu'il servait sans le savoir. Il fut comme un ouvrier laborieux, rendant d'immenses services à la construction d'un édifice, dont le plan, la destination et les proportions ne lui apparurent jamais.

Ce fut en 1808 que M. Étienne Quatremère débuta dans la carrière savante par un écrit qui doit compter au nombre des meilleurs qu'il ait produits, ses *Recherches sur la langue et la littérature de l'Égypte*. M. Quatremère y établit d'une manière absolument démonstrative un résultat entrevu avant lui par Jablonski, à savoir que la langue de l'ancienne Égypte doit être cherchée dans le copte. Ce fut le point de départ des recherches qui peu après furent entreprises pour résoudre l'énigme de l'écriture hiéroglyphique. Mais M. Quatremère s'arrêta après ce premier pas, et n'entra pas dans la voie nouvelle. Il nia même la possibilité d'aller plus loin, et ne crut jamais aux découvertes de Champollion. Il poussait à l'excès la réserve quand il s'agissait de recherches auxquelles il n'avait point eu de part. Quelquefois cette réserve était légitime, et on ne peut que le louer d'avoir pris les plus grandes précautions contre les méthodes peu sévères ; mais on ne saurait nier que souvent aussi il n'ait trop cédé à certaines préventions. Ainsi, il n'admit jamais ce qu'on appelle la philologie comparée, cette grande méthode créée par Frédéric Schlegel, Bopp, Burnouf, et de la valeur de laquelle il n'est plus permis de douter. Il envisageait les langues isolément, croyait qu'elles se ressemblent à peu près également et qu'elles diffèrent à peu près également les unes des autres, sans distinction de familles. Il repoussait jusqu'à l'unité de la famille indo-européenne, et il disait que l'usage du sanscrit pour expliquer les origines grecques, latines, etc., passerait, comme avait passé la mode de tout expliquer par l'hébreu.

Les études sémitiques furent l'objet habituel des travaux de M. Quatremère : il les parcourut dans les sens les plus divers, et toujours avec un savoir consommé. L'enseignement de l'hébreu, qui est la clef de toutes les recherches sur le monde sémitique, fut durant quarante ans au Collége de France confié à ses soins. On ne peut pas dire que, dans cet ordre de recherches, M. Quatremère ait rendu à la science de signalés services. Il ne suivit guère les immenses travaux qui, depuis un demi-siècle, se sont accumulés en Allemagne, et ont fait de la philologie hébraïque le modèle de toutes les philologies. Il n'observa peut-être point assez délicatement la nuance essentielle qui doit distinguer la chaire de « littérature hébraïque, chaldaïque et syriaque » au Collége de France, d'une chaire « d'Écriture sainte » dans une faculté de théologie. M. Quatremère voulut être théologien, et théologien raisonnable : il ne satisfit personne. M. Quatremère se rapprochait parfois de l'école qu'on appelle en exégèse l'école *rationaliste,* dont la tendance est de trouver aux faits donnés pour surnaturels des explications historiques. Il ne rejetait pas les miracles, mais il en voulait le moins possible ; quand il en rencontrait « d'une exécution difficile », selon sa naïve expression, il cherchait à les atténuer ou à les expliquer par des procédés naturels et par des malentendus. Cela l'entraînait dans bien des subtilités peu profitables à la philologie. Il distinguait, par exemple, les miracles qui supposent seulement une violence faite aux lois de la surface de notre planète des miracles qui supposent un arrêt du système solaire tout entier, comme le miracle de Josué. Bien que la puissance divine soit très-grande, il croyait la soulager en la dispensant d'un tel effort. Il n'admettait pas que ni le soleil ni la terre se fussent arrêtés à la voix de Josué; il pensait que le nuage chargé de pierres, passant devant le soleil, l'obscurcit momentanément. Le nuage s'étant déchargé sur les Chananéens, le soleil reparut, et, comme dans la chaleur du combat on ne mesure pas bien le temps, les compagnons de Josué crurent qu'une prolongation du jour avait eu lieu en leur faveur[1]. Un nuage chargé de cailloux lui paraissait un prodige beaucoup moins inadmissible qu'une suspension des mouvements du ciel. Dans un cours où la littérature hébraïque aurait été prise comme l'est dans un cours de sanscrit la littérature indienne, dans un cours de chinois la littérature chinoise, je veux dire comme un instrument pour l'étude des origines d'une fraction de l'humanité, de pareilles questions n'auraient pas dû se poser.

Les études phéniciennes, qui ne sont qu'une application des études hébraïques, occupèrent beaucoup M. Quatremère, et furent pour lui l'occasion de travaux importants. Ce n'est pas que ses interprétations aient été d'ordinaire les mieux inspirées; en tout ce qui demandait un certain bonheur de divi-

---

[1]. Voir les *Observations sur un passage du livre de Josué*, publiées dans le *Journal des Savants* (août 1856).

nation, un instinct particulier de rectitude, de simplicité et de justesse, M. Quatremère ne jouissait pas de tous ses avantages. Cependant sa riche mémoire lui suggéra quelques rapprochements ingénieux. C'est à lui qu'appartient la découverte de la forme exacte du pronom relatif en phénicien, qui jusque-là avait été méconnue. Cette découverte, faite sur des textes fort courts et peu significatifs, a été confirmée par le déchiffrement des grandes inscriptions plus récemment trouvées à Marseille et à Saïda, et qui ont livré à la science les premiers textes de quelque étendue écrits en langue phénicienne.

Dans le champ des études araméennes, M. Quatremère a marqué sa trace par un ouvrage très-important, et qui, à l'époque où il parut, fut, peut-être sans que l'auteur s'en doutât, un trait de lumière jeté sur les antiquités sémitiques; je veux parler de son *Mémoire sur les Nabatéens*. M. Quatremère aperçut le premier l'intérêt d'un livre singulier qui est parvenu jusqu'à nous dans une traduction arabe sous le titre d'*Agriculture nabatéenne*. Il en tira de précieux renseignements, autour desquels il groupa, avec l'érudition qui n'appartenait qu'à lui, toutes les données que l'Orient et l'antiquité classique nous ont laissées sur le même sujet. Ces recherches ont été depuis reprises par M. Chwolson, de Saint-Pétersbourg; celui-ci a énormément enchéri sur les opinions de M. Quatremère qui pouvaient paraître les plus exagérées. Selon notre savant compatriote, nous aurions dans l'*Agriculture nabatéenne* un ouvrage d'agronomie composé à Babylone à l'époque de Nabuchodonosor. Selon M. Chwolson, ce serait à plusieurs milliers d'années avant Jésus-Christ que ce livre singulier nous ferait remonter. Il faut attendre, pour se prononcer d'une manière assurée, que le texte arabe complet des ouvrages nabatéens ait été publié. Mais les extraits qu'en a donnés M. Chwolson soulèvent les doutes les plus graves[1]. Il est bien probable que toute cette littérature nabatéo-arabe est un produit apocryphe des écoles babyloniennes du v° ou du vi° siècle de notre ère. Mais, comme telle, elle a encore beaucoup d'intérêt; car il s'y trouve de précieuses données sur l'ancienne civilisation de la Chaldée. Le *Mémoire sur les Nabatéens* conserve de même son prix, bien que les conclusions en soient fort ébranlées. Le manque de critique ne pouvait permettre à M. Quatremère de traiter avec un plein

---

1. Voir *Mém. de l'Acad. des inscr. et belles-lettres*, t. XXIV, 1re partie, p. 139 et suiv.; *Zeitschrift der deutschen morgenländischen Gesellschaft*, 1861, p. 1 et suiv.

succès ces difficiles questions de haute antiquité. Dans ses Mémoires sur la topographie de Babylone et sur Darius le Mède, le même défaut se fait sentir.

C'est surtout à l'histoire, à la géographie et à la littérature du monde musulman que M. Quatremère consacra d'immenses labeurs. Ses *Mémoires géographiques et historiques sur l'Égypte*; son *Histoire des Sultans mamelouks*, traduite de l'arabe de Makrizi; son *Histoire des Mongols de la Perse*, traduite du persan de Raschid-eldin; son édition du texte arabe des *Prolégomènes* d'Ibn-Khaldoun, l'un des monuments les plus curieux de la littérature arabe; ses nombreux Mémoires insérés dans le *Journal asiatique* sont des trésors de matériaux du meilleur aloi. Les imperfections qu'on peut reprocher à la critique de M. Quatremère, quand il traite des époques reculées, ne se montrent point ici. M. Quatremère n'avait nullement le sentiment des choses primitives; il manquait de cette souplesse qui fait deviner ou sentir des états intellectuels fort différents de celui où nous vivons. Mais, lorsqu'il s'agissait de l'histoire des époques moyennes ou modernes, histoire qui exige bien moins d'efforts d'interprétation et où la solidité de l'érudition suffit, il était sans égal. L'aridité et, il est permis de le dire, l'importance secondaire de ces époques de l'histoire de l'Orient ne le rebutaient pas. Les études orientales offrent un intérêt de premier ordre, égal et, selon moi, supérieur à celui des littératures classiques, quand elles s'appliquent à l'antiquité, c'est-à-dire à l'époque où l'Orient fut le théâtre de révolutions dont nous avons recueilli l'héritage. L'histoire de l'Inde védique, des Hébreux, de l'Assyrie, de la Perse ancienne, c'est notre histoire à tous, puisque notre civilisation plonge par ses racines dans le sol même où les Védas, la Bible, le Zend-Avesta nous transportent, et que nous subissons encore aujourd'hui le contre-coup de ce qui se passa il y a des milliers d'années dans l'Asie primitive, à Ninive, à Babylone, à Suse, dans le pays de Chanaan. On n'en peut dire autant des littératures modernes de l'Orient. Elles sont aussi d'un très-grand intérêt, puisque rien n'est à négliger dans l'ensemble des choses, et que, d'ailleurs, les destinées des familles les moins favorisées de l'espèce humaine touchent par une foule de points au développement général de la civilisation; mais enfin une distinction doit être faite entre le grand courant, qui entraîne d'une même teneur l'humanité vers un but inconnu, et les courants latéraux du fleuve, qui souvent semblent contrarier le cours principal. L'horrible abaissement de la moralité et de l'intelligence dans les pays musulmans, surtout à partir de la seconde moitié du moyen âge, m'a toujours dégoûté, et j'admire la conscience des philologues qui consacrent à ce monde dégradé les mêmes soins qu'aux nobles restes du génie de la Grèce, de l'Inde antique, de la Judée. Mais les plus tristes pages de l'histoire demandent aussi des interprètes, et dans le travail scientifique il faut savoir gré à ceux qui prennent pour eux la plus mauvaise part.

Il me reste enfin à rappeler les travaux de M. Étienne Quatremère qui auraient dû faire sa gloire principale, et qui, par suite de regrettables circonstances, ont été perdus pour le public savant, je veux dire ses travaux lexicographiques. La vraie vocation de M. Quatremère était de ce côté. Son immense lecture, sa mémoire qui tenait du prodige, son exactitude scrupuleuse sur les détails lui assuraient le premier rang dans un ordre de travaux où les qualités qui lui manquaient sont le moins exigées. Très-jeune, il se mit à recueillir d'immenses matériaux pour un dictionnaire arabe, qui, s'il eût été achevé, eût fait oublier sans peine tous ceux que l'on possède. Le meilleur juge en cette matière, son maître, Silvestre de Sacy, aimait à dire qu'Étienne Quatremère était le seul homme capable de composer un dictionnaire arabe. Il est certain que, si en grammaire Silvestre de Sacy n'a point été égalé, M. Quatremère n'eût point été de longtemps surpassé en lexicographie. On peut énoncer sur ce point des conjectures, quoique les travaux dont nous parlons soient restés inédits. M. Quatremère, pour utiliser des notes qu'il désespérait de réunir en un corps d'ouvrage, avait pris l'habitude de les placer à tout propos au bas des pages de ses différents écrits. Elles y forment un encombrement assez incommode, et il est à craindre que la science ne tire jamais qu'un médiocre avantage des articles de dictionnaire ainsi dispersés; mais on est surpris de l'immense dépouillement de textes auxquels l'auteur s'était livré. M. Quatremère recueillit également beaucoup de notes en vue d'un dictionnaire copte, d'un dictionnaire syriaque, d'un dictionnaire turc oriental, et je crois même de dictionnaires persans et arméniens.

Il est permis de supposer que les services rendus par le docte orientaliste dans ces diverses branches d'étude eussent été fort inégaux. En syriaque, par exemple, je pense qu'on se consolera de n'avoir pas le travail de M. Quatremère quand on possédera complet le beau lexique de M. Bernstein, dont le premier fascicule a paru et donne la plus haute idée de l'ouvrage[1]. Ce n'en est pas moins une chose déplorable que ce vaste amas de travaux soit resté et soit probablement destiné à rester toujours inutile[2]. Il faut dire, pour justifier la France et le public savant d'une indifférence coupable, que le goût personnel qui portait le laborieux auteur plutôt à recueillir des notes qu'à achever des ouvrages eut autant de part que les circonstances dans ce fâcheux abandon.

Au *Journal des Savants*, M. Quatremère représentait depuis vingt ans l'érudition orientale. Sa critique, rarement bienveillante et parfois empreinte d'une regrettable partialité, avait du moins l'avantage d'être sérieuse et approfondie. Il ne tint pas à lui que ce grand recueil ne continuât d'être ce qu'il était du temps de Daunou et de Silvestre de Sacy, l'écho fidèle et complet de la littérature savante de l'Europe. Il y maintint la grande manière des récensions spéciales et détaillées, qui disparaît de jour en jour, et qui pourtant est indispensable au progrès des recherches de première main. L'abnégation nécessaire à ce genre de critique devient rare, et

---

1. M. Bernstein est mort depuis. J'ignore si l'on doit continuer l'impression de son ouvrage.

2. La bibliothèque royale de Munich en a fait l'acquisition. J'apprends avec joie qu'il est question d'en tirer parti.

peut seulement trouver sa place dans un recueil qui n'a point à tenir compte d'intérêts particuliers ni des exigences du public.

Les qualités de M. Quatremère ne le prédestinaient pas à faire école. Il continua son œuvre sans se soucier des autres ni encourager le progrès des études auxquelles il s'était voué. On pourrait croire que, dans ces froides recherches, la solitude devrait être un avantage ; il semble qu'un érudit détaché de tout ce qui retire l'homme de la sphère des abstractions soit mieux placé pour voir le vrai sans nuage et pour tout embrasser. Il n'en est point ainsi : quand on n'a pas de devoirs envers les autres, on s'en croit souvent de trop grands envers soi-même, et les inconvénients de la bonté sont presque toujours moindres que ceux de la personnalité renfermée en elle-même et jalouse de son repos.

Peu sympathique au premier coup d'œil, M. Quatremère attachait à la longue par l'originalité de son caractère et par le tour arrêté de ses idées. Il représentait avec une énergie qui se perd de jour en jour l'ancien esprit de la bourgeoisie parisienne, ses traditions de sérieux, de culture libérale et d'honorable indépendance. Le « règlement » en toute chose était sa loi suprême : il le défendait avec acharnement dans les corps dont il faisait partie. Gardien vigilant des droits et de la dignité de ces corps, il en était venu (tel est le siècle où nous sommes) à paraître séditieux à force d'être conservateur. Malgré ses côtés étroits, et, si l'on veut, ses ridicules, ce vieil esprit avait d'excellentes parties que notre société, affaiblie pour les grandes choses, doit certes regretter. On vivait pour l'estime de quelques personnes, et, afin de l'obtenir, on recherchait en tout le solide et l'honnête. Comme on s'estimait beaucoup, soi et les siens, on consentait très-difficilement à estimer les autres; cela rendait souvent les caractères aigres et difficiles, mais cela donnait de la fierté et de la tenue. On était attaché à ses idées; on avait une raison en dehors de son intérêt pour être de telle ou telle opinion. En religion, on devenait facilement sectaire, afin de pouvoir regarder la vérité comme sa propriété ou comme un privilége qu'on partageait avec un petit nombre; mais du moins la foi pénétrait la vie, et on se l'assimilait comme quelque chose de personnel. L'abdication religieuse dont nous sommes les témoins, le laïque ne s'occupant plus de théologie et croyant sans se soucier de ce qu'il doit croire, eût paru à ces austères chrétiens une monstruosité.

M. Quatremère, sous ce rapport, comme sous tant d'autres, n'était pas de notre âge. Janséniste et gallican, il portait dans sa piété une gravité triste et respectueuse qui n'excluait pas le libre jugement. Les innovations religieuses le révoltaient : il n'accepta point le bréviaire romain, devenu si fort à la mode dans ces dernières années; il y trouvait des fables, des anachronismes, et préférait beaucoup le bréviaire de Paris, composé tout entier avec des paroles de l'Écriture et des Pères. Les nouveaux dogmes, les nouveaux saints et les nouveaux miracles le trouvaient aussi fort sévère; à l'époque où fut introduit dans le diocèse d'Amiens le culte de sainte Théodosie, il composa un savant Mémoire pour établir que les procédés par lesquels on avait créé la légende de cette sainte avec une inscription de quelques mots étaient contraires à toutes les règles de la saine critique. Cette fermeté nous paraît surannée; croyants et sceptiques, nous sommes devenus bien plus dociles. Il faudrait s'en réjouir, si l'on pouvait croire que cela vient de plus de largeur et d'élévation d'esprit; mais, si cela vient de l'affaiblissement des caractères, de la fatigue et de la paresse, si les habitudes que nous envisageons comme des travers sont la condition de l'application mâle aux choses désintéressées, il faut regretter la solide pesanteur que la discipline des deux derniers siècles avait donnée aux esprits. Le janséniste acariâtre, chagrin, disant son bréviaire, pouvait être fermé à bien des idées et hostile à plus d'un progrès légitime; mais il était, du moins pour les parties austères du travail de la pensée, un auxiliaire utile, et il rendait un immense service au développement sérieux de l'esprit en faisant digue à l'envahissement du monde par l'immoralité, le charlatanisme et la légèreté.

LA CHAIRE DE SANSCRIT

AU COLLÉGE DE FRANCE.

(*Journal des Débats*, 10 décembre 1862.)

Toutes les personnes qui aiment la science d'une manière désintéressée sont en ce moment préoccupées d'une question fort grave. La chaire de sanscrit au Collége de France est vacante depuis la mort d'Eugène Burnouf, arrivée en 1852. Il y a quelques semaines, M. le ministre de l'instruction publique nvita, selon le règlement, MM. les professeurs du Collége de France à lui désigner les deux personnes les plus capables de remplir cette chaire, qui est d'une importance particulière dans l'état actuel des études philologiques. Les professeurs, réunis le dimanche suivant, ne purent s'empêcher de remarquer l'absence parmi les candidats de celui que l'opinion de toute l'Europe savante désigne comme le successeur d'Eugène Burnouf; je veux parler de M. Adolphe Régnier. La cause de cette abstention était bien connue. Par un motif tout personnel, étranger à la politique, par suite d'une relation si intime qu'on peut presque l'assimiler à un lien de famille, M. Adolphe Régnier ne croit pas pouvoir prêter le serment exigé par la loi pour les fonctions publiques. Pensant qu'on l'accuserait de présomption s'il avouait le désir d'une exception au droit commun, trop ennemi d'ailleurs des vaines démonstrations pour rechercher des suffrages avec l'intention de n'en pas profiter, M. Régnier avait pris le seul parti qui convînt à la modération de son caractère, il s'était interdit de se porter comme candidat à la chaire pour laquelle les présentations étaient demandées.

L'assemblée des professeurs du Collége de France, en présence de cette situation difficile, ne consulta que l'intérêt des grandes études dont le dépôt lui est confié. Une lettre de candidature, en pareille circonstance, ne pouvait être considérée comme nécessaire. En effet, la nouvelle de la convocation des professeurs du Collége de France avait été insérée au *Moniteur* quatre jours avant le terme fixé par M. le ministre pour la réunion. Tel candidat habitant une province écartée n'aurait pas eu le temps d'écrire pour faire connaître ses intentions. Le Collége, d'un autre côté, devait-il entrer dans des considérations de politique et d'administration étrangères à la science? MM. les professeurs ne le pensèrent pas ; ils crurent que dans ces sortes de convocations une seule question leur est posée : « Quel est le sujet le plus digne ? » Ils présentèrent en première ligne M. Adolphe Régnier. Quelques jours après, l'Académie des inscriptions et belles-lettres, également consultée d'après les règlements, présenta le même candidat.

Voilà, ce nous semble, une des questions qui mettent le mieux en lumière les vrais rapports de l'État avec les choses de l'esprit. Il est indubitable que l'administration de l'instruction publique serait dans son droit en ne nommant pas M. Régnier. Le pouvoir n'est jamais tenu d'octroyer une dispense aux lois existantes. D'un autre côté, le ministre, en ne choisissant pas le candidat qui lui est présenté en première ligne par les deux corps savants, sortirait de l'usage (un seul exemple d'une telle nomination peut être cité, exemple emprunté aux plus tristes souvenirs de la Restauration); il ne sortirait pas du règlement. Si donc il est décidé que la dispense du serment, qui a été accordée à M. Arago et offerte spontanément à M. Cauchy, ne doit pas être offerte à M. Adolphe Régnier, les amis de la science devront se borner à regretter le dommage causé aux bonnes études par les circonstances politiques, si embarrassées, que traverse notre siècle.

Mais l'administration de l'instruction publique, dans les attributions de laquelle le Collége de France est resté, veut sans doute le plus grand bien de l'enseignement et le libre développement de tout ce qui peut faire honneur au pays. A ce point de vue, nous ne croyons pas qu'un gouvernement pût faire un acte plus honorable et plus libéral qu'en invitant M. Adolphe Régnier à monter dans la chaire dont les deux corps les plus compétents du monde le croient digne, et à laquelle un scrupule de délicatesse l'empêche d'aspirer. La loi du serment n'est pas une loi comme une autre. Sans examiner si le chef de l'État a la faculté de dispenser de la loi, il peut être de sa générosité et de son goût éclairé pour les lettres de laisser tomber un droit que la loi lui confère, s'il voit dans cette renonciation un avantage pour l'esprit public. L'empereur, qui s'est déjà honoré en laissant M. Arago et M. Cauchy à leur haut enseignement, ne recueillerait sans doute de ce nouvel acte que d'unanimes approbations. Dans nos temps si troublés, les intérêts les plus graves de la société sont compromis si l'on n'admet pas la neutralité des grandes choses éternelles qui sont supérieures aux révolutions, aux divisions passagères, aux partis : neutralité de la science, neutralité des travaux de l'esprit, neutralité de tout ce qui contribue à l'amélioration de l'espèce humaine et au progrès de la civilisation; j'ajouterai neutralité de la religion, pour celles des communions religieuses qui ne réclament pas au profit de leurs dogmes la protection de l'État. Si, par nos dissensions, une moitié de la France est tour à tour frappée d'incapacité pour les grands services de la patrie, qui ne voit l'infaillible abaissement qui en résultera dans tout ce qui demande de la continuité? L'enseignement du sanscrit est la maîtresse partie de notre haut enseignement philologique. « La chaire de sanscrit, annulée en France pour une génération comme elle l'est déjà en Angleterre, c'est un coup trop fort pour nos études[1], » m'écrivait hier même un des plus illustres indianistes de l'Europe. La chaire de Wilson, en effet, par toute sorte de considérations mesquines, a été comme supprimée à Oxford. Espérons qu'une noble pensée nous rendra la chaire d'Eugène Burnouf. Cette chaire a vu se

---

1. Mon correspondant ne savait pas qu'un orientaliste de grand mérite devait être promu à la chaire. S'il eût connu le nom de cet orientaliste, il eût hautement approuvé qu'on appelât au Collége de France pour représenter les études bouddhiques un homme qui a su rendre à ces études de si grands services. Mais il eût probablement persisté à croire que la chaire de Burnouf devait garder son caractère distinct.

grouper autour d'elle comme élèves presque tous ceux qui sont aujourd'hui des maîtres en Allemagne, en Russie, en Italie, en Angleterre ; serons-nous réduits à aller chercher à l'étranger la science que nous lui avons donnée et les méthodes qu'il tient de nous ?

LA CHAIRE D'HÉBREU

AU COLLÉGE DE FRANCE.

EXPLICATIONS A MES COLLÈGUES.

Paris, 15 juillet 1862.

Messieurs et savants Collègues,

L'espérance que je conservais encore, il y a quelques jours, de rouvrir mon cours en ce semestre, ne s'est pas réalisée. La pensée que mon nom pourra rester attaché, dans l'histoire du Collége de France, à un incident restrictif de nos libertés est pour moi la cause d'un véritable regret. Je suis obligé de vous dire en peu de mots à quel point de vue je me place pour croire qu'en tout ce qui s'est passé je n'ai pas manqué à mes devoirs.

Quatre reproches m'ont été adressés. On a trouvé fâcheux que je me sois obstiné à poursuivre une chaire où je devais m'attendre à de graves difficultés.

On m'a blâmé d'avoir fait, à l'ouverture du cours, une leçon d'un caractère général. On a critiqué et le sujet que j'avais choisi pour la première leçon, et la manière dont j'ai traité ce sujet. Il n'est pas dans mon caractère de me poser en infaillible. Je respecte tous les jugements sincères ; je désire seulement que l'on sache de quels principes je suis parti, et que, si l'on réprouve ces principes, on m'épargne du moins l'accusation de légèreté.

I.

Pourquoi j'ai aspiré à la chaire d'hébreu au Collége de France.

Vous savez comment la chaire de « langues hébraïque, chaldaïque et syriaque » devint vacante, en septembre 1857, par la mort si regrettable de M. Étienne Quatremère. Tout en reconnaissant ce qui me manquait pour succéder à ce docte orientaliste, je crus devoir me porter comme candidat à la chaire qu'il avait occupée. Je vous rendis les visites d'usage, et vous informai de mes intentions, pour le cas où les présentations seraient demandées. En cela, je ne faisais que suivre un dessein depuis longtemps arrêté. J'ai toujours donné pour but à ma carrière scientifique de contribuer selon mes forces à relever les études sémitiques anciennes de l'abaissement où, malgré d'honorables exceptions, elles sont restées, en France, depuis Richard Simon. De bonne heure je reconnus que l'infériorité critique de la France, au xviii⁰ siècle et au commencement du xix⁰, surtout quand il s'agit de la haute antiquité, tenait à la faiblesse de ces études parmi nous. Maîtresse des sciences historiques jusqu'à la révocation de l'édit de Nantes, la France, depuis cette fatale époque, lègue à la Hollande et à l'Allemagne le soin de continuer l'œuvre qu'elle avait si glorieusement commencée. Il y a là un grand arriéré de deux siècles à réparer. Ceux qui me connaissent me rendront cette justice, que ce dont j'ai une fois embrassé la pensée comme un devoir, je ne l'abandonne pas. Je pris avec moi-même l'engagement de ne jamais accepter d'autre chaire que celle pour laquelle je me croyais une vocation spéciale. Pendant quatre années, du reste, la question fut écartée ; M. le ministre ne crut pas devoir immédiatement pourvoir à la chaire. Usant du droit que lui confèrent les règlements actuels du Collége, il ne demanda pas les présentations, et il nomma un chargé de cours.

En août 1861, au moment où je prenais un peu de repos dans le Liban, je reçus une bienveillante communication qui m'autorisait à prétendre, pour l'époque de mon retour en France, à une place parmi vous. J'accueillis comme je le devais une ouverture si conforme à mes désirs. Le Collége de France est la plus belle partie de notre système d'enseignement, et, selon moi, le principal contre-poids à ses défauts. Appartenir à ce grand établissement, qui représente le progrès de la science libre, avait toujours été mon ambition. Mais je répondis en même temps que je n'accepterais jamais qu'une seule chaire, celle pour laquelle j'avais déjà fait auprès de MM. les professeurs des démarches de candidat, celle qui était devenue vacante par la mort de M. Quatremère. J'avais alors pour unique conseil ma sœur bien-aimée, qui devait, quelques jours après, expirer près de moi. Cette personne, d'un jugement si sûr et si purement gouvernée par les considérations de l'ordre moral, me dit que je ne devais pas céder, quelles que fussent les difficultés. Je n'ai jamais eu beaucoup de goût pour les petites habiletés qui forment souvent le tissu des vies les plus honnêtes ; tous les avantages de ce monde ne me semblent pas valoir la peine qu'on dévie tant soit peu de ce que l'on croit le bien. Une année de commerce assidu avec l'antiquité, et la méditation des grands problèmes historiques qui me préoccupaient en ce moment, ne firent que fortifier en moi une telle disposition. La perte de ma courageuse compagne m'attacha plus que jamais aux études qui m'avaient coûté si cher. A mon retour en France, je vis une sorte de révélation impérative dans le conseil d'une amie qui ne m'apparaissait plus qu'environnée du nimbe sacré de la mort.

M. le ministre comprit, du reste, qu'une nomination entourée des formes ordinaires et provoquée par votre suffrage couvrait mieux sa responsabilité. Il vous demanda les présentations, conformément aux usages. Vous m'accordâtes l'insigne faveur de me placer en première ligne. L'Académie des inscriptions et belles-lettres me fit le même honneur. Prenant acte de ces deux présentations, M. le ministre voulut bien proposer ma nomination à Sa Majesté l'empereur, qui, par un décret du 11 janvier 1862, daigna la ratifier.

II.

Nature de la chaire d'hébreu au Collége de France.

Le décret parut au *Moniteur*, accompagné d'un rapport où M. le ministre exposait la nature de la chaire à laquelle il s'agissait de pourvoir. La rédaction de ce rapport n'était pas de tout point celle que j'eusse préférée; mais rien n'était changé au programme de la chaire. Il est clair, en effet, que, si de tels changements eussent été dans l'intention de M. le ministre, ils eussent dû être faits avant les présentations. C'est à la chaire de M. Quatremère, telle que M. Quatremère la posséda, que j'avais aspiré et que votre suffrage m'avait désigné. Le ministre a le droit de changer la nature des chaires du Collège de France; mais, dans ce cas, il ne demande pas de présentations, et, en supposant que pour s'éclairer il jugeât à propos de le faire, il va sans le dire qu'il devrait préalablement vous avertir que la chaire à laquelle il vous invite à présenter n'est plus ce qu'elle avait été jusque-là. Comment présenter des candidats à un enseignement dont on ignore la nature? Comment le candidat lui-même peut-il prétendre à une chaire dont le programme ne serait pas fixé? Qui sait s'il se fût présenté dans les conditions nouvelles qu'on introduirait inopinément le jour de la nomination? Le rapport de M. le ministre à l'empereur laissait donc à la chaire sa parfaite identité[1].

1. Une assertion, qui s'est produite au Sénat, m'a obligé d'écrire aux journaux la lettre suivante (4 avril 1867) :

« Dans la séance du Sénat du 2 avril, M. Rouland a parlé d'engagements que j'aurais pris avec lui, lors de ma nomination au Collège de France. L'honorable sénateur veut-il parler d'obligations

Il exprimait suffisamment des idées sur lesquelles nous étions d'accord. Ces idées, du reste, étaient si simples, qu'elles devaient se présenter d'elles-mêmes à tout bon esprit. Les voici :

Les livres qui doivent servir de texte à des leçons de « langues hébraïque, chaldaïque et syriaque » sont en grande partie des livres sacrés. Les cultes israélite, catholique, protestant, y cherchent des dogmes, des prières, des consolations religieuses, les fondements d'une « histoire sainte », un aliment pour la piété. L'État manquerait à ses devoirs, s'il cherchait à troubler les âmes dans ces pieuses méditations. L'enseignement religieux à tous ses degrés jouit de la liberté la plus absolue. Dans les facultés de théologie catholique et protestante, dans les séminaires rabbiniques, des professeurs, choisis ou agréés par l'autorité religieuse compétente, enseignent l'hébreu, défendent les interprétations traditionnelles et demandent aux livres antiques la raison des croyances reçues par chaque communion.

Il est évident qu'un tel ordre de discussions ne

résultant du titre et de la nature même de la chaire à laquelle j'étais porté par le double suffrage du Collége de France et de l'Institut? Ces obligations-là, je crois les avoir bien remplies. Quant à des engagements personnels, limitant en ce qui me concernait le programme et la liberté de l'enseignement en question, je n'en ai pris et n'en pouvais prendre, ni de vive voix ni par écrit. »

peut trouver sa place au Collége de France. Quand on recherche les intentions si justes et si élevées du roi François Ier, lors de la fondation de ce bel établissement, on trouve que, dans la pensée du fondateur, ce fut avant tout une institution laïque et indépendante. Il s'agissait de créer, en dehors de la Sorbonne, liée par ses traditions, un terrain libre, où, sous la protection du chef de l'État, fauteur naturel de tout ce qui est noble et grand, les études qui passaient, au XVIe siècle, pour des nouveautés hardies pussent trouver à se développer. Le Collége de France n'a jamais eu de chaire théologique. S'il a toujours eu un enseignement de l'hébreu, c'est que les vieux textes écrits dans cette langue, en même temps qu'ils sont des livres sacrés pour le théologien, sont pour le savant un objet d'importantes recherches. Ils sont « la Bible »; mais ils sont aussi « la littérature hébraïque ». Au premier point de vue, ils n'appartiennent pas à l'enseignement laïque ; au second, ils en sont une partie essentielle. Plus que jamais, de nos jours, un tel enseignement a besoin d'être maintenu et élargi, au milieu du grand mouvement d'études comparatives qui a renouvelé l'histoire ancienne. Ces études, quand elles s'appliquent au monde sémitique, ne peuvent pas plus se passer d'un cours d'hébreu que l'étude comparative des langues indo-européennes ne peut se passer d'un cours de sanscrit. La philologie comparée, l'histoire, l'archéologie, l'ethnographie seraient incomplètes, si le plus précieux répertoire de faits que nous possédions sur la haute antiquité leur était interdit.

La mission du professeur de « langues hébraïque, chaldaïque et syriaque », au Collége de France, se trouve ainsi nettement définie. Il manquerait à ses devoirs s'il s'égarait dans des discussions dogmatiques qui appartiennent à un autre enseignement, s'il faisait de la polémique pour ou contre les croyances qu'on a tirées des textes qu'il est chargé d'expliquer. Il se conformera à son programme, s'il envisage ces textes en historien, en littérateur, en philologue. Pour lui, il ne s'agira pas de défendre ou d'attaquer telle ou telle croyance; il s'agira de travailler au progrès d'une des parties les plus importantes de la science comparée des langues et des littératures. Sans doute, il se croira obligé à quelque chose de plus; en traitant comme historien et comme savant des choses religieuses, il gardera toujours cette gravité, ce respect qui sont un devoir quand on touche aux sources de la foi de plusieurs. Mais, cette condition remplie, il n'y a plus de limites à ses droits. Si un professeur a pour devoir évident de ne pas sortir de son programme, il ne peut, dans l'intérieur de son programme, accepter de restrictions sans manquer à la première de ses obligations, qui est l'absolue sincérité.

La chaire de « langues hébraïque, chaldaïque et syriaque », au Collège de France, est donc une chaire purement profane, une chaire scientifique et non théologique, une chaire philologique et historique, non dogmatique. Il s'y agit non de défendre ou de combattre les explications de la Bible données par les différents cultes, mais de discuter, sans dogmatisme, ce que la science indépendante sait de plus probable sur ces textes, en tout cas si antiques et si curieux. La diversité même des interprétations théologiques ferait une loi au professeur de ne pas sortir d'un tel programme, car il n'est pas de passage important sur lequel les interprètes juifs, catholiques, protestants soient d'accord. Vouloir satisfaire à la fois ces exigences opposées est impossible. Et pourtant, le juif, le catholique, le protestant ont également droit d'exiger que, dans un établissement neutre, leurs croyances ne soient pas systématiquement sacrifiées à une autre croyance religieuse. Un seul parti reste donc à prendre, c'est de ne chercher à contenter que la science sans s'imposer d'être d'accord avec les théologiens, mais sans traduire son dissentiment en polémique directe; c'est de poser comme certain ce qui est certain, comme douteux ce qui est douteux, et de laisser aux théologiens des différents cultes le soin de défendre leurs explications quand ils les croient compromises par les résultats scientifiques. Ce n'est ici ni une chaire de polémique ni une chaire d'apologétique ; c'est une chaire de philologie, naturellement en renfermant sous ce mot tous les développements qui touchent à l'histoire prise dans son sens le plus élevé.

Et qu'on ne dise pas que la théologie à son tour devrait avoir une chaire pour maintenir les explications traditionnelles. Veut-on parler de la théologie juive, de la théologie protestante ou de la théologie catholique? S'il s'agit de cette dernière, elle doit être satisfaite. A deux pas du Collége de France, à la Sorbonne et dans les mêmes conditions de publicité qu'au Collége de France, les catholiques qui veulent apprendre l'hébreu, sans rien entendre qui puisse contredire leur croyance, ont le cours de M. l'abbé Bargès, et de plus le cours d'Écriture sainte, expressément consacré à exposer et à défendre l'exégèse catholique. Certes, si quelqu'un peut se plaindre ici, ce sont les juifs et les protestants, qui voient l'État entretenir une chaire publique pour l'exégèse de leurs adversaires, sans jouir eux-mêmes du même privilége. L'égalité des cultes ne sera parfaite que quand la faculté de théologie sera mixte et possédera des chaires d'exégèse juive et d'exégèse protestante. Quant au Collége de France, aucun culte n'a particulièrement le droit de s'y faire entendre, vu que cet établissement est, comme la Loi, indifférent à tous les cultes.

Est-ce à dire que le professeur devra s'interdire dans la chaire dont il s'agit de toucher aux choses religieuses? Cela est absolument impossible, d'abord parce que tout enseignement, quel qu'il soit, serait abaissé s'il fallait observer une telle interdiction, et, en second lieu, par un motif tiré de la nature spéciale de la chaire. La littérature hébraïque n'a pas un seul écrit qui ne soit considéré comme religieux. La religion est le côté essentiel de l'histoire du peuple juif. Autant vaudrait, quand il s'agit des Grecs, s'interdire de parler d'art et de littérature. Le professeur d'hébreu, en un sens, parlera toujours de religion; mais il n'en parlera jamais d'une façon théologique. Il n'aura pas d'opinion sur la vérité des dogmes. Il ne s'occupera pas de savoir si c'est à tort ou à raison que l'on conclut de tel passage tel dogme accepté comme révélé; il cherchera purement et simplement ce que signifie le passage. Il ne fera pas une série de leçons pour ou contre les prophéties prétendues messianiques; il ne se croira pas obligé d'accepter ces interprétations, s'il ne les trouve pas solides. Il aura tort, s'il fait un cours pour nier la divinité de certains faits; il sera dans son droit en parlant de ces faits comme s'il ne les croyait pas divins. Jamais on ne le surprendra discutant des articles de foi. Jamais un article de foi ne le fera dévier de l'explication qu'il regarde comme la vraie. Sa position, en un mot, est fort analogue à celle du professeur de sanscrit. Quand Eugène Burnouf expliquait le Code de Manou ou les écrits bouddhiques, il ne cherchait pas si le commentateur Kulluka-Bhatta a été un bon canoniste, il ne faisait pas de controverse pour ou contre les croyances bouddhiques. Si Burnouf avait fait une leçon pour prouver que Çakya-Mouni n'arriva jamais, quoi qu'en disent les bouddhistes, à l'état de Bodhisattva, on aurait eu le droit d'être surpris. Mais, si, tout en parlant de Çakya-Mouni avec admiration, il se fût exprimé d'une façon qui n'impliquât pas les attributs transcendants que ses disciples lui prêtent, personne ne lui en eût fait un reproche. Un bouddhiste, arrivant à son cours, eût été blessé de cette hétérodoxie; voilà tout. L'objet du professeur n'était pas de réfuter les bouddhistes; son devoir n'était pas non plus de les satisfaire.

En d'autres termes, il n'y a pas et il n'est pas opportun qu'il y ait au Collége de France une chaire consacrée à attaquer ou à défendre les différents cultes. Ces controverses doivent être permises, mais leur place n'est pas dans les établissements de l'État. Le professeur des établissements de l'État ignore s'il y a au monde des théologiens. Il ne se dérange ni pour les éviter, ni pour les heurter. Sa position est toute neutre, comme celle de l'État lui-même, dans les questions religieuses. Le respect en pareille matière ne saurait consister à contenter tout le monde (ce qui ne se pourrait obtenir qu'en faisant fléchir l'esprit scientifique), ni à passer sous silence les points susceptibles de blesser quelque opinion (ce qui serait tout amoindrir); il consiste dans la convenance du ton, dans une certaine manière grave et sympathique, qui convient à l'histoire religieuse, et surtout dans le principal hommage que réclame la vérité, dans l'acte souverainement religieux, qui est la sincérité.

Tel est le champ ouvert devant le professeur d'hébreu au Collége de France. Il nous reste à chercher quelle doit être la forme de son enseignement. La tradition ici est constante. Depuis le xvie siècle, cette chaire a été une chaire spéciale. L'usage et la raison ont introduit dans notre enseignement supérieur deux sortes de cours, les uns, destinés à transmettre la connaissance des méthodes scientifiques, et, par conséquent, ne s'adressant qu'à un petit nombre; les autres, roulant sur des généralités susceptibles d'intéresser un nombreux auditoire. Ce genre brillant, créé dans la première moitié de notre siècle par des hommes éminents, est une des gloires de l'esprit français. Il faut le maintenir, si l'on sait trouver les hommes de talent nécessaires pour cela. Mais il ne faut pas que cet enseignement, qui, par la force des choses, sera toujours un peu sommaire, fasse délaisser les études spéciales, sans lesquelles toute culture intellectuelle dégénère en lieux communs et en banalités. La place d'un tel enseignement est dans les facultés, mais non au Collége de France. Ce grand établissement n'a de raison d'être qu'à condition d'être l'établissement des enseignements analytiques et minutieux. Transmettre le dépôt des connaissances acquises, charmer et instruire les gens du monde, voilà le but des facultés; former des savants, voilà le but du Collége de France. Indépendant de l'Université, n'aspirant pas à présenter un cadre complet d'enseignement, notre Collége est une sorte d'annexe de l'Institut, uniquement préoccupé des progrès théoriques de la science et d'ordinaire sans relations avec le public. A cet égard, mes idées n'ont jamais varié[1]. « Dans l'accomplissement de ma

---

1. Voir le *Journal des Débats* du 5 juin 1856, où, à propos de

tâche, disais-je en ma première leçon, vous me permettrez de descendre jusqu'aux plus menus détails, et d'être habituellement technique et austère. La science n'atteint son but sacré, qui est la découverte de la vérité, qu'à condition d'être spéciale et rigoureuse. Tout le monde n'est pas destiné à être chimiste, physicien, philologue, à s'enfermer dans des laboratoires, à suivre durant des années une expérience ou un calcul ; tout le monde participe cependant des grands résultats philosophiques de la chimie, de la physique, de la philologie. Présenter ces résultats dégagés de l'appareil qui a servi à les découvrir, est une chose utile et que la science ne doit pas s'interdire. Mais telle n'est pas la destination du Collége de France ; tout l'appareil de la science la plus spéciale et la plus minutieuse doit être ici déployé. Des démonstrations laborieuses, de patientes analyses, n'excluant, il est vrai, aucun développement général, aucune digression légitime, tel est le programme de ces cours. C'est le laboratoire même de la science philologique qui est ouvert au public, pour que des vocations spéciales se forment et que les personnes du monde puissent se faire une idée

---

Ramus, j'exposais mes vues sur le Collége de France et la nature de son enseignement. Ci-dessus, p. 141 et suiv.

des moyens qu'on emploie pour arriver à la vérité[1]. »

« Depuis Vatable et Mercier, écrivais-je le lendemain[2], jusqu'à M. Quatremère, la chaire à laquelle j'ai eu l'honneur d'être présenté et nommé a offert un caractère technique et spécial. Sans enchaîner en aucune façon ma liberté ni celle de mes successeurs, je croirais rendre un mauvais service à la science en sortant habituellement de cette respectable tradition. Que deviendront les études sérieuses si elles n'ont au Collége de France un sanctuaire inviolable ? Que deviendra la haute culture de l'esprit humain, si les expositions générales, seules admises en présence d'un public nombreux, étouffaient les enseignements d'une forme plus sévère, dans un établissement surtout qui est destiné à continuer les grands travaux scientifiques ? Je serais tout à fait coupable, si on pouvait m'accuser dans l'avenir d'avoir contribué à un tel changement. Le progrès de la science est compromis si nous ne revenons aux longues réflexions, si chacun croit remplir les devoirs de la vie en ayant à l'aveugle sur toutes choses les opinions d'un parti ; si la légèreté, les opinions exclusives, les

1. *Leçon d'ouverture*, p. 8-9.
2. *Ibid.* Préface datée du 23 février et insérée dans le *Journal des Débats* du 26. L'arrêté de suspension est du 27.

façons tranchantes et péremptoires viennent supprimer les problèmes au lieu de les résoudre. Oh! que les pères de l'esprit moderne comprenaient mieux la sainteté de la pensée! Grandes et vénérables figures des Reuchlin, des Henri Estienne, des Casaubon, des Descartes, levez-vous pour nous apprendre quel cas vous faisiez de la vérité, par quels labeurs vous saviez l'atteindre, ce que vous souffrîtes pour elle. Ce sont des spéculations comprises de vingt personnes au xviie siècle qui ont changé de fond en comble les idées des nations civilisées sur l'univers ; ce sont les travaux obscurs de quelques pauvres érudits du xvie siècle qui ont fondé la critique historique et préparé une totale révolution dans les idées sur le passé de l'humanité. »

Assurément, cela ne veut pas dire que les généralités nous soient interdites. Cela veut dire qu'elles doivent être amenées par l'étude directe des faits, que le cadre de l'enseignement doit être le plus ordinairement philologique. Ici j'aime encore à prendre Burnouf pour mon modèle : « C'est à l'étude de la langue, disait-il dans sa première leçon[1], que nous appliquerons ensemble ce que nous avons de constance et de zèle... Osons le dire cependant : si ce

---

1. *Revue des Deux Mondes,* 2e série, t. Ier, p. 237-238.

cours doit être consacré à la philologie, nous n'en bannirons pas pour cela l'étude des faits et des idées... C'est plus que l'Inde, messieurs ; c'est une page des origines du monde, de l'histoire primitive de l'esprit humain que nous essayerons de déchiffrer ensemble... Il n'y a pas de philologie véritable sans philosophie et sans histoire. » Je n'ai rien voulu de plus, et je terminais ma première leçon en annonçant que nos entretiens ultérieurs seraient consacrés à la philologie hébraïque la plus sévère[1]. Mon programme, deux fois reproduit par les affiches officielles, suffisait, du reste, pour en faire foi.

A Dieu ne plaise que je songe à restreindre nos droits ! La liberté est la loi de notre établissement. Aucun règlement ne fixe la manière dont un professeur au Collége de France doit faire son cours, ni le nombre de ses auditeurs. Rien n'empêche le professeur au Collége de France, même dans la chaire la plus spéciale, de donner, s'il le croit utile au progrès de la science, une série de leçons générales. S'il avait plu à Burnouf de faire un cours sur l'histoire de la littérature hindoue, personne assurément n'aurait songé à le lui interdire. Mais avec raison il ne le jugea pas à propos. De tels enseignements, ex-

---

1. *Leçon d'ouverture*, p. 30.

cluant par leur nature l'analyse des détails, doivent être rares chez nous. Dans l'état actuel des études hébraïques en France, je ne crois pas que des leçons de ce genre puissent être très-fructueuses : ce qu'il faut avant tout, c'est une rigoureuse philologie, une discussion précise, portant sur des faits déterminés. On verra plus tard s'il est temps, pour une partie de ces études, de procéder, ainsi qu'on le fait dans l'enseignement des littératures classiques, sous forme d'histoire littéraire et par grands exposés.

III.

Pourquoi j'ai fait une leçon d'ouverture d'un caractère général.

Voilà le programme de la chaire que j'ai recherchée et obtenue, programme déterminé, bien avant qu'il fût question de me la confier, par les lois constitutives du Collége de France et par le titre même de la chaire ; programme que M. le ministre, dans son rapport du 11 janvier, voulut définir et non modifier. Ai-je manqué à ce programme ? Telle est la question sur laquelle je vais maintenant vous communiquer mes réflexions.

Un usage général veut que la première leçon, dans les chaires les plus spéciales, ne ressemble pas aux autres. Cette leçon attire des personnes qui n'ont pas l'intention de suivre la série entière des leçons techniques ; il est si naturel de commencer toute entreprise intellectuelle par quelques propos d'un caractère général, que celui qui manquerait à cela, surtout s'il a composé des écrits arrivés à quelque publicité, passerait pour se singulariser. La dernière ouverture d'un cours de ce genre est, je crois, celle de M. de Rougé. On peut lire dans le *Moniteur*[1] le « discours » qu'il prononça, en cette circonstance, sur les résultats généraux des études égyptiennes. On trouvera dans la *Revue des Deux Mondes*[2] l'excellente première leçon d'Eugène Burnouf. Ce n'est pas là une obligation, c'est un usage. J'avais toujours eu l'intention de m'y conformer. Si j'y eusse renoncé, une circonstance particulière eût donné à cette dérogation une couleur que je ne pouvais accepter.

Il fut de notoriété publique, dans les semaines qui suivirent ma nomination, que des personnes exprimaient l'intention d'empêcher mon cours de se faire. Ces personnes agissaient par des motifs opposés : les unes, possédées de ce fâcheux esprit

1. 2 mai 1860.
2. 1ᵉʳ février 1833.

qui a toujours rendu la liberté impossible en France, esprit d'intolérance et d'exclusion, qui fait que l'on ne se contente jamais de la liberté pour soi, si l'on n'opprime en même temps celle des autres, ne pouvaient supporter de voir l'explication de livres qu'elles tenaient pour sacrés, confiée à un professeur qui ne partageait pas leurs croyances surnaturalistes. D'autres, méconnaissant totalement mon caractère et me blâmant d'avoir accepté des rapports avec un gouvernement dont je n'approuve pas tous les principes, toutes les tendances et tous les actes, s'imaginèrent que je n'avais obtenu cette chaire qu'en faisant le sacrifice de mes idées. Certes, j'ai trop peu de souci de l'opinion passagère, et je l'ai trop souvent dédaignée pour que de tels malentendus m'eussent fait modifier en quelque chose la ligne que je m'étais tracée. Je ne crois pas à l'efficacité des calomnies; je n'y réponds jamais; car je suis persuadé que, pour les esprits sérieux (les seuls dont l'opinion compte), la droiture de l'honnête homme se révèle toujours. Si l'usage du discours d'ouverture n'eût pas été établi, je ne l'eusse pas inventé. Mais, cet usage existant, y manquer, c'était reculer devant une menace, c'était donner raison à ceux qui soutenaient que je n'oserais pas avouer mes principes; c'était faire une concession à la pression du dehors; car il est bien certain que, si mon cours se fût ouvert dans des circonstances calmes, j'eusse débuté par une leçon inaugurale. Fidèle à mon principe de ne jamais provoquer, mais aussi de ne jamais reculer devant la provocation, je résolus de faire une première leçon dans les données ordinaires, de l'écrire, afin de bien constater que je n'accordais rien à l'imprévu, de la composer enfin comme si j'avais dû avoir pour auditoire quarante personnes déjà initiées à ces études et y prenant de l'intérêt.

Je mis le même scrupule à me conformer aux usages sur la publicité et le local. Les rédacteurs du *Journal des Débats* ont l'habitude d'y annoncer par une note l'ouverture de leur cours; je fis comme les autres, mais rien de plus. Ma première intention avait été de m'établir tout d'abord dans la salle de M. Quatremère, salle pouvant contenir une trentaine d'auditeurs, et qui semble devoir longtemps être suffisante pour réunir les personnes qui, à Paris, veulent sérieusement apprendre l'hébreu. Mais, quand il me fut démontré qu'un public considérable se présenterait, quand je me fus assuré que les derniers discours d'ouverture, en particulier celui de M. de Rougé, avaient été prononcés dans des amphithéâtres plus vastes que celui qui sert d'ordinaire au professeur, je me décidai à prendre la plus grande salle qui serait vacante à l'heure marquée pour mon cours. Je ne fis aucun appel ; je laissai l'auditoire se former de lui-même ; je ne sus rien des mesures d'ordre que prit l'autorité.

Ce qu'on pouvait prévoir arriva. Le meilleur moyen de dissiper les malentendus est d'être sincère. Les ligues et les cabales reposent presque toujours sur l'équivoque. Or, l'équivoque ne tient jamais devant la franchise et la droiture. Dès que j'eus mis un auditoire incertain en présence de deux ou trois phrases caractérisées, disant nettement ce qu'elles voulaient dire, toutes les coalitions cessèrent. Il y eut une opposition, mais représentée par une faible minorité. Je remercie la jeunesse française du concours qu'elle me prêta ce jour-là. Le tact et la justesse d'esprit que je trouvai devant moi me frappèrent. Avec une pénétration que les libéraux les plus habiles n'eurent pas toujours, mes jeunes auditeurs virent que le dogmatisme étroit est le plus grand ennemi de la liberté. Grâce à leur intelligent appui, il fut démontré que le fanatisme ne prévaudra jamais en France contre l'esprit scientifique ; que jamais les ennemis de la discussion n'entraîneront le public à un acte d'intolérance. En ce sens, la journée fut bonne pour la liberté, et je suis fier d'en avoir été l'occasion.

Fut-elle fâcheuse pour notre Collége, et l'idéal que nous devons poursuivre, est-ce un calme absolu, en dehors de toutes les luttes qui partagent les hommes? Je ne le pense pas. Certes, nous ne devons jamais nous laisser aller à cette manière frivole où le professeur pactise avec la légèreté de son auditoire, et cherche à lui plaire par des traits d'esprit d'un goût équivoque. Encore moins devons-nous subir les passions du public et rechercher ses applaudissements par des condescendances. Notre mission n'est pas l'éclat et le bruit; mais ce n'est pas non plus l'inoffensive quiétude de la médiocrité. Notre devoir est de rester toujours froids; mais il ne dépend pas de nous que le public nous oublie. Le XVIᵉ siècle, notre époque héroïque, vit les passions provoquées par nos leçons aller jusqu'à l'assassinat. Effacerez-vous de vos annales les noms de Ramus, de Denis Lambin, de Mercier, parce que la mort, l'exil, les persécutions se mêlent à leur souvenir? La seule époque fâcheuse pour la gloire de notre établissement est la seconde moitié du XVIIᵉ siècle et le commencement du XVIIIᵉ, époque où personne ne parla de lui. C'est alors que, par suite de l'abaissement de l'esprit scientifique en France, nos chaires deviennent des titres de pension, que les ministres distribuent à leurs médecins ou aux précepteurs de leurs enfants. Dieu nous préserve d'acheter la paix à ce prix! Ne nous occupons du public, ni pour flatter ses préjugés, ni pour combattre l'inérêt légitime qu'il porte à nos études. Nous touchons à tout ce qu'il y a de plus profond dans l'âme humaine, aux seuls intérêts qui vaillent la peine qu'on s'y attache. Quelque sérieux que nous apportions à nos devoirs, si nous les accomplissons avec force et profondeur, on fera attention à nous, on prendra parti pour ou contre nous.

Voilà les motifs pour lesquels je ne suivis pas les conseils de personnes, fort sages, du reste, qui voulaient que, dès ma première leçon, je prisse la petite salle et abordasse les détails techniques. Il me reste à examiner deux points : Devais-je choisir, pour ma première leçon, un autre sujet que celui que j'ai choisi? Devais-je traiter celui que j'ai choisi d'une autre façon que je ne l'ai fait?

IV.

Comment, dans ma première leçon, j'ai dû parler des origines du christianisme.

Le sujet d'une leçon d'ouverture pour un cours de langue est en quelque sorte tout indiqué. Le professeur n'a de choix qu'entre deux sujets : ou bien il rappelle le souvenir du professeur auquel il succède ; ou bien il expose l'état des études qu'il doit continuer, les traits généraux des littératures qu'il est chargé d'expliquer, le rôle historique des peuples dont les archives lui sont en quelque sorte confiées. Le premier de ces sujets m'était interdit, l'éloge de M. Quatremère ayant déjà été prononcé au Collège de France par le savant que M. le ministre chargea du cours en 1857. J'étais donc amené forcément à traiter les généralités des études sémitiques. On ne niera pas, j'espère, que je ne l'aie fait avec toute la gravité réclamée par le sujet. On m'a reproché seulement d'avoir donné à mon cadre une extension qui m'amenait à toucher les origines du christianisme, et d'avoir employé, en parlant de ces origines, une expression qui renfermait la négation de l'un des dogmes fondamentaux de tous les cultes chrétiens.

Il n'est pas dans mes habitudes de rapetisser les sujets. Or, présenter l'histoire générale du développement de l'esprit sémitique sans dire un mot du christianisme, en vérité, n'était-ce pas supprimer l'âme même de mon discours? Autant vaudrait permettre au botaniste de parler de la racine, mais lui défendre d'analyser la fleur et le fruit. Le judaïsme ne tient une si grande place dans l'histoire du monde que grâce au christianisme. L'islamisme ne s'explique pas sans les deux religions qui l'ont précédé. Le christianisme est ainsi le nœud de toute la destinée des peuples sémitiques. Or, le christianisme n'est pas une œuvre anonyme. Ne pas prononcer le nom de son illustre fondateur, se renfermer dans ces phrases banales où l'on a l'air de n'admettre pour acteurs dans l'histoire que des abstractions, c'est assurément le plus étrange abus du respect, si ce n'est pas une ironie. J'ai renoncé à ces formules vagues et fausses, qui ont prêté dans le livre de M. Strauss à un si bizarre malentendu. Le dernier résultat de mes réflexions a été d'apercevoir la haute personnaité de Jésus. La création du christianisme est bien son œuvre. C'est parce qu'il l'a voulu, parce qu'il fut immensément supérieur à tout ce qui l'entoura, que nous sommes chrétiens. Quand donc comprendra-t-on que le silence en pareille matière est bien près du dédain ; que les phrases abstraites qu'on applique à ces grandes œuvres, conçues et voulues par des individus, renferment une suprême injustice; que la vraie gloire des grands fondateurs est intéressée à ce qu'on parle d'eux sans la contrainte d'une fausse « loi de majesté » ?

Je devais donc nommer Jésus. Ne devais-je le faire qu'en usant de formules théologiques impliquant sa divinité? Je ne le pense pas. Ne pas faire mention d'un dogme, ce n'est pas l'attaquer; une parenthèse fut introduite comme atténuation respectueuse et pour reconnaître que, si quelque part le divin se montre d'une façon particulière, c'est dans le fait de Jésus[1]. Le tour de phrase qu'on a incriminé est habituel aux docteurs chrétiens les plus orthodoxes. Je n'en citerai que deux exemples, qu'on ne récusera pas. Le premier est de saint Pierre : « Israélites, écoutez ceci : Jésus de Nazareth, homme accrédité de Dieu près de vous[2]..... » Le second est de Bossuet : « Un homme d'une douceur admirable, singulièrement choisi de Dieu[3]..... » Enfin, sans rechercher si la phrase qui m'a été reprochée n'est pas d'accord avec les sentiments des plus grands chrétiens jusqu'au IVe siècle, qu'il me soit permis de dire que des fractions aujourd'hui existantes du christianisme s'en déclareraient parfaitement satisfaites. Il est des chaires en France où ladite phrase pourrait être prêchée. En tout cas, la Hollande est sans contredit un pays aussi chrétien que la France, et l'uni-

---

1. « Un homme incomparable, — si grand que, bien qu'ici tout doive être jugé au point de vue de la science positive, je ne voudrais pas contredire ceux qui, frappés du caractère exceptionnel de son œuvre, l'appellent Dieu, — ..... »

2. *Act.*, II, 22. Comp. *Luc*, XXIV, 19; *Matth.*, IX, 8.

3. *Histoire universelle*, IIe partie, ch. IV.

versité de Leyde est la plus haute école de la théologie hollandaise. Or, il m'est bien permis de rappeler que, dans une circonstance récente, la Faculté de théologie de cette université, par une manifestation spontanée dont je garde un profond souvenir[1], voulut bien reconnaître pour très-chrétienne la pensée où des interprètes moins autorisés des dogmes chrétiens ont vu la totale négation du christianisme. A vrai dire, ce n'en était ni la négation ni l'affirmation. C'était la traduction en langage historique et naturel de faits que les théologiens, avec des nuances très-variées, regardent comme divins. Parler différemment, c'eût été blesser la théologie israélite, qui, dans une chaire d'hébreu, a particulièrement le droit d'être respectée. C'eût été, par-dessus tout, blesser la loi fondamentale de notre établissement, qui est de n'admettre que les explications scientifiques, de n'employer que le langage de la raison. Qu'on y réfléchisse un moment, on verra que toute autre manière de parler eût été l'expression d'une opinion théologique et la négation même de l'esprit que nous sommes chargés d'entretenir.

1. Voir les correspondances hollandaises du *Siècle* (17 mai 1862) et du *Temps* (4 juin 1862).

V.

Comment j'ai dû parler des origines du christianisme en dehors de toute formule surnaturelle.

Le principe essentiel de la science, en effet, c'est de faire abstraction du surnaturel. Aucun fait ne prouve qu'il y ait une force supérieure à l'homme, intervenant par des actions particulières dans le tissu des phénomènes du monde. En d'autres termes, il n'y a pas un seul cas de miracle prouvé. Il ne se passe de miracles qu'aux époques où l'on y croit, et devant des gens disposés à y croire. Comme l'a dit excellemment M. Littré : « Une expérience, que rien n'est jamais venu contredire, a enseigné à l'âge moderne que tout ce qui se racontait de miraculeux avait constamment son origine dans l'imagination qui se frappe, dans la crédulité complaisante, dans l'ignorance des lois naturelles. Quelque recherche qu'on ait faite, jamais un miracle ne s'est produit là où il pouvait être observé et constaté. Jamais, dans les amphithéâtres d'anatomie et sous les yeux des médecins, un mort ne s'est relevé et ne leur a montré, par sa seule apparition, que la vie ne tient pas à cette intégrité des organes qui, d'après leurs recherches, fait le nœud de toute existence animale, et qu'elle peut encore se manifester avec un cerveau détruit, un poumon incapable de respirer, un cœur inhabile à battre. Jamais dans les plaines de l'air, aux yeux des physiciens, un corps pesant ne s'est élevé contre les lois de la pesanteur, prouvant par là que les propriétés des corps sont susceptibles de suppressions temporaires, qu'une intervention surnaturelle peut rendre le feu sans chaleur, la pierre sans pesanteur et le nuage orageux sans électricité. Jamais, dans les espaces intercosmiques, aux yeux des astronomes, la terre ne s'est arrêtée dans sa révolution diurne, ni le soleil n'a reculé vers son lever, ni l'ombre du cadran n'a manqué de suivre l'astre dont elle marque les pas; et les calculs d'éclipses, toujours établis longtemps à l'avance et toujours vérifiés, témoignent qu'en effet rien de pareil ne se passe dans les relations des planètes et de leur soleil. Ainsi a parlé l'expérience perpétuelle[1]. »

Voilà la loi sans laquelle toutes nos recherches sont vaines, et sans laquelle en particulier toutes les sciences historiques sont frappées de stérilité. Dans

---

1. Préface de la seconde édition de la traduction de la *Vie de Jésus*, p. v-vi.

l'ordre des faits; ce qui n'est pas expérimental n'est pas scientifique. La condition même de la science est de croire que tout est explicable naturellement, même l'inexpliqué. Pour la science, une explication surnaturelle n'est ni vraie ni fausse; ce n'est pas une explication. Il est superflu de la combattre, parce qu'une telle hypothèse correspond à un tout autre état de l'esprit humain que celui qui a définitivement prévalu depuis que le principe d'induction est devenu l'axiome fondamental qui règle nos actes et nos pensées.

Ce principe, chers confrères, vous l'appliquez tous les jours sans fléchir. Chacune de vos leçons suppose le monde invariable. Tout calcul est une impertinence, s'il y a une force changeante qui peut modifier à son gré les lois de l'univers. Si des hommes réunis et priant ont le pouvoir de produire la pluie ou la sécheresse; si on venait dire au météorologiste : « Prenez garde, vous cherchez des lois naturelles là où il n'y en a pas; c'est une divinité bienveillante ou courroucée qui produit ces phénomènes que vous croyez naturels; » la météorologie n'aurait plus de raison d'être. Si on venait dire au physiologiste et au médecin : « Vous prétendez trouver la raison des maladies et de la mort : vous êtes aveugles; c'est Dieu qui frappe, guérit, tue; » le physiologiste et le médecin répondraient : « Je cesse mes recherches, adressez-vous au thaumaturge. » Si l'on disait au géologue : « Vous étudiez les lois de la formation du monde : vous vous trompez dès le point de départ; il y a six ou sept mille ans, Dieu a créé le monde par un acte direct; » la géologie serait supprimée. Il en est de même en histoire. S'il y a une histoire en dehors des lois qui régissent le reste de l'humanité, s'il y a une histoire interdite à la critique et mise à part comme divine, il n'y a plus de science historique. C'est comme si la physique était libre en toutes ses parties, sauf sur la théorie de la lumière; la chimie libre en tout, excepté sur les composés organiques. Les sciences historiques ne diffèrent en rien par la méthode des sciences physiques et mathématiques : elles supposent qu'aucun agent surnaturel ne vient troubler la marche de l'humanité; que cette marche est la résultante immédiate de la liberté qui est dans l'homme et de la fatalité qui est dans la nature; qu'il n'y a pas d'être libre supérieur à l'homme auquel on puisse attribuer une part appréciable dans la conduite morale, non plus que dans la conduite matérielle de l'univers.

De là cette règle inflexible, base de toute critique, qu'un événement donné pour miraculeux est nécessairement légendaire. Dans les histoires profanes, cela est accepté sans aucune difficulté. Rollin ne croit pas aux prodiges racontés par Tite-Live. Les miracles permanents des temples de la Grèce, rapportés par Pausanias, sont universellement regardés comme des fables. Pourquoi l'histoire des Juifs est-elle traitée d'une autre manière? L'induction est ici d'une accablante simplicité. Aucun homme éclairé n'admet les miracles qui sont censés se passer de nos jours; des sectaires seuls admettent des miracles qui se seraient passés au XVIIe et au XVIIIe siècle; on n'est pas taxé de grande hardiesse pour réduire à la légende ce qu'on raconte de saint François d'Assise et des saints du moyen âge. Pourquoi le siècle d'Auguste et de Tibère ferait-il exception? Les lois du monde étaient alors ce qu'elles sont aujourd'hui. La science doit donc chercher à expliquer tout ce qui s'est passé sous Auguste et Tibère par les mêmes lois qu'elle applique au reste de l'histoire. Libre au théologien orthodoxe de soutenir que ces explications sont insuffisantes, et de chercher à prouver, dans ses livres et ses chaires, que les miracles chrétiens et juifs sont véritables. Nous ne lui répondrons pas. Nous attendons qu'on nous montre un miracle se passant dans des conditions scientifiques, devant des juges compétents. Nous ne nions pas, nous attendons.

Il ne s'agit pas ici, en effet, de métaphysique; il

s'agit de faits à constater. Or, il est certain que jamais miracle n'a eu lieu dans les conditions voulues pour créer une conviction rationnelle. Au lieu de se passer devant des gens crédules, étrangers à toute idée scientifique, ils devraient se passer devant des commissions composées d'hommes spéciaux, variant les conditions, comme on le fait dans les expériences de physique, réglant elles-mêmes le système de précautions, et forçant le thaumaturge à opérer dans les circonstances posées par elles. Toutes les expériences des thaumaturges de nos jours, qui réussissent si bien devant les gens du monde, échouent dans ces conditions-là. Ce qui fait que les magnétiseurs ont toujours récusé le jugement de l'Académie des sciences, c'est que l'Académie élevait la prétention parfaitement légitime de régler elle-même ses précautions, ainsi que le matériel de l'expérience. Constater le caractère d'un fait n'est pas donné à tous; cela exige une forte discipline de l'esprit et l'habitude des expériences scientifiques. Dans les miracles qu'on raconte du passé, aucune de ces conditions n'est réalisée. Outre que les textes historiques qui nous les racontent prêtent à une foule de réserves, le public devant lequel ils se passent est étranger à la science et incompétent pour juger si vraiment les lois de la nature ont été violées; de plus, ces miracles ont tous un vice radical : le thaumaturge règle les conditions du prodige, choisit son public. Aucun fait constaté scientifiquement ne démontrant que le miracle ait jamais eu place dans l'histoire, pourquoi imposer au professeur de sciences historiques une restriction que ne connaît pas le professeur de sciences physiques? Pourquoi lui interdire de qualifier les choses selon leur apparence naturelle et lui imposer, sur des chapitres essentiels, ou le silence, ou un langage dénué de sens positif?

Voilà le point de vue où je me plaçais en écrivant cette première leçon, qui, à mes yeux, n'impliquait nullement une attaque contre un dogme établi, mais était tout simplement un exposé historique de faits dont je croyais avoir le droit de parler. Je n'ai pas pris mon sujet en théologien, je l'ai pris en historien : or, pour l'historien, pas plus que pour le physicien et le chimiste, il n'y a de miracles; il y a des faits, des causes et des lois. Ma façon de parler des origines du christianisme ne fut pas la discussion directe d'un dogme ou d'un enseignement théologique; ce fut de l'histoire indépendante, n'aspirant ni à contredire le théologien ni à le contenter. N'est-il pas évident, en effet, que l'histoire deviendrait impossible s'il fallait s'obliger, en la faisant, à satisfaire tous les cultes admis par l'État?

L'État moderne n'a plus de dogme théologique officiel. Il n'est ni athée ni irréligieux, ainsi qu'on le répète souvent; il est même essentiellement religieux, puisqu'il suppose le droit et le devoir, qu'il admet le serment, qu'il respecte la mort, qu'il croit à la sainteté du mariage. Mais il n'impose aucune forme particulière de croyance. Il reconnaît seulement certains cultes, auxquels il garantit la liberté et le respect. Que veut dire cette garantie ?

Est-ce un engagement de ne jamais laisser parler en public d'une manière qui ne soit pas conforme aux dogmes des cultes reconnus? Non assurément, puisque l'État garantit également le judaïsme, le catholicisme et le protestantisme, qui, sur des dogmes essentiels, sont en contradiction directe. Le juif est obligé de nier la divinité de Jésus-Christ; le catholique est obligé de tenir le protestantisme pour une rébellion impie; le protestant est obligé d'attaquer le catholicisme comme superstitieux. Que peut l'État au milieu de ces affirmations opposées? Laisser dire, empêcher les violences, les outrages publics[1], et as-

---

1. Il est clair que la discussion ou la négation ne peuvent être considérées comme des outrages. La loi protège aussi chaque citoyen individuellement contre l'outrage; s'ensuit-il que la loi interdit de discuter ou de nier les opinions professées par chaque citoyen?

surer à chaque culte sa pleine liberté d'exposition, de discussion et d'anathèmes.

Outre les cultes, l'État salarie des établissements scientifiques étrangers à toute religion particulière. Aucune chaire de ces établissements n'est directement religieuse; mais il en est très-peu où le professeur ne soit amené par les nécessités de son sujet à des contacts avec la religion. La religion, en effet, touche à tout ; elle a une philosophie, une histoire, une théorie de l'art, une géologie, une astronomie, une critique. Demander à la science de ne pas s'occuper des choses dont s'occupe la religion, c'est lui demander de ne pas être. Qu'est-ce qu'un historien libre, à condition de ne jamais dire un mot du plus grand des problèmes historiques, de celui qui est la clef de tous les autres? Qu'est-ce qu'une philologie libre, à condition que l'enseignement de la plus curieuse des langues savantes soit soumis à l'inspection du théologien? Qu'est-ce qu'une philosophie libre, à condition d'être toujours d'accord avec les dogmes d'un des cultes reconnus? Que reste-t-il de permis dans un tel système? Une science enfantine, passe-temps d'oisifs ou d'esprits blasés, une petite histoire de mesquines curiosités, une petite archéologie de chétif aloi, une petite érudition, amusante sans doute, mais sans portée. Si la science n'est que cela, je ne vois pas pourquoi on fait figurer au budget cet innocent divertissement. Tout a un sens au point de vue de la grande science libre ; tout est puéril, s'il n'est pas permis de rattacher chaque détail de ce qu'on peut savoir à la seule chose qu'il importe de savoir.

La liberté est ainsi la grande solution de tous les problèmes de l'ordre intellectuel et religieux. Pourquoi ne pas s'en contenter ? Pourquoi demander à l'État une protection pour des dogmes particuliers ? Pourquoi ne pouvoir entendre des opinions qu'on ne partage pas, sans chercher à imposer silence à celui qui parle, sans demander à l'État de le faire taire ? La science est plus modeste. Elle ne réclame pas de lois contre les attaques ou les outrages. Les attaques, elle les appelle ; car la discussion est son essence. Les outrages, elle en sourit. Elle n'a pas besoin d'une terre à elle pour être libre ; elle n'est pas une société à côté d'une autre société, une puissance du monde traitant diplomatiquement les choses de l'esprit, forçant les gouvernements à des compromis, concluant ses ligues séparées. Elle trouve juste que l'État lui ouvre des chaires, en souvenir des anciennes fondations qu'il a absorbées, et parce qu'un des premiers devoirs de l'État est de favoriser ce qui est grand. Mais elle repousse tout ce qui ressemblerait à un enseignement d'État. L'État, en nommant le professeur, ne considère qu'une seule chose, sa capacité, attestée par des présentations ou des épreuves; il ne doit pas s'enquérir de ses doctrines; il n'en est nullement responsable. Le professeur public n'est pas l'État enseignant : il enseigne dans un établissement soutenu par l'État en vue de la discussion libre, et sur un brevet de capacité décerné par l'État; voilà tout. L'État n'a pas de doctrine particulière, tel est l'axiome fondamental auquel on revient toujours quand on veut fonder, dans les matières intellectuelles, le droit des individus, c'est-à-dire la liberté.

VI.

Qu'on n'est pas irréligieux pour essayer de séparer la religion du surnaturel.

Voilà, savants collègues, comment j'entends ma justification scientifique, et, si je n'étais préoccupé que de mon apologie comme professeur, je devrais m'arrêter ici. Mais j'ai un autre souci. Au-dessus des devoirs de professeur, il y a les devoirs d'homme. Je ne me consolerais pas, si je croyais n'être en règle qu'avec les premiers.

Ceux-là ne me connaissent guère qui pensent que je veux diminuer la somme de religion qui reste encore en ce monde. Plus j'avance dans la vie, plus je me rattache au seul problème qui garde toujours son sens profond et sa séduisante nouveauté. Un infini nous déborde et nous obsède. Éclosions d'un moment à la surface d'un océan d'être, nous nous sentons, avec l'abîme, notre père, une mystérieuse affinité. Dieu ne se révèle pas par le miracle ; il se révèle par le cœur, où un gémissement inénarrable, comme dit saint Paul, s'élève sans cesse vers lui. C'est ce sentiment de rapports obscurs avec l'infini, d'une filiation divine, qui, gravé dans chaque homme en traits de feu, est ici-bas la source de tout bien, la raison d'aimer, la consolation de vivre. Jésus est à mes yeux le plus grand des hommes, parce qu'il a fait faire à ce sentiment un progrès auquel nul autre ne saurait être comparé. Sa religion renferme le secret de l'avenir. Ne croyez pas que je rêve l'œuvre funeste de venir, sous prétexte d'une froide exactitude, diminuer ce foyer de chaleur qui vit encore au cœur de l'humanité et constitue la meilleure part de ce qu'il y a en elle de noble et de bon.

Jusqu'ici, la religion n'a pas existé sans surnaturel. Loin qu'il faille en être surpris, c'est le contraire qui eût été un vrai miracle. L'idée des lois de la nature, si admirablement formulée dans l'antiquité par les écoles philosophiques, ne put jamais chez le grand nombre prendre décidément le dessus. Le moyen âge, jusqu'au XIIIe siècle, l'ignore complétement. Depuis le XIIIe siècle jusqu'au XVIe, cette idée est l'apanage de quelques penseurs isolés. Au XVIIe siècle, Galilée, Descartes, Huyghens, Newton, par leur explication mécanique du monde, lui donnent une solidité inébranlable ; mais ce n'est qu'à la fin du XVIIIe siècle qu'on la voit gagner une portion considérable de l'humanité et passer à l'état de croyance très-générale. En l'absence d'une telle idée, les rapports de Dieu et de l'homme ne pouvaient être conçus que d'une manière concrète et matérielle. Jésus, à cet égard, ne fit pas exception. Ses idées en physiologie ne furent pas supérieures à celles de ses contemporains : il croyait comme tout le monde que les maladies nerveuses venaient de l'action des démons; il n'était pas venu donner au monde des leçons de physique. Révélation et miracles furent ainsi, dans l'antiquité, des parties inséparables de toutes les créations religieuses et même politiques ou sociales. Que ce soit là une association devenue aujourd'hui dangereuse, on le voit sans peine. S'il est un fait évident, en effet, c'est que la croyance au surnaturel s'affaiblit de toutes parts. Dans les classes éclairées, cette croyance est battue en brèche par deux ordres d'études qui, toutes deux, excluent le miracle : les études de la nature, nous montrant un ordre fatal là où les anciens théologiens voyaient l'exercice de volontés libres, et les sciences historiques, remplaçant par des explications tout humaines et par une exégèse rationaliste les anciennes interprétations mystiques des textes et des faits. Chassé ainsi de la nature et de l'histoire, le surnaturel fuit en quelque sorte. Les catholiques sérieux d'autrefois (bénédictins, jansénistes) n'admettaient guère que les miracles bibliques; les protestants se laissèrent réduire de bonne heure à ne défendre que ceux de l'Évangile. Le surnaturel est devenu comme une tache originelle dont on a honte ; les personnes même les plus religieuses n'en veulent plus qu'un *minimum;* on cherche à faire sa part aussi petite que possible ; on le cache dans les recoins du passé. Conserve-t-il plus de créance dans les classes peu instruites et peut-on espérer de voir une solide foi religieuse s'asseoir de nouveau sur ces illusions? Non, certes. Les pays et les classes où l'on y croit sont d'importance secondaire. L'ouvrier des villes n'y croit pas. Chose étrange! l'ouvrier devine tout d'abord, avec une pénétration surprenante, le résultat le plus élevé de la science moderne. L'idée de la nature prend bien plus vite racine chez lui que chez les personnes qui ont reçu une demi-culture littéraire, laquelle se concilie souvent avec beaucoup de paresse d'esprit et de préjugés.

Qu'on s'en réjouisse ou qu'on le regrette, le surnaturel disparaît de ce monde; il n'obtient plus de foi sérieuse que dans les classes qui ne sont pas au courant de leur siècle. Faut-il que la religion s'écroule du même coup? Non, non. La religion est nécessaire. Le jour où elle disparaîtrait, ce serait le cœur même de l'humanité qui se dessécherait. La religion est aussi éternelle que la poésie, aussi éternelle que l'amour; elle survivra à la destruction de toutes les illusions, à la mort de l'objet aimé. Mais que dis-je? Son objet aussi est éternel. Jamais l'homme ne se contentera d'une destinée finie; sous une forme ou sous une autre, toujours un ensemble de croyances exprimant la valeur transcendante de la vie et la participation de chacun de nous aux droits de fils de Dieu fera partie des éléments essentiels de l'humanité.

Transporter la religion par delà le surnaturel, séparer la cause à jamais triomphante de la religion de la cause perdue du miracle, c'est donc rendre service à la religion; c'est la détacher d'un vaisseau qui périt; c'est épargner aux âmes les angoisses de ces moments de transition où le naufrage des dieux qui s'en vont a l'air d'entraîner aussi le naufrage du divin, où ce sont les âmes les plus sincères qui croient être irréligieuses, où c'est l'homme le plus pieux qui se déclare athée. Je le dis avec confiance : un jour, la sympathie des âmes vraiment religieuses sera pour moi. Elles verront bien qu'un sentiment de profond respect pour la religion était au fond de cette franchise absolue qui n'admet pas que la vérité ait besoin des mensonges de la politique. J'ai cru à toutes les révélations qui sont au fond du cœur de l'homme ; jamais l'une d'elles ne m'a empêché d'écouter l'autre. J'ai toujours pensé que leurs contradictions n'étaient qu'apparentes et que le parti d'imposer silence à la raison critique, au nom des instincts moraux et religieux, n'avait rien de respectueux pour la Divinité. L'esprit scientifique n'est pas, pour la religion ainsi conçue, un ennemi dont il faille se défier. Il fait partie de la religion même, et sans lui on ne saurait être un véritable adorateur.

Voilà en quel sens, savants collègues, j'estime, en suivant une ligne purement scientifique, servir la cause de la vraie religion, j'ajouterai même la cause du christianisme ; car, dans ma pensée, le christianisme, tel qu'il résulte des discours et du type moral de son fondateur, comprend le germe de tous les progrès. A part l'esprit scientifique, dont Jésus ne pouvait avoir aucun élément, rien ne manque à sa religion pour être le pur royaume de Dieu. Toute l'Europe éclairée marche vers cet idéal, susceptible d'épurations indéfinies. Le XIXe siècle ne verra pas, comme on l'a dit souvent, la fin de la religion de Jésus; il verra la fin de la religion de Mahomet, la fin de la religion temporelle, inséparable de la politique, et le plein épanouissement de la religion de Jésus, de la religion de l'esprit.

J'ai vu la mort de très-près. J'ai perdu le goût de ces jeux frivoles où l'on peut prendre plaisir quand on n'a pas encore souffert. Les soucis de pygmées, dans lesquels s'use la vie, n'ont plus beaucoup de sens pour moi. J'ai, au contraire, rapporté du seuil de l'infini une foi plus vive que jamais dans la réalité supérieure du monde idéal. C'est lui qui est, et le monde physique qui paraît être. Fort de cette conviction, j'attends l'avenir avec calme. La conscience de bien faire suffit à mon repos, Dieu m'ayant donné pour tout ce qui est étranger à ma vie morale une parfaite indifférence. Vouloir m'arrêter est puéril. Je puis dire avec un de nos anciens collègues : « Ce que dix d'entre vous ne veulent pas entendre, demain dix mille le liront. » Je ne suis pas assez dénué de communications avec le public éclairé pour que ceux qui ont demandé que le silence me fût imposé y gagnent quelque chose. Puissent-ils n'y rien perdre et ne pas regretter un jour d'avoir traité en ennemi un loyal dissident ! Je leur ferai du moins un souhait : c'est qu'ils n'aient jamais que des adversaires comme moi, — des adversaires que les injures et les violences ne convertissent ni n'aigrissent, — des adversaires dont on n'obtienne pas plus facilement un mouvement de colère qu'un acte de foi, — des adversaires assez froids pour réclamer, en faveur des doctrines qu'on leur oppose, l'admiration, la sympathie et par-dessus tout la liberté.

Agréez, messieurs et savants collègues, l'assurance des sentiments de haute estime avec lesquels j'ai l'honneur d'être

Votre tout dévoué serviteur,

E. RENAN[1].

---

[1]. Mon illustre ami M. Prevost-Paradol ayant bien voulu recommander cet opuscule aux lecteurs du *Journal des Débats*, une phrase de son article m'amena à lui adresser la lettre suivante :

« Paris, le 31 juillet 1862.

« Mon cher ami,

« Je ne fais jamais, vous savez, de rectification de détail. Mais avec vous, et quand il s'agit de notre religion commune, la liberté, j'en viendrais presque à des subtilités de casuiste. « N'y avait-il « pas, dites-vous, quelque imprévoyance à appeler un tel professeur « à une telle chaire pour l'en faire descendre aussitôt qu'il aurait

« parlé comme il était naturel et presque inévitable qu'il parlât? »
Je ne trouve pas juste, mon cher ami, qu'on pose la question de la sorte. L'État n'ayant pas de doctrine dans les choses de l'esprit, son devoir, quand les corps compétents lui présentent un professeur, est de le nommer sans s'inquiéter des opinions qu'il enseignera. Il n'est pas responsable de ces opinions; il n'a pas à les prévoir. Si quelque jour le Collége de France et l'Institut présentaient au ministre un candidat, et que le ministre, craignant que l'enseignement de ce candidat ne contrarie l'administration, refusât de le nommer, que ferions-nous? Nous blâmerions le ministre d'être trop prévoyant. Louons donc aussi son « imprévoyance », et disons qu'en me nommant sans tenir compte de mes opinions, il a fait un acte libéral.

« Adieu. Vous savez ma vive amitié.

« E. RENAN. »

DESTITUTION

D'UN PROFESSEUR AU COLLÉGE DE FRANCE.

Le 2 juin 1864, parut au *Moniteur* un rapport adressé à Sa Majesté l'empereur par M. le ministre de l'instruction publique. On y lisait ce qui suit :

. . . .

Il y aurait donc lieu de supprimer à la Sorbonne la chaire de M. Hase, mais de créer, sous le titre de grammaire et de philologie comparées, une chaire nouvelle au Collége de France.

La dotation de cette chaire n'existant pas au budget, on y appliquerait provisoirement les fonds votés pour la chaire des langues hébraïque, chaldaïque et syriaque.

Depuis plus de deux ans, cette chaire n'est point remplie, par des raisons d'ordre public qui subsistent dans toute leur force. Ce provisoire ne peut durer plus longtemps.

Je tiens, sire, à mettre une extrême régularité dans toutes les parties de l'administration que l'empereur m'a confiée. Or, il est contraire aux intérêts du service, à la bonne gestion des deniers publics, autant qu'à la dignité même du savant distingué qui est forcé de subir cette anomalie, qu'un traitement soit touché sans que la fonction soit remplie.

Ne pouvant faire remonter M. Renan dans la chaire où il n'a paru qu'une fois, je crois qu'il convient de faire loyalement cesser une situation anomale et d'appeler M. Renan à d'autres fonctions.

C'est de la Bibliothèque impériale qu'il est sorti pour entrer au Collége de France, et il en a emporté le titre de bibliothécaire honoraire; je prie Votre Majesté de vouloir bien l'y ramener en lui confiant la place de conservateur sous-directeur adjoint au département des manuscrits, où son érudition spéciale lui permettra de rendre au public de réels services.

Suivaient des décrets conformes.

Le jour même, j'écrivis à M. le ministre de l'instruction publique la lettre suivante :

Sèvres, le 2 juin 1864.

Monsieur le ministre,

J'ai appris ce matin, par la lettre que vous m'avez fait l'honneur de m'adresser et par le *Moniteur,* que Sa Majesté l'empereur, par un décret signé d'hier, avait daigné me nommer conservateur sous-directeur adjoint au département des manuscrits de la Bibliothèque impériale. Aux termes des règlements actuels, toute fonction à la Bibliothèque impériale est incompatible avec un enseignement. Accepter la fonction à laquelle Sa Majesté l'empereur a bien voulu me nommer serait donc donner ma démission de la chaire que j'occupe au Collége de France.

J'ai déjà eu plusieurs fois l'honneur d'exposer à Votre Excellence les motifs pour lesquels il m'est impossible de donner d'une façon directe ou indirecte cette démission. J'ai été porté à la chaire de langues hébraïque, chaldaïque et syriaque par le suffrage de MM. les professeurs au Collège de France et de mes confrères de l'Académie des inscriptions et belles-lettres. Cette chaire, d'ailleurs, n'est pas pour moi la première fonction venue. Je l'ai voulue pour elle-même, et non pour le traitement qui y est attaché. Les langues hébraïque et araméenne sont ma spécialité scientifique. J'attachais beaucoup d'importance à un tel enseignement, la faiblesse des études critiques en France tenant en grande partie, selon moi, à la nullité dont les anciennes études sémitiques sont depuis longtemps frappées parmi nous. Relever ces études dans nos grandes écoles a toujours été ce que j'ai considéré comme ma tâche scientifique et comme une partie de mes devoirs moraux.

Quels que soient les excellents souvenirs que j'aie gardés du département des manuscrits à la Bibliothèque impériale, je n'accepte donc pas la fonction que Sa Majesté l'empereur a daigné me conférer hier. La chaire de langues hébraïque, chaldaïque et syriaque au Collège de France n'est pas supprimée ; je ne suis pas destitué ; seulement, le traitement de ladite chaire est affecté provisoirement à un autre usage. Ce traitement, monsieur le ministre, j'avais continué de le toucher, sans que ma « dignité », dont je suis bon juge, en souffrît, d'abord parce qu'on me laissa espérer, lors de l'arrêté de suspension, une prompte réouverture ; en second lieu, parce que renoncer à ce traitement eût été reconnaître un état de choses contre lequel j'ai protesté en toute circonstance ; en troisième lieu, parce qu'en réalité j'ai rempli ma fonction autant qu'il dépendait de moi, et même, selon mon opinion, de la manière la plus fructueuse. Dès qu'il me fut prouvé, en effet, que la réouverture de mon cours pouvait encore être fort éloignée, j'ai fait chez moi, au petit nombre d'orientalistes et de philologues que mes leçons devaient intéresser, le cours que j'aurais fait dans la « salle des Langues » au Collège de France. Ces sortes d'enseignement (je l'ai toujours dit[1]) sont uniquement destinées à dix ou douze personnes déjà préparées, et vouées aux travaux scientifiques. Aux époques les plus florissantes du Collége de France, les maîtres les plus célèbres ont procédé de cette manière, et j'ose croire que bien des cours qui se sont faits cette année dans les salles réglementaires n'ont pas porté autant de fruits que le mien. Il ne faut pas que les étroites idées administratives de notre temps se transportent d'une façon trop absolue dans l'ordre des choses de l'esprit. L'économie superficielle, qui regarde comme la suprême sagesse de voir le produit tangible et immédiat de ses deniers, n'a rien à faire avec la science. La science mesure les mérites aux résultats acquis et non à l'exécution plus ou moins ponctuelle d'un règlement, et, si jamais vous reprochez à un savant qui fait quelque honneur à son pays de ne pas gagner la faible somme que l'État lui alloue, croyez-le, monsieur le ministre, il vous répondra comme je vous réponds en ce moment, et selon un illustre exemple : *Pecunia tua tecum sit.*

Appliquez donc, monsieur le ministre, les fonds votés pour la chaire de langues hébraïque, chaldaïque et syriaque à telle fin que vous jugerez à propos. Je conserve un titre que je tiens de la double présentation de MM. les professeurs au Collége de France et de mes confrères à l'Institut. Sans traitement, je continuerai à remplir les devoirs que ce titre m'impose, c'est-à-dire à travailler de toutes mes forces au progrès des études dont la tradition m'a été confiée.

Agréez, monsieur le ministre, l'assurance de la haute estime et du profond respect avec lesquels j'ai l'honneur d'être, de Votre Excellence, le très-humble et très-obéissant serviteur.

E. RENAN.

1. Voir ma leçon d'ouverture, p. v, vi, 8, 9, 30.

Le 5 juin, parut au *Journal des Débats* l'article suivant :

Le temps nous a manqué hier pour dire notre avis sur les questions que soulève la lettre de M. Renan. A part un trait un peu vif, excusé par l'agacement qu'on cause toujours aux gens d'esprit en leur parlant de questions d'argent, notre collaborateur nous paraît avoir été guidé en cette circonstance par un sentiment très-juste des droits de la science libre. Sa loyauté et son désintéressement connus auraient bien dû faire supposer qu'il ne donnerait jamais sa démission d'une place à laquelle il attache un sens très-élevé. M. Renan a des vues particulières, qu'il a souvent développées, sur le Collége de France. Il pense que cet établissement doit représenter la science la plus spéciale, mais aussi la plus indépendante. Les personnes qui partagent le moins les idées de M. Renan connaissent la sincérité et la ténacité avec lesquelles il les soutient. La conduite de notre collaborateur nous paraît donc, dans cette circonstance, avoir été conséquente ; en tout cas, elle n'a dû surprendre personne, et nous sommes étonnés qu'on ne l'ait pas prévue.

M. Renan ayant refusé tout moyen de retraite pour sortir de la situation qu'il a choisie avec réflexion, la série de mesures prises par M. le ministre de l'instruction publique n'a qu'un effet, c'est la cessation du traitement que M. Renan avait continué jusqu'ici à toucher. M. Renan accepte cette conséquence avec fierté. Nous regrettons un peu, nous l'avouons, que M. le ministre ait fait intervenir dans les graves questions de principe impliquées en ce débat une aussi mince question d'économie. Si M. Renan, par des circonstances venant de lui, avait omis de faire ses leçons pendant deux ou trois ans, nous reconnaissons bien volontiers qu'il y aurait toute sorte d'objections à lui faire. Mais M. Renan a sans cesse réclamé contre la suspension de son cours. Il a toujours dit qu'il était prêt à remonter dans sa chaire quand on lèverait l'arrêté qui l'en écartait. Enfin, par une pensée pleine de sagesse, il a donné chez lui deux fois par semaine les leçons qu'il lui eût été plus agréable et plus commode de donner au Collége de France. Dans un tel état de choses, M. Renan avait parfaitement raison de maintenir ses droits et de ne pas aggraver de gaieté de cœur la situation qu'on lui avait faite.

Les motifs d'ordre public qui ont empêché la réouverture du cours de M. Renan étaient-ils aussi graves qu'on l'a supposé? Nous ne le croyons pas. La première et la seule leçon qu'ait faite M. Renan fut accueillie par la jeunesse avec un enthousiasme dont on n'a pas perdu le souvenir. Comme nous croyons les démonstrations publiques contraires au véritable esprit de liberté, nous ne désirerions nullement voir renaître les manifestations bruyantes qui, ce jour-là, accompagnèrent le professeur jusqu'à sa demeure. Mais M. Renan, dans sa première leçon, tant applaudie, déclara à plusieurs reprises que le cours qu'il avait à faire était un cours technique destiné à un petit nombre d'auditeurs. C'est un usage que les professeurs récemment nommés débutent par une première leçon de généralités, laquelle se fait d'ordinaire dans un amphithéâtre plus vaste que celui qui sert aux leçons spéciales. M. Renan suivit cet usage. A la fin de son discours d'ouverture, il prit congé en quelque sorte de son nombreux auditoire, et déclara qu'à la prochaine leçon il commencerait l'exposition de la grammaire hébraïque. La salle où se font ces sortes de cours peut contenir vingt ou trente personnes, et jamais elle n'est remplie. Admettons que, vu l'intérêt spécial du cours, et par suite de la curiosité un peu excitée du public, la salle eût été comble les premiers jours; en vérité, l'ordre public court-il de grands dangers parce qu'on se presse un peu dans une salle de quelques mètres carrés? Les mesures les plus simples, et qui n'eussent pas exigé la présence d'un seul sergent de ville, auraient suffi pour empêcher tout inconvénient.

Nous regrettons donc qu'au lieu de préférer cette solution, si conforme aux vrais principes de la liberté scientifique, on l'ait, au contraire, ajournée. Mais, puisque M. Renan se déclare peu atteint par la mesure qui lui enlève son traitement, et qu'il garde le titre auquel il tient si fort, les droits essentiels de la science sont sains et saufs. M. Renan insiste avec raison sur une circonstance capitale qu'on a souvent feint d'ignorer. Il a été nommé à la place qu'il occupe sur la double présentation de ses collègues et confrères du Collége et de l'Institut. Quand il s'agit de choix faits sur présentation, le rôle de l'administration est bien simple. A toutes les objections qu'on soulève contre de tels choix, elle n'a qu'une seule chose à répondre : « J'ai nommé celui qu'on m'a présenté. Prenez-vous-en aux corps qui ont fait la présentation. »

Le 12 juin, parut au *Moniteur* le décret suivant :

Napoléon, etc.,

Sur la proposition de notre ministre de l'instruction publique;

Vu le décret du 1er juin 1864, par lequel M. Renan, professeur au Collége de France, est relevé de ses fonctions et appelé à la charge de conservateur sous-directeur adjoint du département des manuscrits à la Bibliothèque impériale;

Vu la lettre de M. Renan qui refuse cette fonction et prétend conserver son premier emploi;

Vu le décret du 9 mars 1852 portant que l'empereur nomme et révoque les professeurs du Collége de France,

Avons décrété et décrétons ce qui suit :

Art. 1er. La nomination de M. Renan à la Bibliothèque impériale est rapportée.

Art. 2. M. Renan demeure révoqué de ses fonctions au Collége de France.

Art. 3. Notre ministre de l'instruction publique est chargé de l'exécution du présent décret.

Fait au palais de Fontainebleau, le 11 juin 1864.

Napoléon.

Le 14 juin, parut dans le *Journal des Débats* l'article suivant :

Le décret inséré hier au *Moniteur* a tranché tous les doutes qui pouvaient rester sur la situation de M. Renan. M. Renan est destitué. Nos principes en fait de liberté sont assez connus pour que nous n'ayons pas besoin d'exprimer les regrets que nous cause cette mesure. Pour nous borner aux questions de forme, nous ferons remarquer que le décret de destitution de M. Renan n'est pas motivé. Les quatre destitutions de professeurs au Collége de France qui ont été prononcées depuis le commencement de ce siècle avaient été précédées d'un exposé de motifs. L'ordonnance royale qui priva M. Tissot de sa chaire n'en avait pas dans sa première rédaction ; M. Lefèvre-Gineau, alors administrateur du Collége de France, refusa de la recevoir en cet état. On la lui rendit avec un exposé qui servit du moins à montrer la faiblesse des raisons sur lesquelles on se fondait, et qui, en 1830, amena l'annulation de l'ordonnance.

Cette omission nous semble fâcheuse. L'obligation de motiver un décret de destitution ne serait écrite nulle part qu'elle serait un devoir pour l'administration. Au degré le plus humble de la fonction, celui que l'État frappe a le droit de savoir pourquoi on le frappe. L'administration doit cette garantie à celui qu'elle destitue ; on peut dire qu'elle se la doit à elle-même. Il faut que la responsabilité de pareils actes soit pleinement avouée, qu'on voie d'où ils viennent, à quelle ligne de conduite ils se rattachent. C'est là une sécurité pour le fonctionnaire ; car l'aveu des motifs peut arrêter bien des mesures violentes ; on peut fort bien ne pas vouloir faire explicitement ce qu'on fait tacitement et comme une simple mesure administrative. Cette obligation, d'ailleurs, nous semble résulter clairement du décret du 6 mars 1852. L'article 5 de ce décret, énumérant les peines qui peuvent être portées contre les membres de l'enseignement supérieur, met de ce nombre « la peine de la révocation, laquelle ne peut être prononcée que sur la proposition du ministre de l'instruction publique, par le président de la République ». Que cette proposition doive être motivée, c'est ce qui nous paraît évident. La révocation est une « peine » ; le décret du 9 mars le déclare. Une peine suppose une « faute ». L'administration ne peut proclamer à la face du public qu'un citoyen a commis un manquement à ses devoirs sans dire quel est ce manquement. Or, le décret inséré au *Moniteur* le 12 juin n'articule contre M. Renan aucun grief. M. Renan, sans curiosité indiscrète, peut bien désirer savoir quelle est la faute qu'il a commise selon les principes de M. le ministre, quel est le blâme que M. le ministre lui inflige.

Nous persistons aussi à croire[1] que M. Renan aurait dû jouir

---

1. M. Laboulaye, dans un article d'une logique péremptoire, publié au *Journal des Débats* le 10 juin, avait prouvé l'illégalité de ma révocation. Le décret porté le 11 juillet 1863 contenait ce qui suit :

« Considérant qu'il importe d'assurer aux membres du corps enseignant toutes les garanties possibles de justice...

« Art. 1er. A partir de ce jour, un comité composé de cinq membres désignés par le conseil impérial de l'instruction publique, et des garanties assurées par le décret du 11 juillet 1863 à tous les membres de l'enseignement supérieur et de l'enseignement secondaire. Le considérant du décret du 9 mars 1852 met expressément le Collège de France dans le *corps enseignant*. Si le Collège de France fait exception dans le corps enseignant, ce doit être par plus d'indépendance. S'il a une situation privilégiée, ce n'est pas une raison pour lui refuser le droit commun. Est-il naturel qu'un professeur de sixième ait plus de garanties que le successeur de Burnouf ou de Cuvier?

Les motifs pour lesquels M. Renan a été destitué n'étant pas exprimés, nous ne les discuterons pas. Mais nous croyons que tous les libéraux ressentiront vivement le coup porté, dans la personne de notre collaborateur, à l'indépendance de la pensée.

choisis dans son sein, sera appelé à donner son avis motivé toutes les fois qu'il pourra y avoir lieu à la révocation d'un professeur de l'enseignement supérieur ou de l'enseignement secondaire qui sera titulaire de son emploi.

. . . .

« Art. 3. L'inculpé sera admis à présenter sa défense, selon qu'il le jugera préférable, de vive voix ou par écrit. »

Le Collège de France fait partie de l'enseignement supérieur, de l'enseignement secondaire ou de l'enseignement primaire. A moins de soutenir qu'il fait partie de l'enseignement primaire, il faut admettre que le décret susdit s'y applique.

LES ÉTUDES SAVANTES

EN ALLEMAGNE.

(Lettre aux directeurs de la *Revue germanique*[1].)

Paris, le 15 décembre 1857.

Messieurs,

Votre projet d'une *Revue germanique* réalise un des vœux que j'ai le plus souvent formés. Je n'ai point la prétention de vous suggérer des idées que vous n'ayez déjà eues. Cependant, afin de vous prouver quel intérêt je prends à votre noble dessein, je me permettrai de vous communiquer quelques réflexions sur la place que devra, ce me semble, occuper dans votre recueil la partie des études allemandes dont je me suis plus particulièrement occupé.

1. Cette lettre parut dans le premier numéro de la *Revue germanique*.

Votre *Revue* doit être un tableau complet des travaux intellectuels en Allemagne. Or, la partie de ces travaux qui mérite le plus, selon moi, d'attirer l'attention, ce sont les sciences historiques et philologiques. L'Allemagne, jusqu'à ces dernières années, a été égalée par la France dans le domaine des sciences physiques et mathématiques. La philosophie allemande est quelque chose de très-particulier, qui ne peut être comparé à quoi que ce soit et dont le temps seul permettra d'apprécier la valeur. Quant à l'ensemble des productions qu'on appelait autrefois les « ouvrages de l'esprit » et qu'on désigne maintenant du nom de « littérature », l'Allemagne n'a point échappé à la décadence générale dont les œuvres d'imagination sont frappées de nos jours : elle a eu, en ce genre, des hommes de génie ; à l'heure qu'il est, elle possède à peine quelques hommes de talent. La véritable excellence de l'Allemagne est, à mon avis, dans l'interprétation du passé. L'Allemagne a compris l'histoire bien plus comme une science que comme un art. Elle n'a pas de grands historiens dans le sens que nous attachons à ce mot; il faut pour mériter ce nom un talent de composition qu'elle semble dédaigner ; mais jamais race ne posséda une plus merveilleuse aptitude pour les recherches d'érudition. La science critique et historique de l'esprit humain, la philologie, instrument nécessaire de cette science, voilà sa création. Certes, l'étude sérieuse et patiente des monuments antiques existait avant que l'Allemagne s'en fût emparée. Pour n'en citer qu'un seul exemple, quel admirable répertoire de solide érudition que l'ancien recueil de l'Académie des inscriptions et belles-lettres ! Mais le service qu'a rendu l'Allemagne, c'est d'avoir élevé à la hauteur d'une science organisée ce qui n'avait été jusque-là qu'un délassement d'amateur, et d'avoir donné une valeur philosophique à des études qu'on envisageait comme un simple exercice de curiosité.

L'Allemagne, vous le savez, n'a pas de « Revues » comme nous les entendons. Elle a des journaux spéciaux où chaque science dépose ses découvertes successives. Les Allemands n'écrivent pas ; ils cherchent et ils pensent. Le genre de critique difficile et brillant dont la *Revue des Deux Mondes* a créé le modèle parmi nous ne va pas à la tournure de leur génie, plus soucieux du fond que de la forme. Même différence dans l'enseignement. Les cours faits dans la manière éloquente que MM. Cousin, Villemain, Guizot ont inaugurée en France, n'ont dans les universités allemandes aucun succès. Les enseignements les plus spéciaux, au contraire, y ont des auditeurs, quand on est sûr d'y recueillir des idées nouvelles ou des faits nouveaux.

C'est donc dans les journaux spéciaux que les rédacteurs d'une *Revue germanique* devraient, selon moi, chercher les éléments les plus considérables de leur travail. Le *Journal de la Société orientale allemande* est le plus abondant répertoire pour les travaux relatifs aux antiquités de l'Asie. On ferait une œuvre utile en traduisant le rapport qui paraît dans chaque volume de ce recueil sur les progrès annuels des études orientales. Le journal de M. Haupt pour les antiquités germaniques, le *Musée du Rhin* pour l'antiquité classique, les *Communications* de l'institut de Perthes pour la géographie, sont aussi de précieux recueils, où notre insouciance des choses étrangères laisse s'enfouir de véritables trésors. Le *Journal pour la philologie comparée* de MM. Kuhn et Aufrecht, enfin, est la publication périodique la plus intéressante que je connaisse, par la richesse, la variété, la finesse des découvertes qui y sont consignées. C'est là que s'est fondée la science capitale qui résume le travail philologique des dernières années, la mythologie comparée. C'est aux fines analyses de M. Kuhn et de ses collaborateurs qu'on doit la démonstration de ce résultat important, que la race indo-européenne n'a eu d'abord qu'un système de mythes, dont les Védas nous présentent la forme la plus ancienne, comme elle n'a eu d'abord qu'un seul vocabulaire, qui se trouve épars dans les rameaux divers de la grande famille depuis l'Islande jusqu'à Ceylan.

Il est certains hommes dont les livres se présentent avec une sorte de périodicité, et qui sont une école à eux seuls. Ce tour particulier d'esprit qui rend les Allemands impropres à composer des ouvrages, mais qui en fait d'excellents collecteurs de matériaux, devait amener quelques travailleurs au système, plus commode pour eux que pour le public, de donner leurs idées au fur et à mesure qu'elles leur viennent. En France, on s'impose de ne livrer son œuvre au public que quand elle est parfaitement mûrie et achevée; en Allemagne, on la donne à l'état provisoire, non comme un enseignement doctrinal, mais comme une excitation à penser et comme un ferment pour les esprits. Il résulte de tout cela des livres moins bien faits que les nôtres, mais un mouvement fort supérieur au nôtre. Parmi ceux qui ont cédé à cette tentation, indice au moins d'une très-grande activité, je citerai d'abord M. A. Weber, de l'académie et de l'université de Berlin. Je ne connais pas en Europe de chercheur plus pénétrant et plus fécond. Ses *Indische Studien* paraissant à des intervalles irréguliers et ses autres ouvrages vous donneront toujours le dernier mot du grand ensemble de recherches qui se rattache au sanscrit. M. Ewald et ses *Annuaires* vous tiendront au courant des études bibliques : consultés avec discernement et avec défiance quand il s'agit de questions de personnes, les ouvrages de ce critique parfois éminent sont d'un prix infini. Pourriez-vous oublier M. de Bunsen, cette infatigable activité, ce zèle pour tout ce qui est noble et grand, et ce vaste atelier de travail scientifique qui se groupe autour de lui[1]? Les trois ou quatre volumes que publie par an M. de Bunsen sont un vrai journal, où l'on est sûr de trouver toujours les résultats, sinon les plus démontrés, du moins les plus récents, de la philologie comparée, des études védiques, des études sur l'Avesta, des études bibliques, en un mot de tout ce qui est vivant et en progrès dans le champ des études philologiques.

Vous aurez sans doute des correspondants auprès des diverses universités. C'est là qu'il faut prendre comme à sa source le riche développement d'idées qui assure à l'Allemagne, dans l'ordre des spécula-

---

1. Cet homme excellent est mort depuis que les pages que nous reproduisons ici ont été écrites.

tions rationnelles, une si incontestable supériorité. L'enseignement n'est point en Allemagne, comme il l'est dans d'autres pays, une pédagogie étroite et jalouse de la science. Les établissements d'instruction publique y sont aussi des établissements scientifiques, recevant l'impulsion, non d'une administration centrale, d'ordinaire peu au courant des choses intellectuelles, et naturellement indifférente ou hostile à ce qu'elle ne comprend pas, mais de savants et de penseurs, prenant au sérieux les choses de l'esprit. De là un enseignement large, libre, plein d'initiative, représentant à chaque heure l'état de la science; si bien que le jeune homme qui l'a suivi aperçoit clairement dès ses débuts le point d'où il faut partir et la région qui promet de récompenser par des découvertes les efforts des travailleurs.

Je sais que je vous parle ici d'un idéal quelque peu éclipsé aujourd'hui. Selon moi, l'âge d'or de l'Allemagne, au moins sous le rapport des conditions extérieures de la vie intellectuelle, est passé. La réaction des dix dernières années[1] a exercé sur ces belles études une influence fatale. L'enseignement de la théologie, autrefois si indépendant et si élevé,

1. Je rappelle que ceci fut écrit à la fin de 1857.

est devenu dans les pays protestants d'Allemagne presque aussi impossible que dans les pays catholiques. Or, qu'on ne s'y trompe pas, c'est l'enseignement de la théologie qui a été la cause du grand développement qu'ont pris en Allemagne les études philologiques : les fondateurs des études orientales en particulier, les Eichhorn, les Gesenius, étaient des théologiens. Cette ressource si précieuse pour le travail intellectuel est perdue peut-être sans retour. Les jeunes gens sérieux, qui autrefois trouvaient dans l'enseignement de la théologie ou le ministère pastoral un excellent moyen de mener une vie laborieuse, repoussés par les symboles inacceptables ou étroits qu'on leur impose, se rejettent sur les carrières purement scientifiques, qui sont nécessairement peu nombreuses. Tout cela, se combinant avec le renchérissement de la vie matérielle, qui atteint même les villes d'universités en Allemagne, a produit une misère sur laquelle nous n'insisterions pas, si elle n'avait pour la science les plus fâcheux résultats. En effet, une conséquence de cet état de gêne, ce sont les travaux hâtifs par lesquels une jeunesse intelligente, mais trop nombreuse et trop empressée, cherche à se frayer une route vers les fonctions salariées. Ce n'est jamais impunément qu'ou met les découvertes aux enchères. Les travaux solides sont de tous les temps ; mais les découvertes viennent à leur jour, et il ne faut pas les devancer. Le grand défaut de l'Allemagne est cet empressement fiévreux d'annoncer des résultats nouveaux et de dépasser les maîtres, qui produit un déluge de thèses hardies et de paradoxes. Ajoutez à cela les intrigues d'un parti religieux, mettant pour condition à ses faveurs tout autre chose que le mérite scientifique, et vous comprendrez les effets désastreux qu'ont pu produire sur des études aussi délicates que les nôtres quelques années d'un tel régime. Vous aurez le droit d'être sévères pour l'école superficielle, qui voudrait ainsi passer l'éponge sur le travail d'un demi-siècle, et enlever à l'Allemagne sa vraie couronne, celle de la science critique, saine et désintéressée.

Et puisque j'ai commencé à vous communiquer mes réflexions sur des points secondaires de votre plan, auxquels peut-être vous ne penseriez pas, j'oserai vous conseiller de ne pas chercher le développement de l'esprit allemand seulement en Allemagne. Je ne sais si je me trompe, mais je crois voir le moment approcher où les Allemands joueront le même rôle que ces Scots de la première moitié du moyen âge, qu'on trouve partout à l'état de missionnaires de la science et de grammairiens. Déjà presque tout le travail matériel de la philologie est supporté dans le monde par des Allemands. Ne négligez donc pas d'embrasser dans votre recueil ces nombreuses colonies où, grâce à une puissance d'expansion qui nous étonne, la race germanique porte son activité intellectuelle et son sérieux. Suivez-la dans l'académie de Saint-Pétersbourg, où, malgré des susceptibilités assez naturelles, la science allemande s'est créé une importante succursale, peu inférieure à l'académie de Berlin, surtout pour les sciences géographiques. Cherchez-la en Angleterre, à Oxford, à Londres, où vous rencontrerez à l'état d'exilés volontaires quelques-uns des meilleurs représentants de la nouvelle école, MM. Max Müller, Aufrecht, d'autres encore. Ils écrivent en anglais; mais leur science, leur pensée sont allemandes : cela doit vous suffire. La Hollande mérite aussi que vous lui ouvriez votre recueil. L'université de Leyde me paraît depuis quelques années dans une direction excellente : elle possède un grand enseignement historique, à la tête duquel est M. Dozy, et une solide école d'exégèse dirigée par MM. Scholten et Kuenen. En Suisse, vous trouverez l'université de Zurich et le savoir un peu hasardeux de M. Hitzig. L'Asie et l'Afrique enfin vous offriront d'admirables missionnaires, tels que les Krapf, les Isenberg, et des voyageurs, tels que Barth et Overweg[1]. Tandis que les missions catholiques, autrefois si fructueuses, ne rendent plus à la science que de médiocres services, à cause du peu d'instruction et de curiosité de la plupart de ceux qui s'y dévouent[2], les missions allemandes, anglaises, américaines, ont produit d'habiles explorateurs qui ouvrent devant nous des mondes inconnus, et prennent place parmi les fondateurs de la science critique de l'humanité.

N'oubliez pas les juifs allemands : ils sont une partie essentielle et pourtant distincte du mouvement qui doit vous occuper. C'est un monde fort mêlé, mais où se rencontrent encore des Mendelssohn et des Spinosa, et d'où sont sortis de bons auxiliaires du travail scientifique. Par une singulière destinée, la race juive est de nos jours un utile interprète de certaines civilisations de l'Orient qui se sont trouvées, il y a deux ou trois mille ans, en contact avec elle, et dont les études bibliques et talmudiques la rapprochent.

Enfin, cherchez aussi l'Allemagne en France. Nous possédons parmi nous une colonie allemande qui,

---

1. Morts depuis.
2. Une exception devrait certes être faite pour le voyage en Arabie de M. Palgrave. Mais nous ignorons si M. Palgrave s'est envisagé ou s'envisage encore comme un missionnaire catholique. Nous ferons bien volontiers une autre exception pour M. Bigandet.

en même temps qu'elle communique largement avec le centre des idées françaises, puise directement encore aux mamelles germaniques, dont elle n'est point détachée : c'est l'école de Strasbourg. Cette modeste et savante école, dont l'administration centrale a parfois trop peu respecté l'individualité, est parmi nous le seul reste des anciennes institutions provinciales, qui avaient de si bons effets pour la culture intellectuelle. Vous connaissez sans doute la *Revue de Théologie* de M. Colani, excellent écho de ce qu'il y a de meilleur dans l'exégèse allemande. Les travaux de M. Reuss, de M. Bergmann, honoreraient une université d'outre-Rhin; ils sont chez nous presque inconnus, et j'ignore si, en dehors de l'estime d'un petit nombre, ils ont jamais reçu le moindre encouragement de l'opinion.

Que votre Revue soit l'abrégé de ce vaste ensemble d'études. Dans ma pensée, elle doit représenter non-seulement l'Allemagne, mais tout ce dont l'Allemagne s'occupe, c'est-à-dire le monde entier. Croyez que son apparition ne sera saluée par personne avec plus de sympathie que par moi, et agréez, etc.

L'INSTRUCTION PUBLIQUE EN FRANCE

JUGÉE PAR LES ALLEMANDS.

Rien de plus nuisible aux progrès de l'esprit humain que les jalousies nationales. On a pu autrefois accuser la France d'être, de toutes les nations, la plus dédaigneuse de l'étranger. C'est là un défaut dont elle s'est en partie corrigée. Dans l'ordre de l'instruction publique, du moins, une série de missions ont eu pour objet d'étudier le système d'éducation des peuples voisins. Nos voisins ne nous ont guère rendu la pareille, et on doit le regretter, car, si des ouvrages sur l'instruction publique en Allemagne, en Hollande, faits par des Français sont utiles, des ouvrages sur l'instruction publique en France faits par des Allemands, par des Hollandais, nous seraient bien plus utiles encore. La rareté de tels livres donne un grand prix au travail de M. Hahn[1],

---

1. *Das Unterrichts-Wesen in Frankreich, mit einer Geschichte der Pariser Universität*, von Ludwig Hahn; Breslau, 1848.

bien que ce travail n'ait rien d'officiel. M. Hahn s'est donné sa mission à lui-même, ou plutôt il l'a reçue du hasard, qui lui a fait passer quelques années parmi nous.

Son livre prouve, du reste, mieux encore que l'indifférence de ses compatriotes, combien les universités allemandes sont éloignées de goûter l'enseignement français. Il est difficile de pousser plus loin la sévérité. A peine est-il un point de notre système d'enseignement qui obtienne un éloge de M. Hahn, et il n'en est pas un seul auquel il n'adresse les plus vives critiques. Souvent, d'ailleurs, il n'a fait que puiser à l'arsenal des ennemis de l'Université ses renseignements et ses appréciations.

I.

L'ouvrage de M. Hahn renferme deux parties distinctes : l'une consacrée à l'exposition, où il retrace la législation et l'état de l'instruction publique en France; l'autre, consacrée à la critique, où il juge d'après ses principes nos institutions et nos règlements. La première partie est nécessairement dénuée d'intérêt pour nous. Quant aux jugements de M. Hahn sur les mérites et les défauts de notre système d'éducation publique, comme ils sont évidemment ceux de la plupart de ses compatriotes, il est bon de les connaître, bien que parfois on puisse regretter qu'ils soient fondés sur une observation superficielle et sur des informations inexactes. M. Hahn a vu en passant un certain nombre de classes ; il a pris des notes avec précipitation, recueilli quelques anecdotes, et attaché de l'importance à des enfantillages. Sa critique rappelle trop souvent le trait du voyageur qui juge d'après le teint de son hôtesse celui de toutes les femmes du pays. Ainsi il raconte d'un ton scandalisé qu'un écolier de rhétorique, avec lequel il s'entretenait sur les difficultés du *Phédon*, lui a dit, pour se tirer d'embarras: « Ces bêtises-là, nous les passons[1]. » Ailleurs, il nous apprend que, quand un chef d'institution a besoin d'un maître d'études, il s'adresse à l'estaminet le plus voisin, et que les élèves appellent cela « aller à la foire aux pions » (*auf den Pionsmarkt gehn*)[2].

Les critiques de M. Hahn qui s'adressent à l'ensemble de notre système d'instruction publique sont

1. P. 409. Ces mots remarquables sont rapportés en français.
2. P. 508.

autrement importantes; car celles-ci ne viennent pas d'une connaissance plus ou moins incomplète de ce qui se passe dans nos colléges; elles viennent de principes opposés aux nôtres et qui sont vrais à quelques égards. Dans l'organisation française de l'instruction publique, la source de tout le mal, aux yeux de M. Hahn, c'est le système du concours. Notre censeur allemand revient à tout propos sur cette idée fondamentale, et, imitant le trait du vieux Caton, il termine ainsi les chapitres les plus divers: *Cæterum censeo concursum delendum esse.* A l'en croire, cette institution serait aussi funeste comme épreuve pour les professeurs que comme moyen d'émulation entre les élèves. « Il est fort regrettable, dit-il, que le concours soit la seule voie pour arriver au professorat des colléges, et que l'habileté pratique, jointe à des connaissances suffisantes, ne puisse y donner entrée. Les hommes les plus expérimentés dans l'éducation, ceux qui apportent à leurs difficiles fonctions non des facultés brillantes, mais un esprit solide avec un peu de lenteur et de timidité, seront toujours placés, dans les épreuves publiques, après les jeunes gens qui savent amuser leur auditoire et leurs juges, et qui, doués d'une parole facile pour se tirer des difficultés, ne possèdent ni assez de patience ni assez de fermeté pour bien enseigner. Toutes les dispositions que l'on essaiera d'introduire dans la législation des concours en faveur des maîtres plus mûrs seront insuffisantes pour obvier aux inconvénients du système. Il devrait y avoir des conditions d'un autre genre et plus largement entendues pour arriver aux places importantes de l'enseignement secondaire. Il y a maintenant dans les colléges des professeurs qui, sans sortir des limites de l'enseignement grammatical, ont fait preuve du plus grand zèle et d'une habileté supérieure ; il y en a même quelques-uns dont les écrits témoignent de plus de culture littéraire qu'on n'en trouve chez la plupart des agrégés des classes supérieures, et qui pourtant sont condamnés à vieillir dans une classe de grammaire, parce que leur âge avancé ne leur permet plus de tenter une lutte périlleuse contre tant de jeunes candidats. Indépendamment de l'injustice d'un tel procédé, le dévouement le plus honnête doit nécessairement se refroidir, s'il ne voit plus aucun but devant lui, surtout dans un pays où la pédagogie inspire peu d'intérêt par elle-même. Le système exclusif du concours est donc à la fois inique et préjudiciable à l'enseignement des colléges[1]. »

1. P. 536 et suiv.

Il est facile de montrer ainsi le côté faible et les inconvénients de toute institution. Mais on ne fait preuve de sagacité qu'en indiquant le remède. Le principe de l'administration française étant de se défier des libres choix faits par les supérieurs et de limiter autant que possible l'arbitraire des chefs, le concours, au moins pour l'enseignement secondaire, reste une nécessité. Le système de garantie, de lien réciproque et en quelque sorte d'inféodation des hommes les uns aux autres, qui fleurit en Angleterre et en Allemagne, ne saurait être appliqué en France. Le personnel de l'enseignement secondaire n'est pas chez nous, comme il l'est ailleurs, l'analogue d'une corporation religieuse : c'est une sorte d'armée ; il y faut un mode d'avancement régulier, où le caprice ne soit pour rien. On peut regretter que la France se soit attachée si fortement à un tel système ; mais, le système étant ce qu'il est, le concours pour les fonctions de l'enseignement secondaire en sort logiquement. Les observations de M. Hahn sont bien plus vraies en ce qui concerne l'enseignement supérieur. Ici, le concours est un moyen d'appréciation trop imparfait, et peut, d'ailleurs, être remplacé par des titres d'une autre nature. « Le concours, dit-il à ce sujet, est une des institutions les plus populaires de la France ; il représente l'élément démocratique dans le domaine de l'enseignement, et répond surtout aux idées des jeunes étudiants et de ceux qui s'appellent libéraux. S'il n'était ainsi couronné de l'auréole du libéralisme, il y a longtemps qu'on aurait reconnu quels inconvénients il entraîne à côté de quelques avantages fort contestables, et, depuis quinze années, M. Cousin n'aurait pas en vain combattu ce mode de nomination avec toute la verve de sa critique[1]. »

La centralisation et l'uniformité de l'instruction publique parmi nous sont pour M. Hahn l'objet de reproches presque aussi acerbes que le système des concours : « On ne peut avoir qu'une seule opinion, dit-il, sur l'organisation napoléonienne de l'Université. Il était impossible d'imaginer un système plus puissant et plus simple pour fonder l'unité de l'instruction nationale et pourvoir à la stabilité des traditions. Mais, d'un autre côté, une institution dirigée uniquement vers ce but portait en elle-même un danger immédiat, et ce danger ne s'est que trop révélé : c'était de sacrifier le progrès à la fixité, de faire dégénérer l'unité d'esprit en uniformité de méthode et de procédés, d'étouffer toutes les tenta-

---

1. P. 587.

tives nouvelles en fait d'éducation. En effet, la prétention hautement avouée des universitaires, c'est que, d'un bout du royaume jusqu'à l'autre, aucun changement ne survienne, soit dans la direction des études, soit dans le maintien de la discipline, qui ne soit prescrit par l'autorité centrale; c'est que, pour les méthodes d'enseignement et les livres classiques, pour la distribution des heures et les règlements disciplinaires, un collége du Nord corresponde dans les derniers détails à une école située sur la Méditerranée... Avant d'introduire quelque innovation, il faut en faire l'épreuve; or, il est naturel que l'on hésite à tenter l'expérience sur la totalité des écoles; en sorte que, la sévère uniformité ne permettant pas de faire ces essais sur des établissements isolés, il devait en résulter que toute la corporation se trouvât enchaînée dans une complète immobilité. C'est, en effet, ce qui est arrivé. Le corps enseignant est devenu tellement stationnaire en France, que je ne connais aucune société qui, dans ce temps de progrès universel, et chez la nation la plus mobile du monde, persiste en ses voies avec autant d'aise et de satisfaction, qui repousse avec autant de dédain et de présomption toutes les méthodes étrangères, et qui soit si prompte à voir une révolution, même dans les changements les plus

insignifiants[1]... Cette uniformité me semble la cause principale de la faiblesse relative des études dans les colléges de province... Si les écoles de Paris, avec un système d'enseignement fort défectueux, produisent parfois de brillants résultats, ce sont là bien moins les fruits du système que les effets de mobiles extérieurs, qui entretiennent chez la jeunesse studieuse de la capitale une ardeur vraiment extraordinaire. Dans la province, au contraire, où ces motifs d'émulation manquent, les maîtres ne songent à rien changer ni à rien améliorer dans la méthode officielle; souvent même ils se relâchent et se négligent à un point déplorable. La brillante routine de la capitale devient, dans le reste du pays, une besogne assoupissante, sans vie ni intérêt. Si les proviseurs et les professeurs des colléges de province pouvaient suivre leurs propres inspirations, on trouverait en plusieurs villes des centres d'instruction moins éclatants peut-être que les
de Paris, mais tout aussi féconds. L'uniformité, au contraire, a étouffé la liberté et la vie; l'égalité absolue, c'est le souffle de la mort... Des deux devises de la révolution française, la liberté et l'égalité, Napoléon n'a eu égard, dans ses créations,

---

1. P. 172 et suiv.

qu'à la seconde : l'égalité a eu pour effet d'exclure absolument la liberté. L'égalité, le principe de la centralisation servaient les vues du despotisme impérial. La Restauration ne s'occupa guère davantage de l'émancipation des académies. Mais le gouvernement de Juillet a-t-il été fidèle à son principe et à son programme, en maintenant l'uniformité dans les établissements de l'Université? Je ne le pense pas. Cependant, pour ne pas adresser au gouvernement lui-même un reproche qui retombe sur lui beaucoup moins que sur ses adversaires, je dois faire remarquer que c'est surtout la faute de l'opposition prétendue libérale (*der vermeintlich liberalen Opposition der Linken*), si la stagnation est devenue une loi de l'Université, et si l'égalité est restée intacte aux dépens de la liberté. Depuis que le parti clérical a commencé à demander la liberté de l'enseignement, le corps universitaire est devenu, aux yeux de ceux qui se disent libéraux, le représentant de l'esprit moderne, et malheur aux mains profanes qui osent toucher à ce saint des saints! Dans son zèle aveugle contre le parti qui tire avantage pour ses desseins des vices profonds de l'Université, l'opposition ne croit pouvoir rien faire de mieux que de nier ces défauts et de les couvrir du manteau de sa popularité. Le droit de l'État sur l'éducation des enfants est parfois exagéré jusqu'à la maxime lacédémonienne ; le principe de l'unité d'esprit dans les sociétés modernes est préconisé de toute manière et sur tous les tons ; les considérations vraiment loyales et franches sont fatalement sacrifiées aux besoins de la polémique[1]... »

Ce qui suit a de quoi nous surprendre. M. Hahn présente comme une réforme utile et comme un premier pas dans la carrière du progrès la modification ou la suppression du Conseil de l'instruction publique, et certaines autres mesures qui ont paru chez nous tout à fait funestes et qui l'ont été en effet. Ces passages montrent que l'auteur a peu compris le véritable esprit de la société française. Soyons juste pourtant ; M. Hahn a vu les choses de notre pays sous un faux jour ; il s'est laissé prendre à des déclamations partout répétées : il n'est pourtant pas ennemi des lumières. Ses principes sur l'éducation du peuple en sont la preuve. « Si c'est un devoir, dit-il, pour tous les régimes de donner leur principale attention à l'instruction du peuple, ce devoir incombe surtout aux gouvernements qui sont fondés sur le principe de la liberté. La politique vraiment libérale n'ignore pas que la propagation de

---

1. P. 176 et suiv.

l'éducation est sa garantie la plus sûre et sa base la plus ferme. Un pays qui veut être libre doit être éclairé ; autrement, ses plus nobles sentiments sont pour lui un danger. Si les droits politiques devancent ou dépassent la culture intellectuelle, il est à craindre que le peuple ne se laisse entraîner, dans l'exercice de ses droits, aux plus graves erreurs[1]. »
Dans l'appréciation des faits, M. Hahn se montre, ici comme toujours, critique sévère. « Le principe de l'enseignement obligatoire (*die Schulpflichtigkeit*), dans le sens allemand, c'est-à-dire le devoir rigoureux imposé par la loi aux parents de faire participer leurs enfants au bienfait de l'enseignement, n'est point encore introduit en France. Des principes de liberté mal entendue ont jusqu'ici empêché d'employer ce moyen, le seul efficace pour procurer la diffusion générale de l'instruction élémentaire. Un libéralisme peu assuré de lui-même, reposant sur de faux principes, et par cela même timide et toujours en garde contre la puissance de l'État, a refusé d'attribuer à la société le droit de contrainte relativement à l'éducation. La question se posa dans les premières années de la révolution de Juillet... Le gouvernement était porté à reconnaître au moins

---

1. P. 184 et suiv.

indirectement le principe de l'école obligatoire; mais la Chambre des députés le repoussa, et la Chambre des pairs se rangea au même sentiment, bien que dans le sein des deux assemblées les membres les plus compétents, et surtout la commission chargée du rapport, par l'organe de M. Cousin, se fussent prononcés très-décidément en faveur de l'obligation universelle[1]. » M. Hahn trouve que l'instruction primaire est parmi nous peu répandue et insuffisante[2]; la position et le mérite des instituteurs lui ont paru au-dessous du médiocre[3]. Le tableau qu'il trace de l'éducation des femmes[4] est aussi des plus tristes. Plût à Dieu que la réalité ne fût pas plus triste encore!

II.

La partie de l'ouvrage de M. Hahn qui est relative à l'enseignement secondaire est la plus intéres-

---

1. P. 209.
2. P. 263 et suiv.
3. P. 327 et suiv.
4. P. 384 et suiv.

sante et la plus développée. « L'Université, dit-il, en prenant l'antiquité classique pour l'objet principal et presque exclusif des études, a prétendu rendre un service inappréciable à la civilisation, ainsi qu'à la prépondérance imaginaire de la culture française en Europe; elle insiste avec vanité sur ce bienfait, pour soutenir les intérêts de sa domination absolue; et pourtant il est certain qu'au fond elle n'a pas la juste conscience des vraies études de l'humaniste. Elle entasse avec surabondance la matière classique, mais sans la vivifier par l'esprit littéraire; les formes antiques circulent journellement et passent de main en main; mais le sens du beau antique manque profondément; on rassemble laborieusement des pierres polies pour la construction, mais jamais elles ne s'élèvent en un édifice harmonieux; jamais on ne passe d'un aride exercice d'intelligence à une nourriture vitale de tout l'homme spirituel. Tout se borne à des applications étroites et mesquines : au lieu de fortifier les facultés intellectuelles, au lieu d'un développement où la beauté de la forme serait en harmonie avec les progrès de la raison, on acquiert seulement une habileté singulière pour déguiser à soi-même et aux autres le vide de la pensée sous une forme creuse, éblouissante et pompeuse. On s'imagine conserver et continuer les traditions philologiques de Port-Royal ; on promet à la nation des fruits comparables à ceux qu'a produits cette vigoureuse école, un nouveau siècle d'or en littérature ; mais on ne s'aperçoit pas que, de toute cette culture classique, on a saisi l'écorce et non le fruit, en sorte qu'au lieu d'élever l'âme, cette culture n'aboutit qu'à empirer le mal d'un siècle tout extérieur et profondément atteint de matérialisme. Un esprit étroit et formaliste est le trait caractéristique de l'enseignement en France ; ce n'est pas une vraie culture de l'esprit ; c'en est la caricature.

« S'il faut conserver aux études classiques, dans l'éducation de la jeunesse, la prééminence que, durant des siècles, elles ont obtenue à bon droit et pour le salut des peuples ; si elles doivent résister aux assauts d'un matérialisme impatient et uniquement attentif aux intérêts immédiats, elles dont l'action est presque entièrement désintéressée, il est absolument nécessaire que le vrai caractère, les avantages essentiels et profonds d'une telle éducation sortent d'abord pour les maîtres eux-mêmes du nuage d'un respect traditionnel et deviennent une conviction profonde. On n'entraînera pas la société sceptique avec de vaines phrases, contre lesquelles le premier argument palpable des réalistes aurait trop facilement raison. Il faut pardonner aux gens du monde de méconnaître le prix de l'éducation classique, de préférer pour la jeunesse l'étude des littératures modernes à celle des langues mortes, de s'imaginer mieux connaître les chefs-d'œuvre de l'antiquité au moyen de bonnes traductions que par une étude de dix années ; tous ces faciles arguments ont gain de cause, si on ne leur oppose qu'une prétendue pédagogie, au fond tout aussi banale, qui ne traite pas les langues anciennes autrement que les langues modernes, qui fait moins pénétrer dans l'esprit des anciens, dans le développement harmonieux de leur pensée, que ne le ferait une traduction supportable, qui enfin ne repose sur aucune idée saine des lois de la gymnastique intellectuelle, sur aucune étude approfondie du développement lent et graduel des facultés tel qu'il doit résulter des études littéraires.

« On entend répéter de toutes parts des phrases stéréotypées sur la beauté et la simplicité des études classiques et sur leurs avantages pour le développement intellectuel ; mais, au delà de ces phrases, au delà des lieux communs généralement répandus, on ne trouve dans la conscience et dans la pratique de la plupart des maîtres aucun principe, aucune étoile conductrice. L'étude des langues anciennes, de moyen qu'elle était, est devenue la fin de l'éducation ; d'œuvre patiente qu'elle devait être, elle est devenue un pur exercice mécanique pour acquérir une routine tout artificielle. Tandis que l'avantage spécial de l'étude d'une langue morte est d'être une logique pratique, par l'analyse qu'elle exige des formes du langage, et que, par conséquent, il s'agit, dans ce premier travail, non d'écarter les difficultés, mais d'apprendre méthodiquement à les surmonter, qu'il ne s'agit point, dis-je, d'abréger la route, puisque, en un sens, la route est elle-même la fin et le but, tout l'art de l'enseignement classique en France consiste à faire arriver le plus promptement possible à l'intelligence facile des auteurs, ou à un style agréable en latin ; et cela, en éludant toutes les difficultés grammaticales et logiques. La grammaire devient ainsi un recueil de procédés et d'artifices pratiques, fondés bien plutôt sur l'analogie extérieure que sur la nécessité rationnelle ; l'exemple, au lieu de ne faire qu'éclaircir la règle, devient le principal, la règle ne servant qu'à éclaircir l'exemple. La traduction en langue ancienne est bien moins une application intelligente des règles qu'une réunion machinale de phrases apprises par cœur, un travail tout aveugle. Dans l'explication des auteurs, on néglige le soin de pénétrer le développement de la pensée, et on ne recherche qu'une élégance suspecte dans le style français. Envisageons en détail la nature de cet enseignement *pseudo-humaniste*[1]... »

M. Hahn examine de ce point de vue toutes les branches de notre enseignement classique. Les études grammaticales sont de toutes les plus maltraitées; l'auteur s'élève avec force (et ici, il faut l'avouer, avec quelque raison) contre le tour mécanique et la méthode extérieure de nos rudiments, contre l'usage du « mot à mot » et les « cahiers d'expressions ». Il se révolte contre les « *que* retranchés », les « *de* qui peuvent se tourner par *qui s'appelle* », et autres recettes du même genre. Il voudrait une méthode philologique, et la substitution d'un ouvrage élémentaire analogue à la *Méthode latine* de M. Burnouf (plus conforme elle-même aux méthodes allemandes) à la grammaire artificielle et sans logique de Lhomond. Cette partie du travail de M. Hahn (p. 386-402) est pleine d'observations plus ou moins sévères, mais toujours originales, et que l'habitude seule nous empêche de faire. L'usage des vers latins réveille sa verve et son antipathie contre les habitudes un peu extérieures de notre éducation

---

[1]. P. 384 et suiv.

classique. Il admire ces tours de force et l'esprit que
nous y dépensons ; mais il n'y voit que le chef-d'œuvre du pastiche[1]. Même reproche et toujours pour
les mêmes raisons adressé à notre système de récitations, qu'il accuse d'être un exercice purement mécanique et de nul effet pour la culture de l'esprit.
S'il est plus indulgent pour les études grecques, si
la grammaire de M. Burnouf obtient ses éloges,
tandis que tous nos livres élémentaires lui paraissent détestables, c'est qu'il espère en rapporter
l'honneur à la philologie allemande et aux travaux
de Buttmann et de Matthiæ. « Encore, ajoute-
t-il, cet ouvrage paraît-il aux professeurs trop
systématique, trop pédantesque. Tout ce qui n'est
pas routine passe dans l'Université pour pédan-
terie[2]. » Notre rhétorique n'a pas davantage l'approbation de M. Hahn. Le programme qui est assigné à cette classe lui paraît impossible à réaliser,
eu égard à la faiblesse des études antérieures ; la direction qu'on donne aux études lui semble trop exclusivement oratoire ; l'exercice des discours latins
et français lui paraît une pure affaire de recettes et
de procédés[3]. Il s'étonne d'ailleurs, avec pleine

1. P. 393.
2. P. 407-408.
3. P. 410 et suiv.

raison, que l'étude philologique et la théorie grammaticale de la langue française soient si négligées parmi nous[1]. L'enseignement de l'histoire, tel qu'il est établi dans nos lycées, le trouve moins sévère ; il reproche seulement aux professeurs de ne pas proportionner suffisamment leurs leçons à la force des élèves et de suivre la même méthode dans les classes inférieures et dans les classes supérieures. Il voudrait que l'on parcourût deux fois toute l'étendue de l'histoire : une première fois, jusqu'à la quatrième, dans des abrégés simples et faciles ; une seconde fois depuis la quatrième, d'une manière plus approfondie[2]. Enfin, la philosophie trouve en lui, par une exception honorable, un juge des plus impartiaux. M. Hahn s'étend longuement sur la nature de cet enseignement et cherche à le justifier des attaques dont il a été l'objet. Son autorité mérite d'autant plus d'être considérée, qu'il pousse jusqu'à l'affectation le soin de témoigner son attachement au christianisme, et qu'il semble en toute autre chose se rapprocher pour la manière de voir de ceux qui ont accusé d'impiété notre enseignement philosophique[3].

1. P. 420 et suiv.
2. P. 425 et suiv.
3. P. 429 et suiv. — M. Hahn a placé à la suite de son ouvrage

Il serait long et peut-être inutile de rapporter ici tous les griefs généraux que M. Hahn articule contre notre système d'instruction secondaire. Il ne lui reconnaît presque aucune efficacité pour la culture de l'esprit national, et il pense d'ailleurs qu'une telle éducation est, par ses conditions mêmes, le privilége des classes aisées ou même des riches. Cela serait peu regrettable, si cette culture était, comme il le suppose, exclusivement dirigée vers le baccalauréat ou le concours général. Ces deux institutions, la dernière surtout, sont jugées très-défavorablement[1]. Le concours général est, aux yeux de notre auteur, la source des défauts les plus graves de notre enseignement, qui sont le pastiche, la routine, la « spécialité », soit chez les élèves, soit chez le professeur[2]. Quant au régime intérieur des établissements, M. Hahn trouve les heures de travail trop multipliées, et s'élève avec force contre le système de récompenses et de punitions généralement adopté. Il voudrait supprimer du même coup les pensums et les récompenses honorifiques; mais il n'a garde

---

une esquisse de l'histoire des controverses sur la liberté de l'enseignement. Il penche, en général, vers le parti le moins favorable à l'Université.

1. P. 370-376, 487 et suiv.
2. P. 461.

de nous dire par quoi il voudrait les remplacer[1].

« Il est temps, dit-il, en terminant cette critique, il est grand temps, dans l'intérêt de l'éducation classique, de réformer ces abus. En province, encore plus qu'à Paris, on doit craindre que les intérêts matériels ne prennent le dessus sur un système aussi insoutenable, aussi fautif ; car en province les résultats apparents du grand concours ne jettent pas de la poudre aux yeux. Puisse l'enseignement lui-même se laisser réformer ; puisse-t-il admettre dans son sein les éléments d'un mouvement original et indépendant, pour ne point provoquer une réaction radicale, qui détruirait sans ménagement toute culture classique[1] ! »

III.

L'éducation française est jugée par M. Hahn plus sévèrement encore que l'instruction donnée par l'Uni-

[1]. P. 463 et suiv., 500 et suiv.
[2]. P. 465.

versité. L'éducation de famille lui paraît tout simplement impossible, puisqu'à l'entendre, il n'y a plus de famille en France. Voici à ce sujet ses paroles; inutile d'en relever l'exagération : « La France moderne ne connaît plus la famille. Pour que l'éducation paternelle fût désirable et féconde en résultats, il faudrait que les relations domestiques fussent rétablies dans leur état normal, et que, grâce à l'union intime et à l'amour sincère des époux, tous les germes de vertu et de sainteté pussent être l'objet d'une culture assidue. Mais qui oserait prétendre qu'il en est ainsi de nos jours en France? Qui ne sait que la vie conjugale est tombée si bas en ce pays, que c'est à peine si l'on y conserve encore la conscience des devoirs qu'elle impose, que c'est à peine si l'on y peut rendre l'individu responsable de ses égarements personnels, parce que, dans l'atmosphère empestée où chacun apprend à penser et à sentir, il respire avec le souffle vital la frivolité des sentiments et l'indifférence morale? Si la vie domestique est ainsi attaquée des vers à sa base même, qui pourrait s'étonner que l'éducation de famille soit devenue impossible? Les parents ne voient dans les enfants, aussitôt qu'ils sont en âge de réfléchir, que des témoins incommodes de leurs infidélités réciproques, et n'ont rien de plus pressé que de s'en débarrasser. Ainsi les colléges et les pensions s'enrichissent grâce à l'immoralité des familles[1]. »

Comment l'Université s'acquitte-t-elle de la tâche difficile de suppléer à l'éducation paternelle? « Je crois, dit M. Hahn, qu'elle n'en a compris ni le sérieux ni la grandeur. Dans l'enseignement, nous avons trouvé de fausses méthodes, un faux système à critiquer, mais dans ce système beaucoup de force, une action énergique et puissante ; quant à l'éducation, elle est absolument nulle. L'éducation dans l'Université est une pure discipline. Au premier coup d'œil, tout est parfait ; l'ordre extérieur est irréprochable ; la tenue des élèves, la ponctualité, la régularité des exercices ne laissent rien à désirer; durant les heures de travail, le silence est maintenu avec rigueur ; durant les heures de récréation, les conversations obscènes, la grossièreté de mœurs sont punies ; aucun symptôme de dépravation ne se montre. Sous ce rapport, l'Université porte encore aujourd'hui l'empreinte de son origine impériale. Napoléon, qui voulait en toute chose unité, ordre et obéissance, qui visait à ce que la France, comme un vaste camp, ne connût qu'une seule volonté, ne laissa point échapper l'occasion de dresser militairement la jeu-

---

1. P. 503.

nesse; l'idéal de l'instruction publique fut à ses yeux une discipline sévère et presque rude, comme celle du soldat. Dans chaque exercice, il voulut l'exactitude de la caserne et du champ de bataille; le règlement d'un collége fut celui d'un régiment; les élèves eurent plutôt des supérieurs que des éducateurs; ils trouvèrent même parmi leurs camarades des sous-officiers et des caporaux; partout les règles de la subordination et la prérogative du commandement. Une éducation plus complète, conçue d'après des principes plus élevés, capable de développer les nobles facultés, de réveiller l'indépendance de la pensée et de donner à chacun la conscience de son droit, eût formé une génération comme le despotisme impérial n'en voulait pas. — Jamais la discipline ne remplacera l'éducation véritable : la discipline peut refréner les passions, mais non les diriger en les épurant; la discipline surtout ne peut entretenir les inclinations vertueuses et les bons principes, qui seuls donnent à la vie morale une base solide, une direction assurée; elle ne fournit aucun contre-poids contre l'influence secrète des vices contagieux de la haute société. Aussitôt que la contrainte disparaît, aussitôt que le jeune homme jouit de sa liberté, il laisse un libre cours à ses premiers penchants, qui ne sont pas étouffés, et à ses nouvelles passions, auxquelles nulle conviction morale ne met un frein[1]. »

« Je ne pense pas, dit ailleurs M. Hahn, que le plus grand nombre des élèves des internats y deviennent profondément immoraux, ni qu'ils en sortent plus corrompus qu'ils ne l'eussent été dans la maison paternelle; mais il est certain qu'ils n'en rapportent dans le monde aucun principe, aucune conviction qui puisse les mettre en garde contre l'abus de la liberté dont ils vont jouir, et contre la séduction des vices de la société. Dans un tel système d'éducation publique, la moralité de l'individu n'a plus aucune base ; nous ne devons donc pas nous étonner que les mœurs publiques présentent tous les jours en France un spectacle plus affligeant. Comment l'égoïsme, la cupidité, la frivolité, ne deviendraient-ils pas le levier de toute chose, si aucun mobile plus noble, plus désintéressé, n'est implanté dans l'âme de la jeunesse? On dit que l'Université s'appuie sur le sentiment de l'honneur, et par là développe un des ressorts les plus puissants qui poussent aux nobles actions; c'est là une erreur; l'Université excite et surexcite, il est vrai, l'ambition, qu'elle dirige vers les résultats extérieurs, mais

---

[1] P. 501 et sui

non le véritable honneur, lequel considère la valeur interne et morale des actions en elles-mêmes[1]. »

L'injustice et la partialité de ce tableau ne doivent pas nous empêcher de reconnaître ce qu'il y a de vrai dans les principes théoriques de M. Hahn. Ses erreurs ont leur cause dans l'incurable prévention qu'il a conçue contre le caractère français. A l'en croire, l'instruction publique sera nulle parmi nous, tant que nous n'aurons pas adopté la science que l'Allemagne appelle *pédagogique*. Les Allemands se montrent en général très-fiers de cette science[2]. Au fond pourtant, il n'y a guère sous ce rapport, entre eux et nous, qu'une seule différence : c'est que nous ne réunissons pas sous un nom commun et technique les excellents écrits que nous possédons sur l'éducation, depuis le *Traité des études* de Rollin. Il est vrai que, l'enseignement de nos écoles étant assujetti, dans ses moindres détails, à une autorité supérieure, cette science a dû se traduire chez nous en ordonnances et en règlements; les nombreux arrêtés émanés du ministère de l'instruction publique composent notre vraie « pédagogique ». On peut dire, si l'on veut, que le problème de l'instruction publique a été posé chez nous dans des conditions où il est insoluble. On

1. P. 510.
2. P. 307.

ne saurait dire qu'il n'a pas été agité avec suite et persévérance.

L'ouvrage de M. Hahn était achevé et presque entièrement imprimé avant la fin du mois de février 1848. Dans une seconde préface, datée d'avril, il exprime sa pensée sur les changements qu'il suppose devoir s'accomplir dans l'enseignement. Mais ne nous flattons pas de le trouver ici plus indulgent. C'est par les défauts qu'il a le plus vivement critiqués, par le principe d'égalité et de centralisation, par la discipline extérieure, par le mécanisme sans âme qu'il trouve l'Université en harmonie avec le nouveau régime, et qu'il veut bien lui accorder quelque chance de vie[1]. Évidemment M. Hahn, tandis qu'il a vécu parmi nous, a été sous l'empire d'une antipathie très-vive contre notre esprit, et il n'a pas voulu nous comprendre. Il tombe presque dans la niaiserie, à force de répéter que l'on ne connaît en France d'autre mobile que l'intérêt. Hélas! l'égoïsme est de tous les temps et de tous les pays. Il y a dans cette façon de déclamer contre des maux très-réels une sorte d'illusion d'optique fort dangereuse en histoire. Le siècle présent n'apparaît qu'à travers un nuage de poussière soulevé par le tumulte de la vie réelle;

1. P. VIII, IX.

on a peine à distinguer dans ce tourbillon les formes belles et pures de l'idéal. Au contraire, ce nuage des petits intérêts étant tombé, le passé nous apparaît grave, sévère et désintéressé. Ne le voyant que dans ses livres et ses monuments, dans sa pensée en un mot, nous sommes tentés de croire qu'on ne faisait autrefois que penser. Ce n'est pas le fracas de la rue qui passe à la postérité. Quand l'avenir nous verra dégagés du tumulte qui nous étourdit, il nous jugera comme nous jugeons le passé. La race des égoïstes, qui n'ont le sens ni de l'art, ni de la science, ni de la morale, est de tous les temps. Mais ceux-là meurent tout entiers; ils n'ont pas leur place dans le grand tableau que l'humanité contemple derrière elle : ce sont les flots bruyants qui murmurent sous les roues du pyroscaphe dans sa course, mais se taisent derrière lui.

IV.

Quatre ans après M. Hahn, un autre Allemand, M. Holzapfel[1], a repris le même sujet que lui. L'au-

---

[1]. *Mittheilungen ueber Erziehung und Unterricht in Frankreich*, von D. R. Holzapfel; Berlin, 1853.

teur, placé à la tête d'une des écoles les plus importantes de la Prusse, a fait un séjour assez prolongé parmi nous. Au milieu de l'inconstance qui, en fait d'éducation plus encore qu'en toute autre chose, semble le caractère de la France, un exposé de notre système d'instruction devient bien vite arriéré. Une loi d'instruction publique a chez nous le temps d'éclore, de vivre et de mourir durant le temps qu'il faut à un Allemand pour s'en former une idée claire. Le système que nous trouvons exposé et apprécié dans le livre de M. Holzapfel est l'ancien système, constitué par vingt ans de tâtonnements et par l'effort combiné des hommes les plus éminents de ce siècle, système qui depuis a été profondément modifié. Mais, si les lois se succèdent chez nous avec une rapidité souvent fâcheuse, les habitudes d'esprit ne changent pas. Les idées françaises en fait d'éducation sont les plus arrêtées qu'il y ait. L'Université du xviiie siècle, les jésuites d'autrefois, la nouvelle Université, les maisons ecclésiastiques de nos jours, n'ont au fond qu'un seul et même système, dont on pourrait montrer que les jésuites sont les vrais inventeurs, système fondé sur trois principes essentiels : 1° la séparation de l'enfant de sa famille; 2° la constitution de grands internats, où les exercices se font comme dans un régiment; 3° une instruction pseudo-humaniste, ayant pour base une étude toute matérielle des langues anciennes, sans souci du fond des choses, sans critique, sans vraie philologie.

Les jugements de M. Holzapfel sur nos principes généraux en fait d'éducation (principes que l'organisation nouvelle est loin d'avoir atténués) ressemblent beaucoup à ceux de M. Hahn. M. Holzapfel ne trouve à signaler que des différences entre notre système et ce qui existe en Allemagne. La plupart des critiques qu'il nous adresse tiennent à la constitution même de notre société, et, si elles s'appliquent à des maux réels, ces maux peuvent être regardés comme à peu près incurables. Ainsi ce qui le blesse par-dessus tout, c'est le manque presque absolu de l'éducation de famille, c'est cette séquestration de l'enfant, cette façon de le tenir loin des influences qui seules peuvent former en lui des habitudes de moralité douce. A la vue des étranges précautions prises contre l'action des parents les plus proches, à la vue de l'empressement avec lequel les parents se débarrassent de l'éducation de leurs enfants, comme d'une besogne embarrassante et difficile, M. Hahn et M. Holzapfel concluent qu'il faut que notre société soit entièrement corrompue et que les liens les plus sacrés y soient détruits sans retour. Le régime des internats, inconnu à l'Allemagne, leur semble plein de graves inconvénients. Qu'eussent-ils dit, s'il avaient appris qu'il devait un jour être question de rendre ce régime presque obligatoire et de tout réduire à ce qu'ils appellent le régime de la caserne? Cette organisation militaire, qui donne à nos colléges l'aspect d'un quartier de cavalerie, est ce qui blesse le plus M. Holzapfel. Il ne comprend pas que des caractères élevés et des esprits originaux puissent sortir de cette vulgarité. Il pense, du reste, que tout cela est conforme au caractère de notre nation, et qu'il ne faut pas chercher le développement libre de l'individu dans un pays qui n'a jamais compris que deux choses : commander et obéir.

Quant à nos règlements d'instruction publique, envisagés en eux-mêmes et indépendamment du système qu'ils servent à réaliser, M. Holzapfel leur reproche d'être trop nombreux, trop uniformes, et de ne rien laisser à l'initiative personnelle du professeur. Deux Français qui ont reçu l'enseignement officiel de leur pays, l'un dans l'extrême Nord, l'autre dans l'extrême Sud, se trouvent en face l'un de l'autre comme deux condisciples, et, s'il s'agissait de réciter un morceau, l'un pourrait continuer la phrase que l'autre laisserait interrompue. On se figure en ce pays que la perfection est atteinte, quand l'administration est en mesure de dire ce que fait, à une heure donnée, le professeur de telle classe à Lille et à Perpignan ; et cela, parce que toujours le régiment a été pris pour idéal. M. Holzapfel n'est pas moins choqué de la suspicion où les règlements semblent tenir les élèves et les professeurs, de cette perpétuelle attention à prévoir des abus dont la seule idée blesse l'imagination, comme si l'on supposait que la pensée des uns et des autres est toujours tournée vers le mal. L'institution des concours et nos moyens d'émulation trouvent aussi en lui un censeur bien rigide. A ses yeux, c'est là une suite de la tendance de l'esprit français à faire prévaloir le mobile de la gloire et de la vanité sur celui de la conscience et du devoir.

On voit que M. Holzapfel est, en général, un juge sévère de nos institutions et de notre caractère national. Mais c'est un esprit éclairé et sans passion. Les hommes sérieux préfèrent les critiques de tels juges, fussent-elles exagérées, aux éloges trompeurs qu'on se décerne à soi-même pour s'aveugler sur ses défauts.

RÉFLEXIONS SUR L'ÉTAT DES ESPRITS.

1849.

I.

Un mot résume l'histoire de la littérature, de la philosophie, de l'art depuis dix-huit mois, et ce mot, c'est la peur. *Le Prophète* était achevé avant 1848, et je ne pense pas que ce soit la révolution de Février qui ait inspiré les *Confidences* et *Raphaël*. La France, depuis plus d'une année, semble avoir oublié de produire.

Il ne s'agit point là d'un fait accidentel et sans portée. Cet étrange arrêt de la pensée tient aux conditions essentielles du mouvement intellectuel dans les sociétés contemporaines, et forme avec le passé un remarquable contraste.

S'il est un lieu commun démenti par les faits, c'est que le temps des révolutions est peu favorable au travail de l'esprit, que la littérature, pour produire des chefs-d'œuvre, a besoin de calme et de loisir, et que les arts méritent l'épithète classique d' « amis de la paix ». L'histoire démontre, au contraire, que le mouvement, la guerre, les alarmes, sont le vrai milieu où l'humanité se développe, que le génie ne végète puissamment que sous l'orage, et que les grandes créations de la science et de la poésie sont apparues dans des sociétés fort troublées. De tous les siècles, le XVIe est sans doute celui où l'esprit humain a déployé le plus d'énergie et d'activité en tous sens : c'est le siècle créateur par excellence. La règle lui manque, il est vrai : c'est un taillis épais et luxuriant où l'art n'a point encore dessiné des allées. Mais quelle fécondité! Quel siècle que celui de Luther et de Raphaël, de Michel-Ange et de l'Arioste, d'Ulrich de Hutten et d'Érasme, de Cardan et de Copernic! Tout s'y fonde : philologie, mathématiques, astronomie, sciences physiques, philosophie. Eh bien, ce siècle admirable, où se constitue définitivement l'esprit moderne, est le siècle de la lutte de tous contre tous : luttes religieuses, luttes politiques, luttes littéraires, luttes scientifiques. Cette Italie, qui devançait alors l'Europe dans les voies de la civilisation, était le théâtre de guerres barbares telles que l'avenir, il faut l'espérer, n'en verra plus. Le sac de Rome ne troublait pas le pinceau de Michel-Ange ;

orphelin à six ans, sabré par les soldats de Gaston de Foix dans la cathédrale de Brescia, sauvé par sa mère, qui le lécha comme une chienne, Tartaglia crée l'algèbre. Il n'y a que les rhéteurs qui puissent préférer l'œuvre calme et artificielle de l'écrivain à l'œuvre brûlante et vraie qui fut un acte, qui apparut à son jour comme le cri spontané d'une âme héroïque ou passionnée. Dante aurait-il composé au sein d'un studieux loisir ces chants les plus originaux d'une période de dix siècles? Les souffrances du poëte, ses colères, son exil ne sont-il pas une moitié du poëme? Ne sent-on pas dans Milton le blessé des luttes politiques? Chateaubriand aurait-il été ce qu'il est, si le xixe siècle eût continué tranquillement le xviiie?

L'état habituel d'Athènes, c'était la terreur. Jamais les mœurs politiques ne furent plus implacables, jamais la sécurité des personnes ne fut moindre. L'ennemi était toujours à dix lieues; tous les ans, on le voyait paraître; tous les ans, il fallait aller guerroyer contre lui. Et à l'intérieur, quelle série interminable de révolutions! Aujourd'hui exilé, demain vendu comme esclave, ou condamné à boire la ciguë, puis regretté, honoré comme un dieu, exposé tous les jours à se voir traduit à la barre du plus impitoyable « tribunal révolutionnaire », l'Athénien qui, au milieu de cette vie agitée, n'était jamais sûr du lendemain, produisait avec une spontanéité qui nous étonne. Le Parthénon et les Propylées, les créations de Phidias, les dialogues de Platon, les comédies d'Aristophane furent l'œuvre d'une époque fort ressemblante à 93, d'un état politique qui entraînait, proportion gardée, plus de morts violentes que notre première révolution n'en fit à son moment le plus terrible. Où est dans ces chefs-d'œuvre la trace de la terreur? Je ne sais quelle timidité s'est chez nous emparée des esprits. Sitôt que le moindre nuage paraît à l'horizon, chacun se renferme, se flétrit sous la peur : « Que faire en des temps comme ceux-ci? Il faudrait de la sécurité. On n'a goût à rien produire, quand tout est mis en question. » Mais songez donc que, depuis le commencement du monde, tout est ainsi mis en question, et que, si les grands hommes dont les travaux nous ont faits ce que nous sommes eussent raisonné de la sorte, l'esprit humain serait demeuré stérile.

Ce fatal besoin de repos vient de la longue paix que nous avons traversée, et qui a si profondément influé sur le tour de nos idées. La forte génération qui prit la robe virile en 1815 eut le bonheur d'être bercée au milieu des grands périls, et d'avoir pour exercer sa jeunesse une lutte généreuse. Mais, nous qui avons commencé de sentir en 1830, nous que le sort a fait naître sous les influences de Mercure, le monde nous est apparu comme une machine régulièrement organisée; la paix nous a semblé l'atmosphère naturelle de l'esprit humain, la lutte ne s'est montrée à nous que sous les mesquines proportions d'une opposition parlementaire. Le moindre orage nous étonne. Conserver timidement ce que nos pères ont fait, voilà tout l'horizon qu'on nous a proposé. Malheur à la génération qui n'a eu sous les yeux qu'une police régulière, qui a conçu la vie comme un repos et l'art comme une jouissance! Les grandes choses n'apparaissent jamais dans ces tièdes milieux. Il ne faut pas refuser toute valeur aux productions des époques de calme et de régularité. Elles sont fines, sensées, raisonnables, conséquentes avec elles-mêmes; elles se lisent avec agrément aux heures de loisir; mais elles n'ont rien de ferme et d'original, rien qui sente l'humanité militante, rien qui approche des œuvres hardies de ces temps extraordinaires où les éléments de l'humanité en ébullition apparaissent tour à tour à la surface. L'univers ne créa qu'aux périodes primitives et sous le règne du chaos. Les « monstres » ne sauraient naître sous le paisible régime d'équilibre qui a succédé aux tempêtes des premiers âges.

Il faut être juste : jamais on n'a vécu plus à l'aise

que de 1830 à 1848. Peut-on dire cependant que, pendant cette période, l'humanité se soit enrichie de beaucoup d'idées nouvelles, que la moralité, l'intelligence, la vraie religion aient fait de sensibles progrès? Une civilisation régulière, en traçant à l'existence un chemin trop étroit, et en imposant à la liberté individuelle de continuelles entraves, ne nuit pas moins à la spontanéité que le régime de l'arbitraire. « Cette liberté formaliste, dit M. Villemain, fait naître plus de tracasseries que de grandes luttes, plus d'intrigues que de grandes passions. » Certainement, les libertés publiques sont maintenant mieux garanties qu'à l'époque où naquit le christianisme; et pourtant une grande idée trouverait de nos jours pour se répandre plus d'obstacles que n'en rencontra le christianisme à ses débuts. Si Jésus paraissait de nos jours, on le traduirait en police correctionnelle; ce qui est pis que d'être crucifié. On se figure trop facilement que la liberté est favorable au développement d'idées vraiment originales. Comme on a découvert que dans le passé tout système nouveau est né sans autorisation et a grandi hors la loi, jusqu'au jour où, prenant sa revanche, il est à son tour devenu loi, on a pu croire qu'en reconnaissant et légalisant le droit des idées nouvelles à se produire, les choses en iraient beaucoup mieux. C'est

le contraire qui est arrivé. Jamais on n'a pensé
avec moins d'originalité que depuis qu'on a été
libre de le faire. L'idée vraie ne demande pas de
permission ; elle se soucie peu que son droit soit
ou non reconnu. Le christianisme n'a pas eu besoin de la liberté de la presse ni de la liberté de
réunion pour conquérir le monde.

Une liberté reconnue légalement doit être réglée.
Or, une liberté réglée constitue une chaîne plus
étroite que l'absence de loi. En Judée, sous Ponce-
Pilate, le droit de réunion n'était écrit nulle part et
on n'en était que plus libre de se réunir ; car, par là
même que ce droit n'était pas écrit, il n'était pas limité. Mieux vaut, je le répète, pour la grande originalité, l'arbitraire et les inconvénients qu'il entraîne
que l'inextricable toile d'araignée où nous enserrent
des milliers d'articles de lois, arsenal qui fournit
des armes à toute fin. Nos garanties ne profitent
réellement qu'à la petite originalité, si fatale en
ce qu'elle déprécie la grande ; elle servent très-
peu le progrès véritable de l'esprit humain. Nous
usons nos forces à défendre des libertés abstraites,
sans songer que la liberté est un moyen, qu'elle a du
prix si elle facilite l'avénement des idées vraies, mais
seulement alors. Nous tenons à pouvoir produire ce
qui est en nous, et de fait nous ne produisons rien.

Nous voulons être libres de penser, et de fait on a pensé plus librement et plus hardiment il y a un demi-siècle à la cour de Weimar, sous un gouvernement absolu, qu'on ne le fait dans notre pays, après tant de combats livrés pour la liberté. Gœthe, l'ami d'un grand-duc, aurait pu se voir en France poursuivi devant les tribunaux. Occupons-nous donc un peu plus de penser, et un peu moins d'avoir le droit d'exprimer notre pensée. L'homme qui a raison est toujours assez libre. D'ordinaire, ceux qui se plaignent le plus des entraves apportées à la pensée ne sont pas tant des gens possédés par le vrai et souffrant de ne pouvoir le divulguer, que des gens qui n'auraient rien à dire s'ils étaient autorisés à tout dire. Les novateurs à qui l'avenir a donné raison ont pu être persécutés; mais la persécution n'a pas retardé d'une année peut-être le triomphe de leurs idées, et leur a plus servi que n'eût fait un avénement immédiat.

Sans doute nous devons soigneusement maintenir les libertés que nos pères ont conquises par tant d'efforts; mais il importe bien plus encore de se convaincre que ce n'est là qu'une condition, avantageuse si l'on a de fortes études, funeste si l'on n'en a pas. Car à quoi sert-il d'être libre de se réunir, si on n'a pas de bonnes choses à se communiquer? A quoi sert-il d'être libre de parler et d'écrire, si l'on n'a rien de vrai et de neuf à dire?

Ce n'est donc ni le bien-être ni même la liberté qui contribuent beaucoup à l'énergie du développement intellectuel; c'est le spectacle des grandes choses, c'est l'activité universelle, c'est la passion développée par le combat. Le travail de l'esprit ne serait sérieusement menacé que le jour où l'humanité serait trop à l'aise. Grâce à Dieu, nous n'avons pas à craindre que ce jour soit près de nous!

Un journal sommait, il y a quelques semaines, l'Assemblée nationale de proclamer le « droit au repos »; ingénieuse image dont le sens n'échappait à personne. Certes, s'il ne fallait voir dans la vie que le plaisir, on devrait maudire l'agitation de la pensée, et traiter de pervers ceux qui viennent, pour satisfaire leur inquiétude, troubler le doux sommeil des autres. Mais, s'il en était ainsi, si le bien-être était réellement la fin de l'humanité, Fourier et Cabet auraient raison. Il est horrible qu'un homme soit sacrifié à la jouissance d'un autre homme. L'inégalité n'est concevable et juste qu'aux yeux de celui qui prête à la société une signification morale. S'il ne s'agissait que de jouir, mieux vaudrait pour tous le brouet noir que pour un petit nombre les délices, pour le grand nombre la faim. En vérité, serait-ce la peine de sacrifier sa vie et son bonheur au bien d'autrui, si tout se bornait à procurer de fades jouissances à quelques niais, qui se sont mis eux-mêmes par leur égoïsme au ban de l'humanité? Et qu'importe, à la fin de cette triste et courte vie, d'avoir pu être cité comme un exemple de félicité extérieure? Ce qui importe, c'est d'avoir beaucoup pensé et beaucoup aimé, c'est d'avoir levé un œil ferme sur toute chose, c'est de pouvoir dire à sa dernière heure: « J'ai beaucoup vécu. » J'aime mieux un yogui, j'aime mieux un mouni de l'Inde, j'aime mieux Siméon Stylite mangé des vers sur sa colonne, que ces pâles existences que n'a jamais traversées le rayon de l'idéal, qui depuis leur premier jusqu'à leur dernier moment se sont déroulées jour par jour comme les feuillets d'un livre de comptoir.

Le but de l'humanité n'est pas le bonheur; c'est la perfection intellectuelle et morale. Il s'agit bien de se reposer, grand Dieu! quand on a l'infini à parcourir et le parfait à atteindre! L'humanité ne se reposera que dans le parfait. Il serait trop étrange que des hommes intéressés, par des considérations de bourse ou de boutique, arrêtassent le mouvement de l'esprit, le vrai mouvement religieux. L'état le plus dangereux pour l'humanité serait celui où la majorité, se trouvant à l'aise et ne voulant pas être dérangée, maintiendrait son repos aux dépens des penseurs et d'une minorité. Ce jour-là, il n'y aurait plus de salut que dans les barbares. Le barbare, en effet, représentant quelque chose d'inassouvi, est l'éternel trouble-fête des siècles satisfaits. Or, les barbares ne font jamais défaut. Quand ceux du dehors sont épuisés, il y a ceux du dedans.

Ce sera donc bien vainement que nos aînés, devenus sages, nous prieront de ne plus penser et de nous tenir immobiles, de peur de déranger le frêle abri sous lequel ils reposent. Nous réclamons pour nous la liberté qu'ils ont prise pour eux. Nous les laisserons se convertir, et nous en appellerons de Voltaire malade à Voltaire en santé.

Réfléchissez donc un instant à ce que vous voulez faire, et songez que c'est la chose impossible par excellence, celle que, depuis l'origine des sociétés, les conservateurs ont tentée sans y réussir : arrêter l'esprit humain, assoupir l'activité intellectuelle, persuader à la jeunesse que toute pensée est dangereuse et tourne à mal. Vous avez pensé librement, nous penserons de même; ces grands hommes du passé que vous nous avez appris à admirer, ces illustres promoteurs de la pensée que vous répudiez aujourd'hui, nous les admirerons comme vous. Nous vous rappellerons vos leçons, nous vous défendrons contre vous-mêmes. Vous êtes vieux et malades ; mais nous, vos élèves en libéralisme, nous, jeunes et pleins de vie, nous à qui appartient l'avenir, pourquoi accepterions-nous la communauté de vos terreurs ? Comment voulez-vous qu'une génération naissante se condamne à sécher de dépit et de frayeur ? L'espérance est de notre âge, et nous aimons mieux succomber dans la lutte que mourir de froid ou de peur.

« Pour faire croire le peuple, avez-vous dit, il faut que nous croyions. » — De tous les partis, c'est ici le plus chimérique. N'est pas orthodoxe qui veut. Vous croirez au moment du danger, ou plutôt vous chercherez à croire. Au premier beau soleil, vous redeviendrez incrédules. Oh ! les étranges chrétiens que les chrétiens de la peur !

Il y a, je le sais, dans l'homme des instincts de faiblesse, d'humilité, de mollesse, qui se réveillent surtout aux mauvais jours, et qui souffrent de cette mâle tenue du rationalisme, laquelle ressemble parfois à une sorte de roideur. Il est certaines âmes d'une nature fort délicate, qu'il sera à jamais impossible de plier au sévère régime, à l'austère discipline de la philosophie. Les grandes calamités, en humiliant la raison, en émoussant la pointe des vives facultés, inspirent à l'humanité, comme les maladies à l'individu, un certain besoin de soumission, d'abaissement, d'humiliation. Il passe un vent tiède et humide qui détend toute rigidité, rend lâche ce qui tenait ferme. On est presque tenté de se frapper la poitrine pour l'audace que l'on a eue en bonne santé; les ressorts perdent leur élasticité; les instincts généreux et forts s'affaiblissent; on éprouve je ne sais quelle molle velléité de tomber à genoux. Si les fléaux du moyen âge revenaient, les monastères se repeupleraient, les superstitions du moyen âge reviendraient. La superstition sera toujours en raison inverse de la vigueur de l'esprit et de la culture intellectuelle. Elle est là derrière l'humanité, attendant ses moments de défaillance pour la recevoir dans ses bras, et prétendre ensuite que l'humanité s'est donnée à elle. Pour nous, nous ne plierons pas; nous tiendrons ferme comme Ajax contre les dieux ; s'ils prétendent nous faire fléchir en nous frappant, ils se trompent. Honte aux timides qui ont peur! honte surtout à ceux qui exploitent nos misères et attendent pour nous vaincre que le malheur nous ait déjà à moitié vaincus !

Il est triste pour l'homme d'intelligence de traverser ces moments d'affaissement, de voir les choses saintes raillées par les profanes, et de subir le rire insultant de la frivolité triomphante. Mais n'importe : le philosophe tient le dépôt sacré, il porte l'avenir, il est homme dans le grand et large sens. Il le sait, et de là ses joies et ses tristesses : ses tristesses, car, pénétré de l'amour du parfait, il souffre que tant de consciences y demeurent à jamais fermées ; ses joies, car il sait que les ressorts de l'humanité ne s'usent pas, que, pour être assoupies, les puissances de l'âme humaine ne sont pas éteintes, et qu'un jour elles se réveilleront pour étonner de leur fière originalité, de leur indomptable énergie, et leurs timides apologistes et leurs insolents contempteurs.

Notre première colère est sans doute pour la brutale inintelligence qui a causé tous nos maux et qui, par ses excès, ou plutôt par ses menaces, a rendu suspecte toute pensée libérale. Mais que ceux qui, escomptant par avance nos malheurs, fondent leur espoir sur la fatigue et la dépression intellectuelle qu'amènent les grandes souffrances, ne s'imaginent pas que la génération qui entre dans la vie de la pensée est à eux ! Nous saurons maintenir l'esprit moderne, et contre ceux qui veulent ramener le moyen âge, et contre ceux qui prétendent substituer à notre civilisation vivante et multiple je ne sais quelle société architecturale et pétrifiée, comme celle du siècle où l'on bâtit les pyramides.

Si la philosophie, si la science, si l'art, si la littérature n'étaient qu'un agréable passe-temps, un jeu pour les oisifs, un ornement de luxe, une fantaisie d'amateur, « la moins vaine des vanités » en un mot, il y aurait des jours où le savant devrait dire avec le poëte :

Honte à qui peut chanter, pendant que Rome brûle !

Mais, si le travail de la pensée est la chose la plus sérieuse qu'il y ait, si les destinées de l'humanité et la perfection de l'individu y sont attachées, ce travail a, comme les choses religieuses, une valeur de tous les jours et de tous les instants. Ne donner à l'étude et à la culture intellectuelle que les moments de calme et de loisir, c'est faire injure à l'esprit humain, c'est supposer qu'il y a quelque chose de plus sérieux que la recherche de la vérité. Or, s'il en était ainsi, si la philosophie ne constituait qu'un intérêt de second ordre, l'homme qui a voué sa vie au parfait, qui veut pouvoir dire à ses derniers instants : « J'ai accompli ma fin, » devrait-il y consacrer une heure, quand il saurait que des devoirs plus élevés le réclament ?

Que les révolutions et les craintes de l'avenir soient un écueil pour la littérature frivole et pour la science qui ne s'est jamais interrogée sur ce qu'elle veut et ce qu'elle vaut, cela se conçoit. Il y a des jours où s'amuser est un crime ou tout au moins une impossibilité. La niaise littérature des coteries et des salons, la science des curieux et des amateurs est bien dépréciée par les terribles spectacles des guerres et des révolutions; le roman-feuilleton perd beaucoup de son intérêt au bas des colonnes d'un journal qui offre le récit des combats de chaque jour; l'amateur doit craindre de voir ses collections emportées ou dérangées par le vent de l'orage. Pour prendre goût à ces paisibles jouissances, il faut n'avoir rien à faire ni rien à craindre. Quant à la pensée philosophique, elle n'est jamais plus libre qu'aux grands jours de l'histoire. Ce qui est bon est toujours bon, et si, pour cultiver la science et l'art, nous attendons le calme, nous attendrons longtemps peut-être. Si nos pères eussent ainsi raisonné, ils se fussent croisé les bras, et nous ne jouirions pas de leur héritage. Qu'importe après tout que la journée de demain soit sûre ou incertaine? qu'importe que l'avenir nous appartienne ou ne nous appartienne pas? La vérité est-elle moins belle, et Dieu est-il moins grand? Le monde croulerait, qu'il faudrait philosopher encore, et j'ai la confiance que, si jamais notre planète est victime d'un cataclysme, à ce moment redoutable, il se trouvera des hommes qui, au milieu du bouleversement et du chaos, auront une pensée désintéressée, scientifique, et qui, oubliant leur mort prochaine, discuteront le phénomène, pour en tirer des conséquences sur le système général de l'univers.

II.

Tout le secret de la situation intellectuelle du temps où nous vivons est dans cette fatale vérité : Le travail intellectuel a été abaissé au rang des jouissances. Le jour des luttes sérieuses étant venu, les jouissances se sont trouvées insignifiantes et fades. La faute n'est donc pas aux événements, qui auraient dû plutôt contribuer à exciter la pensée ; elle est tout entière à la décadence générale amenée par l'amour du repos, à ce honteux culte du plaisir, dont les folies communistes ne sont que la dernière conséquence. Car, je le répète, si le but de la vie était de jouir, il ne faudrait pas trouver mauvais que chacun réclamât sa part ; en une telle hypothèse, toute jouissance qu'on se procurerait aux dépens des autres serait bien réellement une injustice et un vol.

La science, l'art, la philosophie n'ont de valeur qu'en tant qu'elles sont choses religieuses, c'est-à-dire en tant qu'elles fournissent à l'homme le pain spirituel, que les religions lui fournissaient autrefois et qu'elles ne peuvent plus lui donner. « Une seule chose est nécessaire. » Il faut admettre ce précepte du grand maître de la morale comme le principe de toute noble vie, comme la règle expressive, quoique dangereuse en sa brièveté, des devoirs de la nature humaine. Le premier pas de celui qui veut se donner à la sagesse, comme disait la respectable antiquité, est de faire deux parts dans la vie : l'une vulgaire et n'ayant rien de sacré, se résumant en des besoins et des jouissances d'un ordre inférieur ; l'autre, que l'on peut appeler idéale, céleste, divine, désintéressée, absorbée dans le culte des formes pures de la vérité, de la beauté, de la bonté morale, ou (pour prendre l'expression la plus large et la plus consacrée par les respects du passé) de Dieu lui-même, touché, perçu, senti sous ses mille formes par l'intelligence de tout ce qui est vrai et l'amour de tout ce qui est beau. Le saint est celui qui consacre sa vie à ce grand idéal et déclare tout le reste inutile.

Oui, il y a dans le culte pur des facultés humaines et des objets divins qu'elles atteignent une religion tout aussi suave, tout aussi riche en délices que les cultes les plus vénérables. J'ai goûté dans mon enfance et dans ma première jeunesse les plus douces joies du croyant, et, je le dis du fond de mon âme, ces joies n'étaient rien, comparées à celles que j'ai senties dans la pure contemplation du beau et la recherche passionnée du vrai. Je souhaite à tous mes frères restés dans l'orthodoxie une paix comparable à celle où je vis depuis que ma lutte a pris fin, et que la tempête apaisée m'a laissé au milieu de ce grand océan pacifique, mer sans vagues et sans rivages, où l'on n'a d'autre étoile que la raison, ni d'autre boussole que son cœur.

L'ascétisme chrétien n'avait pas tort en déclarant que les choses religieuses ont seules une valeur idéale, et que tout le reste est vanité. Mais, en proclamant cette grande simplification de la vie, il entendit d'une façon si étroite la seule chose nécessaire, que son principe devint avec le temps, pour l'esprit humain, une chaîne intolérable. Non-seulement les pères de la vie spirituelle négligèrent totalement le vrai et le beau (la philosophie, la science, la poésie étaient à leurs yeux des vanités); mais, en s'attachant exclusivement au bien, ils le conçurent sous la forme la plus mesquine : le bien fut pour eux l'exécution de la volonté d'un être supérieur, une sorte de sujétion humiliante pour la dignité humaine ; or, la poursuite du bien moral n'est pas plus une obéissance à des lois imposées que la recherche du beau dans une œuvre d'art n'est l'observation de certaines règles. Ainsi la nature humaine se trouva mutilée dans sa portion la plus élevée. Parmi les choses intellectuelles, qui sont toutes également saintes, on distingua du sacré et du profane. Le profane, grâce aux instincts de la nature, plus forts que les principes d'un ascétisme artificiel, ne fut pas entièrement banni ; on le toléra quoique vanité : mais, si on eût été conséquent, on l'eût banni sans pitié ; c'était une faiblesse à laquelle les parfaits renonçaient. Fatale distinction, qui a empoisonné l'existence de tant d'âmes belles et libres, nées pour savourer l'idéal dans toute son infinité, et dont la vie s'est écoulée triste et oppressée sous l'étreinte de l'étau fatal ! Que de luttes elle m'a coûtées ! La première victoire philosophique de ma jeunesse fut de proclamer du fond de ma conscience : « Tout ce qui est de l'âme est sacré. »

L'infériorité de la société contemporaine vient de ce que la culture intellectuelle n'y est point entendue comme une chose religieuse, de ce que la poésie, la science, la littérature y sont envisagées comme des arts de luxe, qui ne s'adressent guère qu'aux classes privilégiées de la fortune. L'art grec produisait pour la patrie ; l'art au xviie siècle produisait pour le roi, ce qui était en un sens produire pour la nation. L'art de nos jours ne produit guère que sur la commande des individus. La Grèce tirait de son sein des poëmes, des temples, des statues, pour épuiser sa propre fécondité et satisfaire à un besoin de la nature humaine. Chez nous, on accorde à l'art quelques subventions péniblement marchandées, non par le besoin qu'on éprouve de voir la pensée nationale traduite en grandes œuvres, non par l'impulsion intime qui porte l'homme à réaliser la beauté, mais par une vue réfléchie, parce qu'on reconnaît, sans savoir trop pourquoi, que l'art doit avoir sa place, et qu'on ne veut pas rester en arrière du passé [1]. Or, réfléchissez aux conséquences de ce déplorable régime qui soumet l'art, et plus ou moins la littérature et la poésie, au goût des individus. Dans l'ordre des productions de l'esprit, bien moins que dans l'ordre industriel, et cependant pour une grande part, la production se règle sur une demande expresse ou supposée de l'acheteur, et, par la force des choses, il arrive que c'est ou la richesse ou le grand nombre qui fait la demande. Celui donc qui est obligé de vivre

---

[1]. Une des raisons que l'on faisait valoir tout récemment en faveur du projet pour l'achèvement du Louvre, c'est qu'il y aurait là un « moyen d'occuper les artistes ». Est-ce que Périclès fit valoir ce motif aux Athéniens, quand il s'agit de bâtir les Propylées? (1849.)

de la production intellectuelle doit songer avant tout à deviner la demande du riche ou du grand nombre pour s'y conformer. Or, que demande le riche, que demande le grand nombre, en fait de productions intellectuelles? Est-ce de la littérature sérieuse? est-ce de la haute philosophie? Dans l'art, sont-ce des productions pures et sévères, de belles créations morales? Nullement. C'est de la littérature amusante; ce sont des feuilletons, des romans, des pièces spirituelles[1]. Ainsi, le riche et la foule réglant plus ou moins la production littéraire et artistique par leur goût suffisamment connu, et ce goût étant souvent porté (il y a de nobles exceptions) vers la littérature frivole et l'art indigne de ce nom, il devait fatalement arriver qu'un tel état de choses avilît la littérature, l'art et la science. Le goût du riche et du badaud, en effet, faisant le prix des choses, un jockey, une danseuse qui correspondent à ce goût sont des personnages de plus de valeur que le savant ou le philosophe, dont les œuvres sont peu

1. Le progrès des temps a montré que cette dernière qualité était même inutile. La sottise, la plaisanterie nauséabonde, l'ignoble platitude sont devenues les conditions du succès bourgeois et provincial. Mais une distinction est nécessaire dans ce mot « le goût du grand nombre ». Je suis persuadé que, si les ouvriers des villes étaient libres de se créer une littérature, ils la créeraient forte et saine. (1867.)

demandées. Voilà pourquoi un fabricant de romans-feuilletons peut faire une brillante fortune et arriver à ce qu'on appelle une position dans le monde, tandis qu'un savant sérieux, eût-il d'aussi beaux travaux que Bopp ou M. Eugène Burnouf, ne pourrait en aucune manière vivre du produit vénal de ses œuvres.

La poésie, la philosophie, la littérature n'étaient pas, dans les beaux siècles de l'antiquité, des professions exclusives, comme cela a lieu dans notre société moderne. On était philosophe ou poëte, comme on est honnête homme, dans toutes les positions de la vie. Nul intérêt pratique, nulle institution officielle n'était nécessaire pour exciter le zèle de la recherche ou la production poétique. La curiosité spontanée, l'instinct des belles choses y suffisaient. Ammonius Saccas, le fondateur de la plus abstraite des écoles philosophiques de l'antiquité, était un portefaix. Imaginez un fort de la halle créant chez nous un ordre de spéculation analogue à la philosophie de Schelling ou de Hegel! Quand je pense à ce noble peuple d'Athènes, où tous sentaient et vivaient de la vie de la nation, à ce peuple qui applaudissait les pièces de Sophocle et critiquait Isocrate, à cette ville où les femmes disaient : « C'est là ce Démosthène ! » où une marchande d'herbes reconnaissait Théophraste pour étranger, où tous avaient fait leur éducation au même gymnase et dans les mêmes chants, où tous savaient et comprenaient Homère ; je ne puis m'empêcher de concevoir quelque humeur contre notre société si profondément divisée en hommes cultivés et en barbares. Là, tous avaient leur place au soleil de l'intelligence, tous avaient part aux mêmes souvenirs, tous se glorifiaient des mêmes trophées, tous avaient contemplé la même Minerve et le même Jupiter. Que sont pour notre peuple Racine, Bossuet, Buffon? que lui disent les héros de Nordlingue et de Fontenoi[1]? Le peuple est chez nous déshérité de la vie intellectuelle ; il n'y a pas pour lui de littérature. Immense malheur pour le peuple! malheur plus grand encore pour la littérature !

Le travail intellectuel n'a toute sa valeur que quand il résulte spontanément du besoin de la nature humaine, exprimé par ce mot : « L'homme ne vit pas seulement de pain. » Le grand sens scientifique et religieux ne renaîtra que quand on reviendra à une conception de la vie aussi vraie, aussi peu mêlée

---

1. C'est un des bienfaits de l'Empire d'avoir donné au peuple des souvenirs héroïques et un nom facile à comprendre et à idolâtrer. Napoléon, si franchement adopté par l'imagination populaire, offrant un grand sujet d'enthousiasme national, aura puissamment contribué à l'exaltation intellectuelle des classes ignorantes, et est devenu pour elles ce qu'Homère était pour la Grèce, l'initiateur des grandes choses, celui qui fait tressaillir la fibre et étinceler l'œil. (1849.)

de factice, que celle du voyageur seul au milieu des forêts de l'Amérique, ou que celle du brahmane trouvant qu'il a vécu ce qu'il devait, et se disposant au grand départ, c'est-à-dire à mourir sur les sommets de l'Himalaya. Qui n'a éprouvé de ces moments de solitude intérieure, durant lesquels l'âme, descendant de couche en couche et cherchant à se joindre elle-même, perce les unes après les autres toutes les surfaces superposées, jusqu'à ce qu'elle arrive à la région silencieuse où toute convention expire, où l'on est en face de soi-même sans fiction ni artifice? Ces moments sont rares et fugitifs; habituellement nous vivons en face d'une tierce personne, qui empêche l'effrayant contact du moi contre lui-même. La franchise de la vie n'existe qu'à la condition de déchirer ce voile et de poser incessamment sur le fond vrai de notre nature pour y écouter les instincts désintéressés, qui nous portent à savoir, à adorer, à aimer.

III.

Plût à Dieu que toutes les âmes vives et pures fussent persuadées que la question de l'avenir de l'humanité est tout entière une question de doctrine, et que la seule philosophie, c'est-à-dire la recherche rationnelle, est compétente pour la résoudre! La révolution réellement efficace, celle qui donnera la forme à l'avenir, ne sera pas une révolution politique, ce sera une révolution religieuse et morale. La politique a fourni tout ce qu'elle pouvait fournir; c'est désormais un champ aride, épuisé, une lutte de passions et d'intrigues, fort indifférentes à l'humanité, intéressantes seulement pour ceux qui s'y mêlent.

Il y a des siècles où tout devient politique : ainsi, par exemple, à la limite du moyen âge et des temps modernes, au temps de Philippe le Bel, de Louis XI, les docteurs et les penseurs étaient peu de chose, ou n'avaient de valeur réelle que s'ils servaient la politique. Il en fut de même au commencement de notre siècle. La politique alors mena le train du monde; les gens d'esprit qui aspiraient à autre chose qu'à charmer leurs contemporains devaient se faire hommes d'État, pour exercer sur le temps une légitime part d'influence. Ce n'est pas une blâmable ambition qui a entraîné dans ce tourbillon les hommes les plus intelligents de la première moitié de notre siècle; ces hommes ont fait ce qu'ils devaient faire pour servir leurs contemporains. Mais l'état de choses qu'ils représentaient touche à son terme; le rôle principal va de plus en plus, ce me semble, passer aux hommes de la pensée[1]. A côté des siècles où la politique a occupé la première place dans le mouvement de l'humanité, il en est d'autres où elle s'est vue acculée dans le petit monde de l'intrigue, et où le grand intérêt s'est porté sur les hommes de l'esprit. Par exemple, au XVIIIe siècle, qui a tenu en ses mains les grandes affaires de l'humanité? C'est Voltaire, c'est Rousseau, c'est Montesquieu, c'est toute une grande école de penseurs qui s'empare puissamment du siècle, le façonne et crée l'avenir. Que sont la guerre de la succession d'Autriche, la guerre de Sept ans, le pacte de famille, comparés comme événements au *Contrat social* ou à l'*Esprit des Lois?* Les affaires étaient entre les mains d'un roi incapable, de courtisans sans vues ni portée. Les vrais personnages historiques du temps sont des écrivains, des philosophes, des hommes d'esprit ou de génie. Et ces penseurs cherchent-ils à s'occuper des affaires d'État, comme le fera la première géné-

---

1. Je laisse subsister cette naïve prophétie, qui semble au premier coup d'œil s'être bien peu réalisée. Mais je parle ici d'influence historique réelle, non de rôles officiels. Peut-être, dans cent ans, quand on fera l'histoire du XIXe siècle, découvrira-t-on, de 1848 à 1857, des hommes qui eurent plus d'importance que M. Rouher (1857).

ration du xixe siècle? Nullement; ils restent écrivains, philosophes, moralistes, et c'est comme tels qu'ils agissent sur le monde. J'imagine de même que ceux qui nous rendront la grande originalité seront non pas des politiques, mais des penseurs. Ils grandiront en dehors du monde officiel, ne songeant même pas à lui faire opposition, le laissant mourir dans son cercle épuisé[1].

Dans les maigres pâturages des îles de Bretagne, chaque brebis du troupeau, attachée à un pieu, ne peut brouter une herbe rare que dans l'étroit rayon de la corde qui la retient. Telle me paraît la condition actuelle de la politique; elle a usé les ressources qu'elle possède pour résoudre le problème de l'humanité. La morale, la philosophie, la vraie religion ne sont pas à sa portée; elle tourne dans une fatale impuissance. Si le salut du siècle présent devait venir de l'habileté, espérons-nous trouver des hommes plus habiles que M. Guizot, que M. Thiers? Qui ne hausserait les épaules en voyant la naïve inexpérience de médiocres débutants qui prétendent du premier

---

1. « Aucuns voyants la place du gouvernement politique saisie par des hommes incapables, s'en sont reculés. Et celuy qui demanda à Cratès jusques à quand il faudroit philosopher, en receut cette réponse : « Jusques à tant que ce ne soient plus des asniers qui condui« sent nos armées. » (Montaigne, liv. I, c. 24.)

coup mieux faire que de tels hommes? Non, on ne les dépassera pas en faisant comme eux ; on les dépassera en faisant autrement qu'eux. Si de tels hommes ont été frappés d'incapacité, est-ce leur faute? ou ne serait-ce pas plutôt qu'aucune habileté n'est égale à la situation?

Prenons encore pour exemple les trois premiers siècles de l'ère chrétienne. Où se passaient alors les grandes choses? où se fondait l'avenir? quels étaient les noms désignés aux respects des générations futures? Était-ce Tibère et Séjan, était-ce Galba, Othon, Vitellius, qui occupaient vraiment le centre de l'humanité, comme on le croyait sans doute de leur temps? Le centre du monde, c'était le coin de terre le plus méprisé de l'Orient. Les grands hommes marqués pour l'apothéose étaient des croyants enthousiastes fort étrangers aux secrets de la grande politique. Cinq siècles plus tard, on ne nommera entre les hommes illustres de ce siècle que Pierre, Paul, Jean, Matthieu, pauvres gens qui, assurément, faisaient peu figure. Qu'aurait dit Tacite, si on lui eût annoncé que tous les personnages de ses histoires seraient un jour complétement effacés devant les chefs de ces « chrétiens » dont il parle avec tant de mépris; que le nom d'Auguste ne serait sauvé de l'oubli que parce qu'en tête des fastes de l'année chrétienne, on lirait:

Imperante Cæsare Augusto, Christus natus est in Bethlehem Juda; qu'on ne se souviendrait de Néron que parce que sous son règne souffrirent Pierre et Paul, maîtres futurs de Rome ; que le nom de Trajan se retrouverait encore dans quelques légendes, non pour avoir vaincu les Daces et poussé jusqu'au Tigre les limites de l'empire, mais parce qu'un crédule évêque de Rome du vi[e] siècle eut un jour la fantaisie de prier pour lui? Voilà donc un immense développement, sourdement préparé durant trois siècles en dehors de la politique, grandissant parallèlement à la société officielle, persécuté par elle, et qui, un certain jour, étouffe la politique, ou plutôt se trouve vivant et fort, quand le monde officiel se meurt d'épuisement. Si saint Ambroise fût resté gouverneur de Ligurie, en supposant même qu'il eût eu de l'avancement, et fût devenu, comme son père, préfet des Gaules, il serait maintenant oublié. Il a bien mieux fait de devenir évêque. Dites donc encore qu'il n'y a moyen de servir l'humanité qu'en se jetant dans la mêlée. Je dis, moi, au contraire, que celui qui embrasse de toute âme cet humiliant labeur prouve par là même qu'il n'est pas appelé à la grande œuvre. Qu'est-ce que la politique de nos jours? Une agitation sans principe et sans loi, un combat d'ambitions rivales, des mines et contre-mines d'intrigues, un vaste théâtre de cabales, de luttes toutes personnelles. Que faut-il pour y réussir, pour être « possible », comme on dit maintenant? Une vive originalité? une pensée ardente et forte? une conviction impétueuse? Ce sont là d'invincibles obstacles au succès. Il faut ne pas penser ou ne pas dire sa pensée ; il faut s'enfermer dans un système de conventions et de mensonges officiels. Et vous croyez que c'est de là que sortira ce dont nous avons besoin, une sève originale, un renouvellement du patriotisme, une croyance capable de passionner de nouveau l'humanité? Autant vaudrait espérer que le scepticisme engendrera la foi, et qu'une religion nouvelle sortira des bureaux d'un ministère ou des couloirs d'une assemblée. Ce qu'il faut à l'humanité, c'est une morale et une foi ; c'est des profondeurs de la nature humaine que cette foi doit sortir, et non des chemins battus et inféconds du monde officiel.

M. de Chateaubriand a, je crois, soutenu quelque part que l'entrée des hommes de lettres dans la politique active marque l'affaiblissement de l'esprit politique chez une nation. Il est plus vrai de dire que cela prouve un affaiblissement de l'esprit philosophique : cela prouve que l'on ne comprend plus la valeur et la dignité de l'intelligence ; cela prouve que le règne a passé de l'esprit et de la doctrine à l'intrigue et à la petite activité. Il en est ainsi de notre temps. Mais le flot toujours montant des questions sociales forcera la politique d'avouer son impuissance. Alors on comprendra que la grande révolution viendra, non des hommes d'action, mais des hommes de pensée et de sentiment, et toutes les âmes élevées, abandonnant la terre aux esprits inquiets, tenant pour choses indifférentes les formes de gouvernement, les noms des gouvernants et leurs actes, se réfugieront sur les hauteurs de la nature humaine, et, brûlant de l'enthousiasme du beau et du vrai, créeront cette force nouvelle, qui renversera les frêles abris de la politique, et deviendra à son tour la loi de l'humanité.

Qui opérera ces merveilles? La philosophie, la science, l'action combinée de toutes les facultés humaines. Le temps des sectes est passé. On ne se convertit pas de la finesse au béotisme; n'aurait-on été raisonnable qu'une heure, on se rappelle toujours cette heure. Pour qu'une secte religieuse fût désormais possible, il faudrait un large fossé d'oubli, comme celui qui fut creusé par l'invasion barbare, où vinssent s'abîmer tous les souvenirs du monde moderne. Conservez une bibliothèque, une école, un monument tant soit peu significatif, vous conservez la critique, ou du moins le souvenir d'un âge critique. Or, je le répète, il n'y a qu'un moyen de guérir

de la critique comme du scepticisme, c'est d'oublier
son passé et de recommencer la vie sur un autre pied.
Voilà pourquoi toutes les sectes religieuses qui ont
essayé, depuis un demi-siècle, de s'établir en Europe,
sont venues se briser contre une sorte de ridicule.
Notre temps est si peu religieux qu'il n'a pas même
pu enfanter une hérésie [1]. Tenter une innovation
religieuse, c'est faire acte de croyant, et c'est parce
que tout le monde désespère de voir renaître la foi,
qu'il devient de mauvais goût de rien changer au
statu quo en religion. La France est le pays du monde
le plus orthodoxe, car c'est le pays du monde le
moins religieux. Si la France avait davantage le sentiment religieux, elle fût devenue protestante comme
l'Allemagne. Mais, n'entendant absolument rien en
théologie, et sentant pourtant le besoin d'une
croyance, elle trouve commode de garder le système
qu'elle rencontre sous sa main, sans se soucier de le
perfectionner; car tenter de le perfectionner, ce serait le prendre au sérieux, ce serait faire acte de
théologie; or, il est de bon ton parmi nous de dé-

---

[1]. Ceci s'applique surtout à la France catholique. Il n'en est pas
de même en Angleterre ni aux États-Unis. La formation de nouvelles sectes, que les catholiques reprochent aux protestants comme
une marque de leur faiblesse, prouve, au contraire, que le sentiment
religieux vit encore chez ces derniers, puisqu'il y est créateur. Rien
de plus mort que ce qui ne bouge pas.

clarer qu'on ne s'occupe pas de ces sortes de choses. L'indifférence et l'orthodoxie se touchent. L'hérésiarque n'a donc rien à espérer de nos jours ni des orthodoxes sévères, qui l'anathématiseront, ni des libres penseurs, qui souriront à la tentative de réformer l'irréformable.

Il y a une ligne très-délicate au delà de laquelle l'école philosophique devient secte : malheur à qui la franchit! A l'instant la langue s'altère, on ne parle plus pour tout le monde, on affecte des formes mystiques, une part de superstition et de crédulité paraît tout à coup dans les doctrines qui semblaient les plus raisonnables, la rêverie se mêle à la science. Le philosophe cesse de mériter son nom, s'il prétend devenir le patriarche d'une petite église, si, désertant le grand auditoire du genre humain, il aspire à jouer le rôle facile et flatteur pour l'amour-propre de grand prêtre et de prophète dans des cénacles d'adeptes dont on se demande parfois avec hésitation : « Sont-ils assez naïfs pour être croyants? » Le trait général des œuvres religieuses est d'avoir besoin pour être comprises d'un sens spécial que tout le monde n'a pas, d'être vraies ou belles pour les affiliés et non pour tous les hommes. Des croyances à part, des sentiments à part entraînent un style à part, des images à part. C'est assurément un admirable génie que saint Paul, et pourtant sont-ce les grands instincts de la nature humaine, pris dans leur forme la plus générale, qui font la beauté de ses lettres, comme ils font la beauté des Dialogues de Platon, par exemple? Non. Sénèque ou Tacite, en lisant ces curieuses compositions, ne les eussent pas trouvées belles, du moins au même degré que nous, initiés que nous sommes aux données de l'esthétique chrétienne. Le sectaire est fermé à la moitié du monde. Toute secte se présente avec des limites; or, une limite quelconque est ce qu'il y a de plus antipathique aux bons esprits. Nous avons vu tant d'écoles se succéder dans l'histoire, que nous ne pouvons nous résigner à croire que l'une d'elles possède plus qu'une autre la vérité absolue. Tout en reconnaissant volontiers que la grande originalité a été jusqu'ici sectaire, ou au moins dogmatique, nous voyons l'impossibilité absolue de renfermer à l'avenir l'esprit humain dans aucune de ces formes étroites qu'on appelle une église. Car, avec une conscience aussi réfléchie que la nôtre, nous aurions bien vite fait des rapprochements, nous nous jugerions nous-mêmes comme nous jugeons le passé, nous nous critiquerions tout vivants. Le dogmatisme du sectaire est inconciliable avec la critique; comment s'empêcher de vérifier sur soi-même les lois qu'on a observées dans le développement des autres doctrines, et comment concilier la croyance absolue avec de telles arrière-pensées? On peut donc dire sans hésiter qu'aucune secte religieuse ne naîtra désormais en Europe, à moins que des races neuves, étrangères à la réflexion, n'étouffent encore une fois la civilisation.

La question de l'avenir des religions doit donc être résolue diversement, selon le sens qu'on attache au mot de religion. Si l'on entend par ce mot un ensemble de doctrines léguées traditionnellement, revêtant une forme mythique et dogmatique, il faut dire, sans hésiter, que les religions ne tiennent pas au fond même de la nature humaine et qu'elles disparaîtront un jour. Si, au contraire, on entend par ce mot une croyance accompagnée d'enthousiasme, de dévouement et de sacrifices, il est indubitable que l'humanité sera éternellement religieuse. Mais ce qui ne l'est pas moins, c'est qu'une doctrine n'a désormais quelque chance de faire fortune qu'en se rattachant bien largement à la nature humaine, en écartant toute forme particulière, en s'adressant à tout le monde sans distinction d'adeptes ou de profanes. La philosophie du xviiie siècle demeure ici notre éternel modèle. Cette philosophie a changé le monde et inspiré d'énergiques convictions, sans se faire secte ou religion. La réforme religieuse et sociale viendra, puisque tous l'appellent; mais elle ne viendra d'aucune secte; elle sera le fruit du progrès de la science et des efforts unis de l'humanité.

Ce n'est donc pas une exagération de dire que la science renferme l'avenir de l'humanité, qu'elle seule peut apprendre à l'homme sa destinée et lui enseigner la manière d'atteindre sa fin. Jusqu'ici, ce n'est pas la raison qui a mené le monde; c'est le caprice, c'est la passion. Un jour viendra où la raison éclairée par l'expérience prendra son empire, le seul qui soit de droit divin, et conduira le monde non plus au hasard, mais avec la vue claire du but à atteindre. Notre époque de passion et d'erreur apparaîtra alors comme la pure barbarie, ou comme l'âge capricieux et fantasque qui, chez l'enfant, sépare les charmes du premier âge de la raison de l'homme fait. Notre politique machinale, nos partis aveugles et égoïstes sembleront des monstres d'un autre âge. On n'imaginera plus comment un siècle a pu décerner le titre d'habiles à des hommes prenant le gouvernement de l'humanité comme une simple partie d'échecs. La science qui conduira le monde, ce ne sera pas la politique. La politique, c'est-à-dire la manière de gouverner l'humanité de la même façon que l'on gouverne une machine ou un troupeau, disparaîtra comme art spécial. La science maîtresse, le souverain d'alors, ce sera la philosophie, c'est-à-dire la science qui recherche le but et les conditions de la société. Pour la politique, dit Herder, l'homme est un moyen; pour la morale, il est une fin. La révolution de l'avenir sera le triomphe de la morale sur la politique. Organiser scientifiquement l'humanité, tel est le dernier mot de la science moderne; telle est son audacieuse mais légitime prétention. De quoi s'étonnerait-on, quand on songe que tout le progrès accompli jusqu'ici n'est peut-être que la première page de la préface d'une œuvre infinie?

Eh bien, que tous ceux qui adorent encore quelque chose s'unissent par l'objet qu'ils adorent. L'athée, c'est l'homme frivole; les impies, les païens, ce sont les égoïstes, ceux qui n'entendent rien aux choses de Dieu, âmes flétries qui affectent la finesse et rient de ceux qui croient, âmes basses et terrestres, destinées à jaunir d'égoïsme et à mourir de nullité. Comment, ô disciples du Christ, faites-vous alliance avec ces hommes? Ah! ne vaudrait-il pas mieux nous asseoir les uns et les autres à côté de la pauvre humanité, assise morne et silencieuse sur le bord du chemin, pour relever ses yeux vers le ciel, qu'elle ne regarde plus? Quant à nous, le sort en est jeté; et, lors même que la superstition et la légèreté, désormais inséparables et auxiliaires l'une de l'autre, parviendraient à engourdir pour un temps la conscience humaine, il sera dit qu'en ce XIXe siècle, le siècle de la peur, il y eut encore quelques hommes qui, nonobstant le mépris du vulgaire, aimèrent à être appelés gens d'un autre monde; des hommes qui crurent à la vérité, et se passionnèrent à sa recherche, au milieu d'un âge frivole, parce qu'il était sans foi, et superstitieux parce qu'il était frivole.

L'AVENIR RELIGIEUX

DES SOCIÉTÉS MODERNES.

Beaucoup de personnes, de celles qu'on nomme éclairées, sont arrivées de nos jours à un système singulier. Persuadées que le bien suprême est l'universelle pacification, elles pensent que tout ce qui divise les hommes doit être prévenu par l'État, et elles ferment les yeux sur les questions qui troubleraient leur heureuse quiétude. La Chine est, sans qu'elles le sachent, l'idéal qu'elles se proposent. Là, chacun a son épithète officielle, chacun a droit après sa mort à la considération dont il a joui pendant sa vie; tout magistrat y est intègre, tout préfet bon administrateur; tous les rois ont été des pères : s'ils ne l'ont pas été, nul ne l'ose dire, et l'on raconte que, quand les vieux sages trouvaient la trace de quelque méfait commis par les souverains, ils l'effaçaient prudemment. La Chine apparaît de la sorte au premier coup d'œil comme un paradis de sages, et le xviiie siècle, qui prit au sérieux cette niaiserie obstinée des annales du Céleste-Empire, crut avoir trouvé le peuple modèle. En réalité, la Chine, avec ses mandarins, sa police par moments admirable, ses concours de gradués, son instruction publique si largement répandue, a toujours été inférieure à notre Occident, même à ses plus mauvais jours. Quand nous brûlions des hommes pour des subtilités théologiques, nous étions fort loin assurément de cette indifférence raisonnable pour les choses transcendantes qui est, aux yeux d'un disciple de Confucius, la condition essentielle du bonheur ; mais il faut prendre les races dans l'ensemble de leur histoire. La Chine, par suite de son optimisme béat, meurt non pas de vieillesse, mais d'une enfance indéfiniment prolongée. Les nations occidentales, qui ont eu la fièvre ardente de l'absolu et du droit, l'inquisition, le tribunal révolutionnaire, la terreur, sont jeunes, maîtresses du monde. Capables de beaucoup aimer et de beaucoup haïr, elles doivent à leurs excès mêmes d'avoir dans le passé quelque chose à détester et dans l'avenir un idéal à poursuivre. Les mots de foi et d'espérance ont pour elles un sens : ce sont des races dogmatiques, habituées à préférer mille choses à la vie, possédées d'une confiance invincible en ce qu'elles croient la vérité.

Ce que les politiques superficiels du siècle dernier et du commencement de celui-ci admiraient le plus dans les institutions de la Chine, c'était l'écart prudent où la législation avait eu soin de tenir les questions religieuses. Une sorte d'académie des sciences morales réglant une fois pour toutes les relations de l'homme avec l'infini, un pouvoir central étendant une prudente prohibition sur tout ce qui pouvait monter les têtes et amener des discussions, une religion de cérémonies et d'innocentes parades, leur parurent le chef-d'œuvre d'une administration sage. Dans la persuasion plus ou moins avouée que le but de la vie est de jouir, on regardait comme des importuns ceux qui rappelaient les problèmes d'un ordre supérieur. Luther et Calvin étaient des hommes dangereux, qui avaient fait verser beaucoup de sang. Peu s'en fallait qu'on ne reprochât à Pilate d'avoir agi avec trop de faiblesse, en n'arrêtant pas le christianisme, et aux commissaires de la police romaine de n'avoir pas exercé une surveillance assez active sur les catacombes. Toute propagande fut un délit. Un des articles organiques du Concordat portait que les prédicateurs ne devaient se permettre dans leurs instructions aucune inculpation directe ou indirecte contre les autres cultes autorisés par l'État.

Des réactions vives, et en apparence opposées, ont prouvé que cette tendance étroite de quelques esprits n'était nullement celle de l'Europe, et que l'Occident ne se résignera jamais, pour vivre en paix, à n'avoir plus de motif de vivre. La lutte changera mille fois de face, les partis abandonneront, il faut l'espérer, les armes déloyales dont ils se sont trop souvent servis; mais la guerre ne finira pas. Quelles sont les formes que revêtira l'éternel discord dont Dieu même a semé les germes dans l'humanité? Si les religions ont un avenir, quel est cet avenir? Comment limiter sans l'éteindre le foyer d'incendie que toute grande société porte en son sein? Comment les proportions des familles religieuses qui se partagent le monde peuvent-elles être modifiées? Quelques livres récents ont appelé l'attention sur tous ces points. Un écrivain connu depuis longtemps par des ouvrages d'une pensée individuelle et hardie, M. Salvador, a publié sur les questions religieuses un des livres les plus originaux qui aient paru depuis des années[1]. Un jeune et brillant publiciste, dont le noble cœur sait comprendre tout ce qui est libéral, M. Prevost-Paradol, en réimprimant un écrit publié il y a près de quarante ans par un des hommes de la

---

[1]. *Paris, Rome et Jérusalem, ou la question religieuse au* XIXe *siècle,* par M. de Salvador. Paris, 1860.

génération passée qui eurent le plus de pressentiments de l'avenir, y a joint des vues pleines de justesse et de force sur l'état des diverses communions chrétiennes [1]. Un anonyme a exposé avec une vigueur remarquable les conséquences qui résultent de notre législation des cultes, et montré ce qu'il faut entendre par la liberté religieuse [2]. Enfin des événements contemporains qu'on ne discutera pas ici, car il y a de la gaucherie à proposer, sans être consulté, des solutions pour des problèmes qu'on n'a pas soulevés, des issues pour des situations qu'on n'a pas faites, ont montré combien les questions religieuses sont encore mêlées au mouvement du monde, combien la politique en doit tenir compte, et combien les maximes suivies jusqu'ici sont devenues insuffisantes en présence des faits nouveaux qui se sont produits. Il faut rechercher si l'on est autorisé à tirer de tous ces faits quelques lumières sur les transformations possibles du code religieux de l'humanité.

1. *Du Protestantisme en France,* par Samuel Vincent, avec une introduction de M. Prevost-Paradol. Paris, 1859.
2. *La Liberté religieuse et la Législation actuelle.* Paris, 1860.

I.

La première question qui se présente quand on réfléchit sur l'avenir religieux du monde est celle-ci : Peut-on croire qu'il apparaîtra une forme religieuse nouvelle, expression complète et originale des besoins des temps nouveaux, ou bien ces besoins chercheront-ils à se satisfaire en modifiant diversement les cultes existants? En d'autres termes, en dehors du judaïsme, du christianisme, de l'islamisme, qui occupent à eux seuls depuis douze cents ans le champ clos de la civilisation, se formera-t-il une autre religion n'ayant pas plus de lien avec ces trois-là que Jésus n'en eut avec Moïse, et Mahomet avec Jésus? Ce problème prend dans le livre de M. Salvador un relief singulier. A égale distance et de l'orthodoxie, qui se renferme dans les symboles de l'une des trois religions, et de la libre symbolique, qui les interprète en des sens de plus en plus raffinés, et du déisme, qui n'en garde que le squelette desséché, et de la critique, qui cherche à en saisir la valeur dans l'ensemble total du mouvement de l'humanité, M. Salvador occupe une place à part au milieu du travail religieux de notre temps. Si, comme le pensent quelques personnes, notre mal à tous est d'être trop historiens, M. Salvador peut passer pour tout à fait exempt du commun défaut de ses contemporains. Nature entière, grande, forte, pleine de race, s'inquiétant peu de faire sourire, se souciant médiocrement de nos nuances, de notre exactitude, étranger à cette fine intuition du passé que la critique allemande a inaugurée, M. Salvador est vraiment un original, un rénovateur religieux. Il ne connaît qu'à demi, il associe librement, il combine. Sa place eût été au XVIe siècle, en Hollande, à côté des Spinoza et des Acosta; égaré en un siècle d'analyse, je crains qu'il ne reste une apparition stérile. Le premier en France, M. Salvador aborda le problème des origines du christianisme. Il le fit avec une érudition insuffisante, mais avec un vif sentiment de quelques-unes des données du problème. Nous sera-t-il permis de le dire? il y portait un don de race, cette espèce de coup d'œil politique qui a rendu les Sémites seuls capables de grandes combinaisons religieuses. Cette race saisit les lignes générales des choses humaines, non comme nous par l'analyse et l'étude érudite des détails, mais par une sorte de vue sommaire, comme Élie du haut du Carmel. La philosophie de l'histoire est une œuvre juive et en un sens la dernière transformation de l'esprit prophétique, la prophétie, vers l'époque des Séleucides, devenant vision apocalyptique, et la vision apocalyptique, telle que nous la trouvons pour la première fois chez l'auteur inconnu du livre de Daniel, étant l'antécédent immédiat de l'abbé Joachim, de Bossuet, de Vico, de Herder [1]. Quand on étudie la philosophie de l'histoire des musulmans dans les *Prolégomènes* d'Ibn-Khaldoun, que vient de traduire M. de Slane, on est étonné des grandes vues d'ensemble que ces sortes de religions unitaires surent inspirer bien avant qu'aucune idée d'une science exacte de l'histoire se fût développée. Abd-el-Kader, de nos jours, a conservé au plus haut degré cette faculté de sa race; c'est le prophète de l'arrière-saison sémitique, le Jérémie de l'islam. M. Salvador m'apparaît parfois sous un jour analogue. Si vous le prenez par le côté de l'exactitude et de l'esprit positif, vous le trouverez bizarre, souvent puéril. Ses spéculations, empreintes de ce genre d'imagination abstraite qui caractérise le peuple juif, sont souvent arbitraires; elles rappellent Philon et la cabbale. Mais il faut se rappeler que la première condition pour les combi-

---

[1]. La théorie des « quatre empires », qui, depuis Bossuet, est la base de la théorie historique enseignée dans nos écoles, a été exprimée pour la première fois dans le livre de Daniel.

naisons fécondes, c'est l'à peu près. Mahomet n'eût pas si bien amalgamé le christianisme et le judaïsme, s'il avait su lire et si la Bible lui avait été connue directement. La combinaison religieuse de l'avenir, en supposant que l'avenir nous réserve à cet égard quelque surprise, ne viendra certainement pas de critiques et de théologiens. Des têtes ardentes, voyant les choses à travers le voile de leurs rêves passionnés, sont pour cela bien mieux préparées.

M. Salvador est sans contredit l'homme de notre temps qui a conçu la rénovation du dogme de la façon la plus large. Quelquefois il rappelle saint Paul par la chaleur de son âme, son ardeur révolutionnaire en religion, et la facilité avec laquelle il se meut au milieu de la confusion. Médiocre historien, il nous surpasse tous par l'entente pratique des choses religieuses. Nous sommes pour la plupart trop chrétiens pour n'avoir pas en religion quelque préjugé, quelque attache d'habitude ou de sympathie. M. Salvador est presque à notre égard ce que devaient paraître les juifs aux païens de la Grèce et de Rome : un incrédule, un homme dégagé de la tradition, un railleur des dieux. Quelle vivacité originale dans le récit de sa vocation religieuse[1] ! Quel prophète d'Israël a

---

1. *Paris, Rome et Jérusalem*, tome Ier, pages 243 et suivantes.

plus hardiment affirmé l'avenir de sa race? « Avance, dit-on au juif, et déclare-nous quel est ton nom. — Mon nom? Je m'appelle juif, mot qui signifie *louangeur, célébreur invariable* de l'Être, de l'Unique, de l'Éternel[1]. — Ton âge? — Mon âge? Deux mille ans de plus que Jésus-Christ. — Ta profession? — Je laisse à l'écart les tristes professions qui m'avaient été faites, et dont je ne manifeste encore que trop l'empreinte et les conséquences; mais ma destination à moi, ma profession traditionnelle est celle-ci : je garantis la sainte imprescriptibilité du nom de la loi, et je suis le conservateur vivant de la noblesse antique et de la légitimité attachée par droit divin au nom, au propre nom du peuple. — Lève la main et promets de parler sans haine et sans crainte, de dire la vérité, toute la vérité. — Je sais de science certaine que, malgré ses admirables grandeurs, Rome est une cité usurpatrice, qu'elle n'est pas la vraie Jérusalem. Pour la gloire universelle de Dieu, de même que dans les intérêts positifs du monde, Rome doit être providentiellement transformée, doit être souverainement remplacée. Je sais de science certaine qu'il faut que la divinité de Jésus-Christ soit modifiée à fond ou rectifiée ouvertement dans une

---

1. Le philologue aurait ici des réserves à faire.

sainte et large mesure. Après avoir rendu au peuple ce qui appartient au nom du peuple, rendez à l'Éternel ce qui n'appartient qu'au nom de l'Éternel. Je sais aussi, et depuis longtemps, qu'il y aura lieu pour les autres nations de rompre un nouveau pain, d'inaugurer le vrai repos, le vrai sabbat de l'Éternel, de célébrer de nouvelles pâques. Voilà mon libre et légitime témoignage. Et, de plus, les choses que je sais par l'esprit de tradition, par l'esprit de justice et d'intelligence, ces choses-là, je les veux d'une volonté inébranlable, et elles seront par l'esprit de force morale, par nécessité suprême et divine autorité. »

Tout ce qui a été fait de grand dans le monde a été fait au nom d'espérances exagérées, et le peuple juif a des côtés si étranges qu'il ne faut jamais légèrement parler de lui. Cependant il est des passés si glorieux qu'ils excluent jusqu'à la pensée d'un avenir. Comment parler de l'avenir d'Athènes? Quel destin pour la Grèce ne sera pas obscur, si l'on songe à ce qu'elle a été? Pour le même motif, je n'admets guère qu'à propos des juifs on parle d'autre chose que de ce qu'ils ont fait. Depuis Jésus-Christ, les juifs, selon moi, n'ont servi qu'à conserver un livre. Du jour où ils ont transmis la Bible hébraïque à la science européenne, du jour où ils ont appris l'hébreu à Reuchlin et à Luther, ils n'ont plus rien eu d'essentiel à faire. Certes, depuis ce temps-là, le judaïsme a donné au monde une remarquable proportion d'hommes excellents, distingués ou même de premier ordre ; mais c'est là un privilége qu'il partage avec toutes les Églises peu nombreuses. Les petites Églises deviennent, par la force des choses, des aristocraties où la lumière se fait plus promptement, et où les préjugés sont plus faciles à percer.

Tout en admirant autant que M. Salvador le rôle du peuple juif dans le passé, je ne puis donc partager ses vues sur le rôle qu'il lui attribue dans l'avenir. Je crois à une réforme du christianisme; mais cette réforme ne consistera pas à revenir au judaïsme. En général, M. Salvador ne se fait pas une idée suffisante de la forte originalité du christianisme pris dans son ensemble. Je persiste à penser, malgré quelques vives répliques [1], que le christianisme est non la continuation du judaïsme, mais bien une réaction contre l'esprit dominant du judaïsme opérée dans le sein du judaïsme lui-même. Quelles qu'aient été à cet égard les vues du fondateur, il faut bien reconnaître que l'attitude de saint Paul, et plus encore la direction qui prévalut dans les Églises primitives,

---

1. Tome Ier, pages 90 et suivantes.

ne prêtent à aucune équivoque. Le judaïsme fournit le levain qui provoqua la fermentation, voilà tout. L'élément hellénique et romain d'abord, puis l'élément germanique et celtique prirent complétement le dessus, s'emparèrent exclusivement du christianisme, et le développèrent dans un sens fort différent de ses origines premières. Schleiermacher et l'école catholique de Munich, M. Lassaulx par exemple, sont dans le vrai quand ils proclament que Socrate et Platon sont bien plus nos ancêtres et plus près de Jésus-Christ que les rudes bédouins du temps de Josué et de David, ou que les juifs de la ligne pharisaïque (les vrais juifs), étroits, haineux, animés d'un fort esprit d'exclusion. M. de Bunsen est dans le vrai quand il pense que le perfectionnement successif du christianisme doit consister à s'éloigner de plus en plus du judaïsme pour faire prédominer dans son sein le génie de la race indo-européenne. Il y aurait injustice à oublier le service de premier ordre que le peuple juif et le peuple arabe ont rendu à l'humanité en tranchant d'un coup de ciseau hardi l'écheveau inextricable des mythologies antiques; mais c'est là un service négatif, qui n'a eu sa pleine valeur que grâce à l'excellence des races européennes. L'islamisme, qui n'est pas tombé sur une terre aussi bonne, a été en somme plus nuisible qu'utile à l'espèce humaine ; il a tout étouffé par sa sécheresse et sa désolante simplicité. Le christianisme n'a échappé à ce danger que parce que l'élément sémitique a toujours été en lui très-combattu et a fini par être à peu près éliminé.

Par suite de ses tendances plus juives que chrétiennes, M. Salvador porte, dans sa manière de juger les questions religieuses, un esprit très-absolu. Il est injuste pour le protestantisme, parce qu'il ne le voit pas afficher de prétention au droit divin en toute chose ; il ne comprend pas l'avenir du christianisme libre tel que les peuples germaniques le conçoivent ; il ne tient pas assez de compte de l'Angleterre, des États-Unis ; il ne s'aperçoit pas de l'envahissement du monde par la race anglo-saxonne. La séparation du spirituel et du temporel, dont la société juive et la société musulmane n'eurent guère d'idée, et qui a été le salut de l'Europe chrétienne, M. Salvador ne l'admet qu'avec réserve. Il voudrait (ce dont Dieu nous préserve !) que ces deux pouvoirs pussent retrouver un jour leur unité[1]. Une certaine tendance théocratique se fait jour çà et là. En cela, M. Salvador se montre encore un vrai Sémite. Les deux grandes formes de la civilisation sémitique ont cela

---

1. Tome Ier, page 105.

de propre qu'elles n'admettent pas le gouvernement civil dans le sens où nous l'entendons. Le pouvoir, pour le Juif comme pour l'Arabe, vient toujours de Dieu : système déplorable, qui a livré les peuples musulmans au despotisme, sans une ombre de garantie ni de tempérament, et a créé cet affreux état de société qu'offre l'islam depuis six ou sept cents ans! La théocratie, en attribuant au pouvoir une origine spirituelle, plaît aux esprits élevés; mais elle renferme un poison caché, qui la rend toujours funeste : elle ne peut produire que des pouvoirs absolus. Le principe germanique, que le pouvoir, à ses différents degrés, est la propriété de celui qui l'exerce, en apparence si mesquin, est en réalité bien meilleur; car, selon cette manière de voir, tout devient droit personnel : chacun a sa charte, chacun est roi dans sa forteresse. Il est certain du moins que c'est la notion de la souveraineté ainsi conçue qui a fondé dans le monde la liberté.

Là est la grande différence qui sépare M. Salvador de nous autres libéraux. M. Salvador veut unir et fonder; il songe à un pouvoir spirituel, il voudrait un symbole et un dogme établi. Nous autres, nous voudrions que chacun eût son symbole; nous craindrions de trop fortes unions, car elles nuiraient à la liberté. Comme toutes les natures exaltées, M. Salvador aime l'unité. Pour nous, au contraire, la division est la condition de la liberté. Il dépendrait de quelqu'un de fondre les nations en une seule nation, les Églises en une seule Église, les sectes, les écoles, en une seule secte, en une seule école, qu'il faudrait s'y opposer. Le vieux monde romain a péri par l'unité, le salut du monde moderne sera sa diversité. M. Salvador invite le siècle à regarder vers l'orient et le sud; nous autres, nous lui disons : Fuyez vers le nord et vers l'ouest. L'Orient n'a jamais rien produit d'aussi bon que nous. Qu'y a-t-il de juif dans notre christianisme germanique et celtique, dans saint François d'Assise, dans sainte Gertrude, saint Bernard, sainte Élisabeth, et plus récemment dans Vincent de Paul, Schleiermacher, Channing? Est-ce à ces fleurs écloses au souffle romantique et charmant de nos mers et de nos montagnes que vous comparerez vos Esther et vos Mardochée? Qu'y a-t-il de juif dans le livre de l'*Imitation*, dans la vie monastique, cet élément si capital du christianisme, dans la pauvreté, cette charmante vertu toute chrétienne, dans nos saints de l'époque mérovingienne, nos vrais saints? Restons Germains et Celtes; gardons notre « évangile éternel », le christianisme tel que l'a fait notre verte et froide nature. Tout ce qu'il y a de bon dans l'humanité s'y est greffé, tout progrès moral s'est identifié avec lui. Une sorte de crudité native, et comme un péché originel, distingue les pays et les races sur lesquels cette excellente discipline n'a point passé. Remarquons, d'ailleurs, que le fait historique des origines est ici peu de chose, que la biographie est d'intérêt secondaire : l'idée est tout en pareille matière. Il sortirait de dessous terre un document qui montrerait que l'estime personnelle qu'on a faite jusqu'ici d'Aristote a été exagérée, qu'il n'est pas l'auteur des écrits ou des doctrines qu'on lui attribue, nous n'en resterions pas moins aristotéliciens. Le nom propre n'est ici qu'une marque d'origine, dont l'exactitude n'importe qu'à l'érudit.

La question religieuse de l'avenir se trouve ainsi fort limitée. Aucune grande création religieuse complètement originale ne naîtra dans notre civilisation. Les tentatives dans le genre du saint-simonisme reposent sur un malentendu; elles veulent appliquer le nom de religion à des choses qui n'ont rien de religieux, telles que le bien-être, l'industrie. Où trouver en tout cela la part de l'abnégation, du dévouement, le sacrifice du réel à l'idéal, qui est l'essence même de la religion? Les tentatives de l'école révolutionnaire ne sont pas moins entachées d'erreur. La Révolution est un fait tout profane; son dernier mot, c'est le code civil. Si l'Amérique renferme encore assez d'ignorance et d'énergie de nature pour qu'il puisse y éclore un de ces mouvements singuliers qui n'ont guère de titre à la créance que d'avoir résisté aux sarcasmes de deux ou trois générations, on peut affirmer que le rationalisme environnant sera néanmoins assez fort pour les empêcher de doubler le cap après lequel la foi aveugle devient tradition. Les religions, comme l'araignée, ont besoin d'un point d'attache pour suspendre leur toile. Ce point d'attache manquera aux essais nouveaux. Le christianisme seul reste donc en possession d'un avenir. Seulement, le christianisme est tout un monde : il faut, pour se faire une idée de ses révolutions futures, étudier son état actuel et la proportion des partis qui se sont formés dans son sein.

II.

De tout temps, le christianisme a été très-divisé. Résultat de trois siècles d'efforts individuels, il trouva le principe de sa force dans cette division même et dans l'extrême activité qu'elle produisait. L'organisation primitive du christianisme fut en quelque sorte municipale, chaque Église existant par elle-même et toutes les Églises communiquant entre elles par des épîtres et des envoyés reconnus. Les Églises ne firent, à vrai dire, que continuer le vaste système de synagogues qui couvrait l'empire à l'époque d'Auguste, et qui s'est continué chez les juifs jusqu'aux temps modernes. La vie intime des communautés juives, au moyen âge et encore de nos jours dans les pays où le judaïsme a conservé son organisation originale, est le modèle de ce qui se passait dans les Églises du temps de saint Paul : mêmes rivalités, mêmes cabales, même éveil sur les questions de doctrine, de discipline, de hiérarchie. « Les Églises » ont devancé « l'Église », et même quand celle-ci, devenue officielle, cherche à reproduire dans son sein l'unité de l'empire, la division s'opère par un autre côté. Un parti d'opposition rationnelle se fait jour sous le nom d'arianisme et balance pendant près d'un siècle la destinée de l'Église orthodoxe. Quand ce type de christianisme, trop avancé pour le temps, disparaît, sauf à revivre mille années après, une opposition bien plus profonde, celle qui tient aux races, commence à se manifester. L'Église se coupe selon la division des deux grandes familles du monde antique. Ce que Rome impériale n'avait pu faire, Rome chrétienne ne le put davantage. De même que la langue latine, à l'heure où elle étendait ses conquêtes jusqu'en Écosse, s'arrêtait à Naples, devant la ligne grecque du midi de l'Italie; de même l'Église romaine se trouva impuissante devant l'Église grecque. Photius ne fit qu'obéir à une nécessité historique; la séparation était faite depuis Constantin. Ces deux branches du christianisme continuent leur propagande durant tout le moyen âge : l'une s'assimile les peuples germaniques, l'autre les peuples slaves; longtemps elles se disputent l'empire. L'Église grecque, supérieure en culture à l'Église latine jusqu'au xe ou xie siècle [1], lui devient très-vite inférieure du côté de la force morale : l'islamisme l'écrase; les Slaves, qu'elle s'est affiliés, se réveillent tard; le latinisme, au xvie siècle, prend une immense supériorité. Cette supériorité aboutit, comme toutes les renaissances, à une scission. Le grand réveil chrétien, le protestantisme, se produit dans l'Église latine. La force, la profondeur, la liberté du génie germanique éclatent. Ce génie, qui ne s'était assu-

---

[1]. La première moitié du moyen âge latin n'a pas un homme d'une aussi vaste lecture ni d'une aussi belle instruction que Photius. Au xiie et au xiiie siècle, l'Occident est supérieur; aucun Byzantin n'égale Abélard et Roger Bacon. Cependant, au xive et au xve siècle, les Grecs sont encore nos maîtres; c'est à eux en grande partie qu'on doit la renaissance italienne. Pléthon, Manuel Paléologue et Bessarion étaient après tout les premiers hommes de leur temps pour la culture de l'esprit.

jetti qu'à regret au gouvernement spirituel de
Rome, réclame ses droits et se crée un christianisme
à sa manière, lequel, après beaucoup de tâtonnements, arrive, vers la fin du xviiie siècle et au xixe,
à une hauteur inconnue jusque-là. L'Allemagne
à cette époque réalise la plus belle religion qui ait
été professée, et cette religion s'appelle toujours
christianisme. Ainsi, à côté des deux vieilles orthodoxies, grecque et latine, qui restent enchaînées dans
leurs symboles, se produit une nouvelle forme de
christianisme, dont la dernière conséquence, qui est
le christianisme libre, ne s'aperçoit que de notre
temps. Trois puissances destinées à toujours se combattre sans jamais s'anéantir ni même s'affaiblir, à
plus forte raison sans pouvoir se réunir, divisent la
chrétienté, et, en la préservant de toute domination
exclusive, assurent son avenir, j'ose dire aussi l'avenir de la philosophie et de la liberté.

Cette triple division de la famille chrétienne, en
effet, n'est pas, comme l'arianisme, le pélagianisme, une simple division de sectes : elle correspond à des divisions naturelles, à celles que trace
dans le monde civilisé la séparation des races latines, germaniques, gréco-slaves. L'Angleterre tout
entière se laisserait séduire à la critique inintelligente du docteur Pusey, qu'elle ne se réconcilierait

pas avec le pape. Les théologiens grecs et latins s'entendraient sur *filioque,* que Rome pour cela ne régnerait pas à Moscou. L'inutilité des efforts que ces trois Églises ont faits pour s'absorber est désormais démontrée. Au moyen âge, l'Église latine pèse sur l'Église grecque et sur les petites Églises orientales, qu'on peut considérer comme des annexes de l'Église grecque, du poids de sa supériorité militaire; depuis le xvie siècle, elle pèse encore sur elles du poids de sa diplomatie et de toute l'importance que lui donne parmi les Slaves la possession de la Pologne. Elle détache du tronc oriental des branches entières, Arméniens unis, Maronites, grecs unis. Les Turcs infligent à l'Église grecque un affront en apparence éternel. Mais voici qu'au bout de quatre ou cinq cents ans, l'Église grecque ressuscite. Une conquête qui pendant des siècles sembla de peu d'importance, celle des Russes, lui confère en un jour un principat égal à celui des Latins. La race imaginative et résistante des Slaves se substitue à la race grecque affaiblie, et, au bout de dix siècles, l'œuvre de Photius se retrouve comme un phénomène capital de l'histoire du monde. Le protestantisme ne s'est pas montré moins obstiné : Philippe II, Pie V, le duc d'Albe, les jésuites, Louis XIV s'y sont brisés ; l'hérésie, qu'on proclamait exterminée, est restée maîtresse des parties les plus vivantes de l'Europe. Rien donc ne sortira de la lutte réciproque des trois familles chrétiennes : leur équilibre n'est pas moins assuré que celui des trois grandes races auxquelles le monde appartient; leur division préservera l'avenir contre les excès d'un pouvoir religieux trop fort, comme la division de l'Europe doit empêcher à jamais le retour de cet *orbis romanus*, de ce cercle fermé, où nul recours n'était possible contre la redoutable tyrannie qu'engendre toujours l'unité.

La propagande de ces trois grandes Églises sur les portions non encore chrétiennes du monde changera-t-elle quelque chose à leur situation respective ? En d'autres termes, quel est l'avenir des missions catholiques, gréco-russes et protestantes ? Une constante expérience permet de s'exprimer sur ce point avec beaucoup de précision. Peu de dévouements sont aussi respectables que celui du missionnaire ; peu d'institutions ont rendu et peuvent rendre aux sciences historiques et géographiques des services aussi grands que les établissements de propagande. Si de nos jours les missions protestantes remplissent presque seules ce noble rôle, par suite de la fâcheuse indifférence pour les sciences que montrent trop souvent les missionnaires catholiques, il ne faut pas oublier les belles missions catholiques du xviiiᵉ siècle, celles des jésuites en Chine, celles des missionnaires italiens dans l'Inde et au Thibet, les Horace della Penna, les Paulin de Saint-Barthélemy, les Tieffenthaler. Mais, une fois cet hommage rendu à un courage digne d'admiration et à de réels services, il faut reconnaître que les missions modernes n'ont eu sur l'histoire religieuse du monde que des effets de second ordre. Cette façon d'agir en colporteur isolé de la vérité convient aux grands apostolats fondateurs qu'on trouve à l'origine de toutes les religions; elle est insuffisante quand le premier feu de la création est passé. Saint Paul de nos jours ne se ferait pas missionnaire. On ne citerait pas une communauté chrétienne sérieuse qui soit l'œuvre des missions modernes. Les Églises de la Chine et du Japon étaient bâties sur le sable. Ni l'héroïsme de François Xavier, ni l'habileté et parfois la largeur d'esprit des jésuites n'ont pu les empêcher de crouler. Les efforts pour attaquer les grandes religions de l'Asie, l'islamisme, le brahmanisme, le bouddhisme, la religion lettrée de la Chine, ont été impuissants. Ce n'est pas vers le christianisme que l'Afrique semble se tourner; à l'heure qu'il est, par une coïncidence singulière, elle se convertit d'un bout à l'autre à l'islamisme. Quant aux races sauvages, ces tristes survivants d'un monde en enfance, à qui l'on ne peut souhaiter qu'une douce mort, il y a presque dérision à leur appliquer nos formulaires dogmatiques. Avant d'en faire des chrétiens, il faudrait en faire des hommes, et il est douteux qu'on y réussisse. On style le pauvre Taïtien à aller à la messe ou au prêche; on ne corrige pas l'irrémédiable mollesse de son cerveau, on le fait mourir de tristesse ou d'ennui. Oh! laissez ces derniers fils de la nature s'éteindre sur le sein de leur mère; n'interrompez pas de nos dogmes austères, fruit d'une réflexion de vingt siècles, leurs jeux d'enfants, leurs danses au clair de lune, leur douce ivresse d'une heure! La grande erreur des jésuites, cette idée que l'éducation de l'homme se fait par le dehors, au moyen de procédés artificiels et de machines pieuses, est au fond de toutes les missions. On crée des Paraguay, des joujoux d'enfant, et l'on croit faire revivre l'Éden!

Est-ce à dire que toute espérance d'agrandissement soit fermée pour le christianisme? Non certes. Si nous prenons l'état géographique du christianisme vers l'an 1500 et si nous le comparons à ce qu'il est de nos jours, nous sommes frappés de ses vastes accroissements; mais ces accroissements ne sont pas dus aux missions: ils sont dus à la propagation de la race européenne, en d'autres termes, à la conquête et à la colonisation. La conquête et la colonisation renferment tout le secret de l'avenir du christianisme ; il faut voir laquelle des trois communions chrétiennes peut se promettre sous ce rapport les plus grands avantages.

On ne peut nier que le protestantisme ne se présente ici avec une certaine supériorité. Les nations colonisatrices sont presque toutes protestantes ; le protestantisme, par son esprit d'individualité, par la simplicité de son culte, par son peu de besoin de communier avec le reste de la chrétienté, semble par excellence la religion du colon. Avec sa bible, l'Anglais trouve au fond de l'Océanie l'aliment religieux que le catholique ne peut recevoir sans tout un établissement officiel d'évêques et de prêtres. « Sur dix hommes, dit très-bien M. Prevost-Paradol, qui, la hache et le fusil à la main, s'avancent dans des solitudes inexplorées, y établissent leur demeure et bientôt une cité, y fondent une famille et bientôt un État, un seul à peine appartient à l'Église romaine, et le plus souvent, s'il n'en sort pas lui-même, il n'y maintient pas ses enfants[1]. » Aussi le protestantisme

---

1. On estime que, si les catholiques qui émigrent aux États-Unis étaient restés fidèles à leur culte, ils formeraient une population

a-t-il bénéficié des meilleures conquêtes que le christianisme ait faites, les États-Unis, l'Australie, les Indes hollandaises, le cap de Bonne-Espérance. L'Hindoustan et la Chine ont même reçu une forte semence protestante. Presque toute l'Océanie semble destinée à devenir protestante, et ce qu'il y a de plus grave, c'est que ces riches dépôts de race anglo-saxonne jetés au bout du monde colonisent et fructifient à leur tour avec une admirable fécondité. Il y a là une sourde conquête dont les résultats sont incalculables. — On se tromperait cependant si l'on croyait que, dans ce partage de la terre par la race de Japhet, les deux Églises orthodoxes n'ont pas aussi, à la suite de la politique, d'importantes conquêtes à accomplir.

La Russie, en effet, gagne à l'Église grecque des tribus nombreuses dans le nord et le centre de l'Asie; les populations bouddhiques paraissent appelées à se souder à la branche orientale de la société chrétienne. Ces conquêtes se font sans violence et avec assez d'habileté. La Chine recevra probablement du même côté l'apport chrétien le plus énergique. Enfin quelques petites chrétientés schis-

de 7,500,000 âmes; or, les États-Unis ne renferment que 2 millions de catholiques, malgré l'annexion du Texas et de la Californie.

matiques de l'Orient, les Arméniens par exemple, semblent destinées à se rattacher à l'Église gréco-russe, quand elles sortiront de leur isolement. On voit quel énorme domaine semble ainsi dévolu à la famille chrétienne qui un moment avait paru condamnée à périr.

Quant au catholicisme, si son avenir colonial est moins brillant que celui du protestantisme, il ne faut pas s'arrêter à cette vue partielle. Certes l'Amérique espagnole et portugaise, le Canada, les Philippines, ne valent pas les États-Unis et l'Australie; mais, sur tout le littoral de la Méditerranée, Rome peut faire d'importantes conquêtes. Une Église qui est celle de la majorité des Français ne peut manquer d'être réservée à bien des fortunes imprévues et de recevoir plus d'un glorieux reflet. Les écoles chrétiennes et les établissements charitables que le zèle du catholicisme français multiplie en Orient, comme pour combler l'effroyable lacune que l'islamisme porte au cœur, ont de l'avenir. Il est un élément, d'ailleurs, sur lequel le catholicisme a beaucoup plus de prise que le protestantisme, et même que l'Église gréco-russe : je veux parler des petites communautés chrétiennes déchirées ou flottantes que les désastres de l'Église grecque l'ont empêchée de s'assimiler, Abyssins, Coptes, Arméniens, jacobites et nestoriens de Syrie. Rome, par ses apparences traditionnelles, a des avantages auprès de ces Églises, et les disputera souvent avec succès à la Russie. La fidélité qu'elle a su inspirer jusqu'à ces derniers temps aux Maronites est un fait très-caractéristique. La manière abstraite dont le protestantisme aborde ces populations n'est pas, en général (il faut faire une exception pour la belle mission américaine établie chez les nestoriens d'Ourmia), celle qui paraît la plus propre à assurer auprès de chrétientés aussi abaissées un bien solide succès. Enfin, l'Église romaine, si elle n'avait perdu le secret de son habileté traditionnelle, aurait certainement une magnifique partie à jouer dans la crise que traversent les provinces de la Turquie d'Europe. La majorité chrétienne des provinces slaves et roumaines est en communion avec l'Église orthodoxe. Mais l'espèce d'hégémonie religieuse que la partie la plus corrompue de l'Église grecque (celle qui se traîne dans les fanges de Constantinople) a toujours exercée sur ces provinces a soulevé, surtout chez les Bulgares, une vive et légitime répulsion. Il est douteux que le patriarche de Constantinople, le jour où l'unité de l'empire ottoman sera détruite, reste le centre d'unité religieuse des provinces slaves et roumaines. L'Église latine, d'un autre côté, a déployé en Orient, dans ces dernières années, une politique si aveugle, qu'il est peu probable que ce riche héritage doive lui échoir. Infidèle à son ancienne et sage habitude[1] de conserver aux petites Églises qui s'unissaient à elle, leurs usages, leur discipline et leur liturgie, l'Église catholique, depuis quelque temps, poursuit ou du moins laisse poursuivre par ses agents les plus actifs, les jésuites, un but tout à fait chimérique. Ce qu'elle veut, c'est de latiniser[2] complétement les petites Églises, jadis dissidentes, qui se sont réunies à elle ; ce qu'elle veut, c'est qu'un seul bréviaire et un seul missel puissent servir d'un bout à l'autre du monde oriental. Il est possible que cette imprudence rompe le lien qui rattache à Rome les Maronites et les grecs unis. Il est sûr au moins qu'elle nuira beaucoup aux acquisitions que la papauté aurait pu faire au milieu de la débâcle terrible que va traverser l'Orient.

Cette débâcle sera un événement religieux encore plus que politique. L'Église grecque et l'empire ottoman avaient contracté une alliance intime. En retour de l'argent qu'elle payait et des humiliations qu'elle acceptait, le sultan garantissait à l'Église

---

[1]. On peut citer comme un modèle de cette politique le concordat conclu en 1599 entre le légat Dandini et les Maronites.

[2]. « Latin », en Orient, n'est pas synonyme de « catholique ». Les Maronites, les grecs unis sont catholiques et non pas latins.

grecque des provinces entières, dont les revenus dédommageaient le haut clergé fanariote des cadeaux simoniaques qu'il faisait au sultan et au grand vizir. Si la Russie n'avait pris depuis un siècle en Orient une attitude qui déjoue tous les calculs, on eût pu craindre que la ruine de l'empire turc ne fût en même temps la ruine de l'Église orthodoxe, l'unité de cette dernière étant en partie constituée par la Turquie. Mais la Russie conservera toujours à l'Église orthodoxe une position de premier ordre. La propagande catholique, trop souvent exercée sous le couvert de la France, a d'ailleurs excité, depuis quelques années, de fortes antipathies dans tout le Levant. Nous inclinons à croire que le protestantisme plutôt que l'Église de Rome héritera des populations orientales qui, comme les Bulgares, tiennent l'Église de Constantinople pour une marâtre et désirent s'en séparer.

Laissons ces considérations d'un ordre profane, revenons à la conscience; demandons à chacune des trois grandes communions chrétiennes par quel programme elle entend répondre aux exigences des sociétés modernes, et quel compromis elle peut offrir entre la tradition et les besoins nouveaux de l'esprit humain.

III.

Le christianisme a pris dans les sociétés humaines trois positions qui répondent à peu près aux trois familles que les races et l'histoire ont formées dans le sein du christianisme lui-même.

Pendant les trois cents ans de sa lutte première, le christianisme ne demanda naturellement rien à l'État; il fit ses affaires à lui seul. Persécuté par l'État, il triompha à force de patience et força l'État à signer une paix qui, par un singulier retour, fut beaucoup plus onéreuse pour lui que pour l'État. Il semble qu'il soit dans la nature du christianisme de ne pouvoir être simplement libre et toléré. Dès qu'il n'est plus persécuté, il devient religion officielle. La machine romaine était si puissamment organisée, que devenir la religion de l'État, c'était devenir une fonction de l'État. En effet, depuis Constantin, dans toutes les parties du monde qui suivent le sort du vieil empire, l'Église est dominée par l'État. Les divisions épiscopales sont calquées sur les divisions de l'empire; l'évêque de Constantinople, siége si moderne, devient pape de l'Orient parce qu'il est l'évêque de la cour, à peu près comme si l'évêque de Versailles fût devenu primat des Gaules. L'Église grecque, qui représente cette vieille tradition romano-byzantine, en a gardé la trace ineffaçable ; la Russie en a hérité, l'empereur y est chef absolu de la religion. Dans les communautés chrétiennes soumises à la Turquie, par un phénomène inverse, mais très-logique, l'Église est devenue l'état civil ; le patriarche est un administrateur civil autant que religieux nommé par le sultan. La religion est devenue la nationalité, ou, pour mieux dire, la formation de nationalités, dans le sens que nous attachons à ce mot, a été rendue impossible en Orient.

L'Occident eût, j'imagine, suivi la même ligne si l'unité de l'empire s'y fût maintenue. Le monde byzantin, dans sa décrépitude, nous représente au fond ce qu'eût été l'empire d'Occident sans les barbares, un monde dénué de liberté et du sentiment de l'infini. Mais les Germains, en brisant l'empire et en fondant des royaumes distincts, créèrent pour l'Église des conditions meilleures. Chacun de ces royaumes ne pouvant avoir la prétention de représenter à lui seul l'Église universelle, on fut amené à concevoir l'Église et l'État comme deux choses distinctes, l'Église formant un ensemble plus étendu que l'État, savoir la catholicité, avec le pape pour chef[1]. Le génie des grands papes italiens des XIe, XIIe et XIIIe siècles donna à ce système un cachet de merveilleuse splendeur ; l'Occident lui doit son irrévocable primatie. La distinction des deux pouvoirs est pendant tout le moyen âge la condition du progrès, la garantie d'une certaine liberté. Pour en apprécier la valeur, il faut jeter les yeux sur l'islamisme. L'islamisme ne connaît pas la distinction des deux pouvoirs ; le monde musulman en a péri ; il n'a eu ni Jean Chrysostome, ni Grégoire VII, ni Thomas Becket. On cite quelques belles résistances d'imams ; mais jamais de tout cela ne s'est formé un clergé indépendant et jaloux de ses priviléges ; jamais non plus ne s'est constitué, en opposition avec l'ordre religieux, un état civil bien défini. Si aujourd'hui la Turquie fait de vains efforts pour constituer une société fondée sur l'égalité des droits, c'est qu'elle lutte contre un principe séculaire et fatal. Héritier des khalifes, c'est-à-dire vice-prophète, le sultan ne peut pas plus présider un État mixte, où croyants et infidèles auraient les mêmes droits, que le pape ne pourrait, si la moitié de ses sujets

---

[1]. Sous Charlemagne et les Othons, qui ramènent une sorte d'unité pour l'empire d'Occident, l'Église latine offre un aspect peu différent de l'Église grecque.

étaient juifs ou protestants, leur faire une part dans les congrégations romaines ou le sacré collége. La lutte du sacerdoce et de l'empire a été de la sorte le fait générateur des temps modernes. La théocratie et le despotisme absolu ont été rendus impossibles. Si l'islamisme avait eu cette division féconde, un monstre comme le khalife Hakem n'eût pu se produire, et la science arabe n'eût pas été étouffée par le fanatisme laïque, le pire de tous les fanatismes.

Certes il s'en faut que le régime de division entre les deux pouvoirs qui régna en Occident durant tout le moyen âge fût un régime de liberté. L'Église latine, bien plus indépendante que celle d'Orient, ne fut pas plus exempte que cette dernière d'un mal funeste, conséquence de l'extrême énergie avec laquelle le christianisme affirmait sa vérité divine, je veux dire de l'intolérance. En brisant la vieille « religion d'État » de l'empire romain, le christianisme mit à sa place la « religion absolue ». La dignité de la conscience y gagna ; mais des violences inconnues jusque-là furent la conséquence de ce dogmatisme exagéré, et, par un étrange renversement, cette religion, dont la victoire avait été le triomphe de la conscience, s'est trouvée être la religion qui a fait couler le plus de sang. La raison en est simple : le despotisme romain se souciait peu des âmes; sa religion était un règlement de police, qui atteignait peu la liberté philosophique. Le christianisme veut les âmes, le dehors ne lui suffit pas; c'est aux consciences qu'il porte le fer et le feu : de là un zèle de conversion dont la vivacité ne connaît pas de limites. L'empire romain n'a pas persécuté un seul philosophe pour sa philosophie abstraite; le moyen âge chrétien a étouffé la liberté de la pensée par d'atroces supplices. Des souverains que l'Église a tenus pour des modèles apparaissent aux yeux de l'histoire impartiale comme d'impitoyables bourreaux. Je ne prendrai pas pour exemple Philippe II, qui fut à la fois un tyran religieux et un tyran politique, un vrai Domitien. Je prendrai le plus honnête homme peut-être qui ait régné, un vrai libéral, un souverain qui respecta tous les droits, et dont la bonté de cœur n'a pas été surpassée : saint Louis est en religion un terrible persécuteur. Il est si convaincu de la vérité de sa croyance, qu'il pose en principe que l'homme laïque ne doit répondre aux objections qu'il entend faire contre la foi qu'en perçant le ventre de celui qui les fait[1], et qu'il laisse

---

1. Voyez Joinville, dans le *Recueil des Histoires des Gaules et de la France*, t. XX, p. 198.

sans le moindre scrupule l'horrible inquisition dominicaine décimer ses sujets par « l'immuration » et le bûcher en permanence. Dioclétien n'a pas fait cela ; on n'a pas vu sous Dioclétien un tribunal suivre contre les chrétiens une procédure aussi odieuse que celle qui est prescrite dans le *Directorium Inquisitorum* de Nicolas Eymeric [1]. Aucun proconsul romain n'a écrit un poëme comme la *Novelle de l'Hérétique,* de l'inquisiteur Izarn, où chaque argument se termine par cette menace : « Et si tu ne le veux croire, vois le feu allumé où brûlent tes compagnons, » ou bien : « Mais déjà s'appareillent le feu et le tourment par lequel tu dois passer [2]. » C'est en ce sens qu'il est permis de dire que la persécution théologique est dans le monde l'œuvre du christianisme. L'islamisme, bien plus dur en un sens, ne chercha jamais à convertir. Son intolérance est celle du dédain : il étouffe le chrétien, il le pille, le massacre dans ses moments de fureur ; mais il ne le prêche pas en lui offrant le choix entre ses syllogismes et le

---

1. Les actes authentiques de ces horreurs, devant lesquelles pâlissent celles du tribunal révolutionnaire, sont encore en partie inédits. On peut lire les procès-verbaux de l'inquisition de Toulouse publiés par Limborch. Ceux de l'inquisition de Carcassonne sont à la Bibliothèque impériale (Saint-Germain latin, n°s 395 et suiv.). Le *Directorium* a été publié.

2. *Histoire littéraire de la France,* t. XIX, p. 581.

bûcher. Le christianisme, avec sa tendresse infinie pour les âmes, a créé le type fatal d'une tyrannie spirituelle, et inauguré dans le monde cette idée redoutable, que l'homme a droit sur l'opinion de ses semblables. L'Église ne se fit pas l'État, mais elle força l'État à persécuter pour elle. Si le bras séculier exécutait la sentence, le prêtre la prononçait.

Tout en peignant les persécutions de l'empire, qui n'avaient pas la prétention de s'exercer au nom de la vérité, sous les couleurs les plus justement odieuses, le christianisme occidental fut donc en réalité au moyen âge une religion armée, violente, impérieuse, ne souffrant pas de discussion. Un tel système valait mieux pour la moralité générale de l'espèce humaine que le système romain, où l'État créait la religion, et que le système musulman, où la religion créait l'État; mais, en réalité, il était le plus cruel de tous : il fit de l'Europe latine, au XIIIe et au XIVe siècle, un champ de tortures; il était en flagrante contradiction avec les principes élevés dont l'Évangile gardait le secret. Une protestation sortie des entrailles mêmes du christianisme éclate au XVIe siècle : un troisième type de société chrétienne se constitue et annonce la prétention de revenir à la primitive liberté. Certes il s'en faut que cette prétention fût dès lors justifiée : le protestantisme, outre beaucoup d'actes de violence qu'il eut à se reprocher, put sembler d'abord n'être que le retour à des idées moins pures sur les rapports de l'Église et de l'État. Le luthéranisme mit la théologie dans la main des princes allemands; le calvinisme, dans sa cité idéale de Genève, fonda la république sur la religion. En Angleterre, en Suède, la réforme officielle n'aboutit qu'à des Églises nationales absolument dépendantes du pouvoir civil. Néanmoins le principe qui était l'âme cachée du mouvement nouveau, l'idée d'un christianisme libre que chacun crée et porte dans son cœur, se dégage peu à peu. Les sectes dissidentes dans le sein de la Réforme, presque aussi vivement persécutées par les Églises protestantes officielles qu'elles l'eussent été par les catholiques, maintiennent et propagent cette idée avec une admirable ténacité. De nos jours, elle éclate et triomphe sur tous les points du monde protestant. Une foule de sociétés chrétiennes, n'ayant aucun lien ni avec une Église centrale ni avec l'État, existent et fructifient. L'Amérique nous présente ce système érigé en loi constitutionnelle. Ainsi le protestantisme, après trois siècles d'hésitations, arrive à réaliser le programme dont il avait prématurément annoncé l'accomplissement. Il est revenu vraiment à la liberté des premiers siècles, dont toute trace avait disparu depuis le jour où Constantin commença à s'occuper de théologie.

Église libre, comme dans les trois premiers siècles, comme de nos jours en Amérique ; — Église dépendante de l'État, comme en Russie, comme en Suède ; — Église séparée de l'État, centralisée à Rome et traitant avec l'État de puissance à puissance, comme dans les pays catholiques : telles sont donc les trois formes sous lesquelles le christianisme s'est mis en rapport avec les sociétés humaines. Voyons laquelle de ces trois formes semble le mieux se prêter aux tendances de la pensée moderne vers un idéal de liberté, de douceur de mœurs, d'instruction et de moralité.

Au plus bas degré, il faut placer sans contredit le système qui fait de l'Église une fonction de l'État. Les effets de ce système sont fort divers selon la qualité même des gouvernements auxquels l'Église se trouve assujettie. Assez avantageux dans les pays où les gouvernements n'ont qu'une action très-limitée, il est fatal dans les pays despotiques. En Russie, il a amené les derniers excès de la servilité. L'Église russe, humiliée, pauvrement recrutée, sans germe apparent de progrès, se traîne dans les bas-fonds du christianisme et presque à sa limite. On cite peu d'hommes distingués qui soient sortis de son sein.

En Suède, l'Église d'État aboutit à une intolérance choquante et à une assez grande médiocrité. En Angleterre, l'Église officielle, après avoir été odieusement persécutrice à la fin du xvie siècle et au xviie, est arrivée depuis longtemps à un état de nullité assez inoffensive. La paresse et les abus y règnent dans une parfaite quiétude; Oxford, jusqu'aux remarquables mouvements de ces dernières années, le disputait à Rome pour l'absence de critique et l'obstination des partis pris. Heureusement, des germes d'un bien meilleur avenir se font jour çà et là, et de plus, mérite immense et sans égal! cette Église officielle, opulente, patronnée par l'État, réunissant les suffrages de la majorité, ne persécute plus les dissidents; elle n'est d'aucun obstacle à la liberté. — Dans les petites principautés d'Allemagne, la dépendance de l'Église, après avoir produit au xviie siècle un état intellectuel assez effacé, a eu plus tard d'excellents effets. Grâce à la largeur de l'esprit germanique et à l'intelligence remarquable des princes allemands vers la fin du dernier siècle et au commencement de celui-ci, grâce peut-être aussi à ces riches facultés spéculatives que l'Allemagne semble expier par le manque d'influence politique [1],

---

1. Voir ci-dessus, p. 85, note.

l'enseignement théologique des universités allemandes atteignit une hauteur dont aucun siècle n'avait offert l'exemple. L'absence de centralisation, qui avait fait le succès du protestantisme en Allemagne, portait ici son fruit ordinaire; en créant la rivalité, elle créait la lumière et la liberté.

Ce n'est là qu'une exception, dont il ne faudrait pas tirer de conséquences. En général, la subordination de l'Église à l'État est mauvaise et contraire aux vrais besoins de l'esprit moderne. En France surtout, elle serait fatale, et j'envisage comme une grande erreur l'opinion de très-bons esprits qui cherchent de ce côté une solution à des difficultés sans cesse renaissantes. L'Église gallicane de Pierre Pithou aurait eu tous les défauts de l'Église anglicane, et n'en aurait peut-être pas eu les qualités. Les requêtes que les assemblées du clergé de France adressaient au roi avaient d'ordinaire pour objet de solliciter des actes d'intolérance. Je ne doute pas que de nos jours une Église gallicane, dépendante de l'État, ne pesât beaucoup plus sur la liberté que l'Église dépendante de Rome. Mieux vaut le pape que l'empereur théologien de Byzance ou de Moscou. On connaît ces superbes paroles : « J'allais relever le pape outre mesure, l'entourer de pompes et d'hommages. Je l'eusse amené à ne plus regretter son temporel. J'en aurais fait une idole. Il eût demeuré près de moi; Paris fût devenu la capitale du monde chrétien, et j'aurais dirigé le monde religieux, ainsi que le monde politique. C'était un moyen de resserrer toutes les parties fédératives de l'empire et de contenir en paix tout ce qui demeurait en dehors. J'aurais eu mes sessions religieuses comme mes sessions législatives. Mes conseils eussent été la représentation de la chrétienté; les papes n'en eussent été que les présidents. J'aurais ouvert et clos ces assemblées, approuvé leurs décisions, comme l'avaient fait Constantin et Charlemagne. » Je ne connais pas de danger plus grave que celui qu'impliquait ce programme. Les pays d'administration et de centralisation sont ceux où une Église nationale produit les effets les plus fâcheux. Pie V et Philippe II n'ont pas arrêté l'esprit moderne; le despotisme administratif l'arrêterait. Celui-ci, en effet, n'a pas besoin d'être violent. Des brutalités comme celles qui avaient lieu en Judée du temps de Ponce-Pilate, à Rome sous Néron, en Europe au XVIe siècle, ne sont plus à craindre. Et pourtant la liberté que supposent la fondation du christianisme et la victoire de la Réforme n'existe plus; de simples règlements de police correctionnelle ont rendu de pareilles manifestations religieuses impossibles. M. Michelet a très-bien montré comment la persécution des habiles administrateurs sortis de l'école de Colbert, lesquels n'aimaient guère le clergé, a bien plus frappé au cœur ses victimes que la grossière cruauté de l'inquisition espagnole. Quand l'État met la main sur l'âme, cette main est toujours bien plus lourde que celle du prêtre. Le prêtre, même armé de pouvoirs énormes, n'empêche pas les nouveautés de se produire; l'État, avec sa douceur prudente et son système préventif, arrête toute initiative. Je ne vois pas une seule vie de saint ou de grand homme dans le passé qui, de nos jours, ne fût une contravention perpétuelle. Nos lois sur l'exercice illégal de la médecine, sur les réunions, sur l'autorisation préalable en fait de culte, auraient suffi pour couper court aux deux ou trois événements auxquels le monde doit sa vie et son progrès.

La France est fière de son concordat, et, en effet, le Concordat est bien le dernier mot de la Révolution dans l'ordre religieux, comme le code civil est le dernier mot de la Révolution dans l'ordre politique. Le Concordat a le caractère de tout ce qui est sorti de la Révolution : essentiellement administratif, il témoigne une remarquable entente de ce qui fait la force et la paix d'une nation, mais en même temps un singulier oubli de la liberté, un mince respect pour la conscience individuelle, et une complète méconnaissance du côté moral de l'homme. Le Con cordat se résume en ce mot qu'on prête à Portalis : « Régulariser et resserrer la superstition. » L'erreur de la France est, en général, de croire qu'on peut suppléer à la libre spontanéité des âmes par des institutions bien combinées. Un barbarisme affreux, *moraliser,* est devenu un mot français. Partant de l'idée qu'une nation est heureuse dès qu'elle a un bon code et une bonne administration, n'accordant à l'individu qu'un seul droit, celui de s'amuser à son aise, sans idées, sans opinions, sans rien de ce qui dérange un bonheur vulgaire, les politiques qui résumèrent les principes de la Révolution devaient être amenés à regarder les croyances religieuses comme un mal inévitable, qu'il faut restreindre et légiférer par de sages règlements. Mais l'humanité a trop de feu dans le sang pour se contenter d'un Éden de bourgeois heureux, s'amusant par escouades, vivant et mourant par habitude, croyant par décret. Le sentiment religieux prendra sa revanche; les cultes aimeront mieux les périls de la liberté qu'une protection obtenue au détriment de ce qu'ils ont de plus cher. Ils préféreront à tous les avantages le droit de se combattre et de croire qu'ils ne relèvent que d'eux-mêmes et de la vérité.

En somme, le système des Églises nationales nous semble avoir peu d'avenir. La conception étroite de la vérité qu'il suppose est contraire à la tendance de l'esprit français vers un idéal universel et commun à tous. Il faut l'optimisme patriotique de l'Anglais pour s'imaginer que l'Église de son île doit être la meilleure, parce qu'elle est la sienne. Le sentiment religieux vise de plus en plus à tenir peu de compte des fleuves et des montagnes. Une administration centrale, telle qu'est la cour de Rome, sera d'ailleurs bien plus accessible à certaines idées de progrès que de petites Églises dominées par une incurable routine. Rome jusqu'au XVIIIe siècle a joué dans le catholicisme le rôle d'une capitale plus éclairée que les provinces. Bérenger, Abélard, Roger Bacon ont trouvé plus d'appui ou de tolérance dans la papauté que dans les autorités ecclésiastiques locales. Aucune Église locale a-t-elle contribué à la Renaissance comme le pontificat du XVe et de la première moitié du XVIe siècle? Quel temps que celui où la découverte d'un auteur latin conduisait à la papauté ou au cardinalat! Qu'on songe à l'incomparable largeur d'esprit que supposent des papes comme Thomas de Sarzane, Æneas Sylvius, Jules II, Léon X, des secrétaires apostoliques comme le Pogge, l'Arétin (Leonardo Bruni), Bembo, Sadolet! Au XVIIIe siècle même, aucune Église nationale ne possédait un Benoît XIV, correspondant de Voltaire, un Clément XIV, un Passionei, un Étienne Borgia. La papauté, bénéficiant des rares qualités de l'esprit italien, du tact, de l'habileté, de la science pratique de la vie qui sont comme innés chez les anciennes races classiques, a su embrasser un horizon plus étendu qu'aucune Église locale. Si de nos jours il n'en est plus ainsi, c'est que Rome n'est plus un centre italien. Des néo-catholiques français, des Belges, des Irlandais, y font la mode et y parlent un langage que ne comprendraient plus les Maï, les Bernetti, les La Somaglia.

De ce que le système catholique est préférable au régime des Églises nationales dépendantes de l'État, faut-il conclure qu'un tel système représente en religion l'idéal de notre temps? Non certes. La notion ultramontaine d'un pouvoir religieux centralisé dans une capitale, possédant cette capitale et les provinces qui en dépendent en toute souveraineté, traitant avec les États de puissance à puissance, par-dessus la tête des clergés locaux, implique, à mon avis, des difficultés qui se révéleront. Une logique inflexible, en effet, a de plus en plus amené le catholicisme à fortifier son centre, à y faire refluer toute puissance. De plus en plus les catholiques ont été conduits à croire qu'ils reçoivent de Rome la vie et le salut. Il est même bien remarquable que ce sont les nouvelles conquêtes du catholicisme qui montrent à cet égard le plus de susceptibilité. Le vieux catholique provincial, qui tient sa foi du sol, a moins besoin du pape et est beaucoup moins alarmé des orages qui le menacent que le néo-catholique, qui, en revenant au catholicisme, a envisagé le pape, selon le nouveau système, comme l'auteur et le garant de sa foi. Une sorte de lamaïsme ou de foi en une perpétuelle incarnation de la vérité tend ainsi à s'établir. Par une bizarre rencontre, le plus puissant auxiliaire de ces modernes exagérations a été celui qui en a semblé le plus redoutable ennemi. L'idée que le pape est dans l'Église ce que l'empereur est dans l'État, qu'il administre l'Église par les évêques comme l'empereur administre l'État par les préfets, que traiter avec lui, c'est traiter avec l'Église, comme traiter avec l'empereur, c'est traiter avec l'État, cette idée-là est une idée de Napoléon. Elle est le fond du Concordat. On eût demandé à Grégoire VII s'il se croyait les pouvoirs nécessaires pour biffer d'un trait de plume une Église entière et la reconstruire le lendemain selon les vues du souverain temporel, qu'il eût répondu négativement. Les théologiens de ce qu'on appelle la « petite Église » produisirent sur ce point d'invincibles arguments. Le Concordat est un fait inouï dans l'histoire de l'Église et l'acte d'ultramontanisme le plus énorme que la papauté se soit jamais permis. L'évêque, qui, dans les anciennes institutions canoniques, tient son pouvoir d'un droit divin, n'est plus, d'après les nouveaux principes, qu'un préfet révocable, même sans qu'il soit en faute, pour le bien de la communauté. Le pape, qui n'a dans l'ancienne Église qu'une primauté mal définie, devient, selon le droit canon inauguré par Napoléon, l'administrateur général de l'Église. La constitution des diocèses, comme Églises distinctes, est profondément atteinte; le réseau peut en être changé quand il plaît à l'administrateur suprême; ils n'ont plus qu'une existence factice comme le département. Le principe administratif de la France fit ainsi dans l'Église une complète invasion ; le pape devint le souverain absolu de l'Église; tous les droits qui, selon l'ancienne constitution, étaient répandus dans le corps ecclésiastique se trouvèrent concentrés dans la main de celui qui désormais passera pour l'équivalent de Jésus-Christ.

Les dangers d'une telle organisation s'aperçoivent sans peine. L'expérience a prouvé que les pouvoirs centralisés sont les moins stables, un coup de main suffisant pour les renverser. La révolution est la forme sous laquelle s'opèrent les changements dans les États de ce genre. Avec la centralisation, la fragilité et la révolution ont fait leur entrée dans l'Église. Le pape est bien plus vulnérable qu'une Église partout répandue. Le pape, d'ailleurs, étant mis par le système des concordats en rapport direct avec les gouvernements, la religion est ramenée dans le cercle des choses mondaines; elle est mêlée à toutes les intrigues de la terre : son représentant n'est plus le pontife, le saint homme, le docteur; elle se personnifie dans des diplomates, des Consalvi, des Caprara. Le pape du xiie et du xiiie siècle est certes fort mêlé aux choses de la terre; mais il y est mêlé comme un acteur de premier ordre, et même comme le premier de tous. Privé de ce rôle suprême depuis le xive siècle, représentant dans le monde une puissance de deuxième ou de troisième rang, le pape des temps modernes est réduit à de petites habiletés peu dignes de lui. Le catholicisme a été entraîné de la sorte à devenir une religion essentiellement politique : les jésuites, qui ont tracé le code de sa diplomatie, sont les seuls qui aient compris les exigences de sa position et la ligne de conduite à laquelle il est condamné.

Préjudiciable à la religion, l'organisation ultramontaine ne l'est guère moins à l'État. Ce n'est pas un superficiel préjugé qui a mis en opposition dans certains pays les mots de « catholiques » et « de patriotes », et en a fait le drapeau de partis contraires. Le catholicisme est en fait bien plus la patrie du croyant que l'État où il est né. Plus une religion est forte, plus elle a cet effet; l'islamisme a totalement tué en Orient la patrie. L'Europe ne court pas les mêmes dangers; mais on ne peut nier que le catholicisme ultramontain ne crée pour la société civile de graves embarras. La religion, dans le système ultramontain, étant une puissance à part, qui dispose de moyens terrestres, l'État est obligé envers elle à de perpétuelles concessions. Ces concessions sont toujours des diminutions de la liberté publique. Se posant comme une puissance de droit divin, à laquelle obéissance est due par ceux qui ne la professent pas, l'Église, quand elle ne domine pas, se croit persécutée. Elle réclame le droit commun, et elle a raison; mais, en réalité, elle jouit d'un énorme privilége, qu'elle tient de ses allures hautaines. L'évêque se plaint de ne pas jouir pour la publication de ses mandements de toute la liberté qu'il désirerait : je suis avec lui dans cette croisade; mais pourquoi l'évêque ne veut-il pas permettre que le libre penseur jouisse de la même liberté? pourquoi exige-t-il de l'État que les opinions différentes de la sienne soient exclues de l'enseignement? Si l'évêque pèse sur l'État, il ne doit pas trouver mauvais que l'État pèse sur lui; s'il demande à l'État qu'il ne se dise dans les chaires publiques rien de contraire à ses idées, il ne doit pas trouver mauvais que l'État revise ses mandements pour qu'il ne s'y trouve rien de contraire à la politique nationale. Il est peu naturel que le clergé ne puisse recevoir les bulles de Rome que par la voie diplomatique; mais il faut se rappeler que le pape est un souverain, et que ses nonces sont des « ambassadeurs ». Il est absurbe que l'État force le prêtre à chanter des *Te Deum* et le poursuive quand il refuse de prier; mais il faut se rappeler que ce prêtre tient de l'État un immense privilége, que sa puissance, ses richesses, son règne passé et les beaux débris qui lui en restent, il les doit directement ou indirectement à l'État, qui, depuis des siècles, lui a maintenu un monopole exclusif. Soyez libres, à la bonne heure; mais qu'alors tous le soient! Ne demandez pas à l'État de reconnaître que vous possédez la vérité; défendez-vous sans invoquer l'État contre vos adversaires; ne demandez qu'une chose au pouvoir, celle à laquelle tous ont droit, la liberté de croire ce qui vous semble vrai, et de faire partager aux autres votre conviction par des moyens avoués de la stricte équité.

C'est là, je le sais, une abnégation impossible. Le catholicisme, persuadé qu'il travaille pour la vérité, essayera toujours de faire servir l'État à sa défense ou à sa propagande. La formation d'un « parti catholique » ayant pour principe d'employer son influence dans l'intérêt de l'Église, d'appuyer ou d'attaquer les gouvernements, suivant qu'ils servent ou ne servent pas sa foi religieuse, est la conséquence inévitable du système ultramontain. L'histoire de ce parti, auquel n'a manqué ni le talent ni l'habileté, est déjà longue de près d'un demi-siècle ; il a toujours parlé de liberté : peut-on dire que ce grand mot ait toujours été la règle de sa conduite ? Les belles résolutions de tolérance qu'il prenait quand il était faible, les a-t-il gardées au lendemain de sa victoire ? Quand le parti catholique, dans les deux ou trois années qui suivirent la révolution de 1848, arriva à une importance de premier ordre, respecta-t-il beaucoup ses adversaires ? Toutes les lois qu'il vota, songea-t-il qu'un jour elles pourraient lui être appliquées ? Le concordat de l'Autriche, celui du grand-duché de Bade, qui furent son œuvre, sont-ils vraiment des œuvres de liberté ? Lui qui approuvait la révolte de la Belgique contre la Hollande, de la Pologne contre la Russie, qui approuverait la séparation de l'Irlande, que dit-il du soulèvement des Romagnes ? Il est certain pourtant que les traités de 1815 ne sont guère moins violés par une de ces révoltes que par l'autre. Le parti catholique déteste à bon droit le régime de la Terreur ; et cependant il fait l'apologie de Pie V et de l'ordre de Saint-Dominique. Il s'élève contre la tyrannie ; mais blâme-t-il bien hautement l'Église d'avoir fait alliance avec tous les despotismes qui l'ont servie, depuis Philippe II jusqu'à tel président sans nom des républiques américaines? On nous assure qu'il n'en sera plus de même dans l'avenir. Dieu le veuille! Au surplus, peu nous importe; on tient la liberté de soi et non d'autrui. Il faut souhaiter à tous la mesure de liberté que nous voudrions pour nous-mêmes, mais n'attendre que de nous celle dont nous avons besoin, et à laquelle nous avons droit.

Une circonstance particulière complique encore ces difficultés. Comme tous les États centralisés, le catholicisme ultramontain a besoin d'une capitale. Il faut qu'une certaine portion de la surface du monde soit soustraite à toutes les conditions de la vie nationale pour servir de territoire à son administration et de siège à son souverain. La supériorité du protestantisme par ce côté est immense. L'unité du protestantisme est toute spirituelle; il n'a pas besoin d'un pouce de terre pour y établir son centre. Jamais protestant, pour la tranquillité de sa conscience, n'a demandé le sacrifice d'un village de dixième ordre.

Mettant son repos non point dans la communion avec un chef, mais dans la foi en un livre, et ultérieurement dans la pure idée du Christ, la conscience du protestant est au-dessus des révolutions et des hasards de l'histoire. Ce complet détachement de l'espace, ce spiritualisme absolu, n'admettant de lien avec aucun point terrestre, le catholicisme ultramontain ne saurait le pratiquer. Il ne peut se passer d'un établissement matériel; il faut qu'il ait un patrimoine, une armée, un trésor, une diplomatie, une politique. Il entre en plein dans le courant des choses passagères; il en doit subir la loi. Il pose sur le sol ruineux de notre planète; il en ressentira toutes les secousses. Pour que l'ultramontanisme, en effet, pût se promettre des destinées éternelles, il faudrait que l'ultramontanisme fût assuré que le coin de terre sur lequel il a bâti sa ville sainte ne tremblera jamais, et que le peuple qu'il s'est approprié non-seulement restera toujours catholique, mais ne réclamera point son droit de vivre comme les autres nations. Il lui faudrait une ville dans les nuages, un pic inaccessible, où nul voisinage ne vînt le troubler. Voyons si le pays où, en vertu de déductions théologiques fort subtiles, et surtout par suite de nécessités historiques très-profondes, le catholicisme a placé son siége réunit toutes ces conditions.

Ce pays est l'Italie. Ç'a été là pour le catholicisme une heureuse fortune, et l'Italie, de son côté, y a gagné une destinée brillante et tout à fait unique, qui n'est devenue pour elle un fardeau et une infériorité que depuis les changements amenés par la Révolution dans le train du monde; mais quatre faits considérables se sont introduits, il y a un demi-siècle, dans l'ordre européen, et ont rendu très-difficile à maintenir la séquestration de l'Italie, condition essentielle de la vieille organisation de la papauté. Ces quatre faits sont : — l'importance prise par le principe des nationalités, — la prépondérance exclusive que les grands États se sont arrogée, — la profonde transformation subie par la papauté elle-même, — la révolution qui, sans distinction de secte, s'est opérée dans le sentiment religieux.

On peut trouver de l'exagération dans les applications diverses que notre siècle tend à faire du droit des nationalités; mais il est certain que le principe des divisions territoriales fondées sur la nature même ou le besoin des peuples tend à se substituer aux divisions fondées sur la convenance des princes. Or, la grandeur de la papauté est justement d'être en dehors et au-dessus des nationalités, d'être une machine universelle, d'exiger par conséquent le sacrifice de la nationalité dont elle occupe le sol. Si le pape est italien, il ne sera pas catholique ; s'il est catholique, il ne sera pas italien. L'histoire est ici d'une logique inflexible ; elle nous montre, avec une évidence qui ne peut échapper qu'aux esprits étrangers à toute vue générale, la papauté opposant, depuis le temps des Lombards, un obstacle infranchissable à la formation d'un royaume d'Italie. Je ne veux tenir ici aucun compte d'événements contemporains qui semblent des faits accomplis. C'est la gloire de l'Église romaine de mépriser les orages : j'admettrai donc, si l'on veut, que la tentative d'une nationalité italienne est destinée à une série de défaites, et que dix fois encore Pierre, fort de l'appui de la catholicité, marchera sur l'aspic et le basilic ; mais ce que je vois clairement, c'est que chacune de ces victoires lui sera fatale, que chacune d'elles creuse un gouffre où le Vatican s'abîmera, car les peuples ne meurent pas, et les institutions meurent : les institutions périssent par leurs victoires, et les peuples triomphent par leurs défaites. Un duel à outrance est engagé, où l'un des combattants, quoique le plus faible et sans cesse terrassé, ne peut pas mourir. La conséquence inévitable, c'est que l'autre meure. Chaque effort pour étouffer son ennemi coûte à la papauté des engagements, des compromis, des pactes avec la terre qui lui seront funestes à la longue, et lui enlèveront jusqu'à la dernière parcelle de cette indépendance qu'elle prétendait fonder sur la possession d'une petite principauté.

Il s'élève, en effet, contre la papauté temporelle une difficulté bien plus forte que celle qui résulte du réveil des nationalités. L'indépendance papale a été assez bien garantie par sa souveraineté de trois ou quatre millions d'hommes à l'époque où les petits États étaient encore quelque chose. Quand la république de Venise était en Europe une puissance fort respectée et résistait au roi de France, le souverain de Rome et de Bologne était, dans l'ordre temporel, indépendamment de son prestige religieux, un personnage considérable. Il n'en est plus ainsi depuis que quatre ou cinq grandes agglomérations ont accaparé pour elles seules le maniement des choses européennes. Dans un tel état de choses, on voit sans peine quelle doit être la position des petits souverains. Si l'on peut dire (et certes bien des restrictions seraient ici nécessaires) que, pour les quatre ou cinq grandes puissances, souveraineté est synonyme d'indépendance, il est bien sûr que le petit souverain est, lui, le plus dépendant des hommes. Que dire quand ce petit souverain est en lutte forcée avec ses sujets ? Il est clair qu'en ce cas il dépend de la nation qui le garde, ou de la nation sur laquelle il s'appuie contre

celle qui le garde. Mieux vaudrait être le sujet libre
d'une puissance libérale que d'être ainsi alternative-
ment l'obligé de toutes. La formation d'une armée catholique n'est pas une solution à cette difficulté. Une
armée catholique échouera, comme toute chevalerie
dans notre âge de plomb, devant la fatalité des
grandes masses. Si la catholicité peut former une
armée comme celle de la France, une flotte comme
celle de l'Angleterre, je n'ai rien à dire; mais qui
ne voit que le principe national seul peut entretenir
ces gigantesques appareils ? J'ajoute que l'habile parti
romain, qui, comptant peu sur les miracles, a toujours courtisé les forces établies bien plus qu'il n'a
recherché l'appui de l'enthousiasme religieux, se
défiera de l'armée catholique, en neutralisera les
effets, et se tournera de préférence vers la diplomatie. Par la fatalité des choses, le pape sera donc
réduit à demander la garantie de ses États aux
grandes puissances, à épier le succès, à pactiser
avec les forts, à s'enfoncer dans le dédale des calculs humains. Ce n'est donc pas de sa petite principauté qu'il tire son indépendance; au contraire, sa
principauté est le point par lequel il est cloué à la
terre et traduit au tribunal des puissances européennes, où le schisme et l'hérésie disposent de la
majorité. — J'ajoute encore qu'un grand principe de

force, la légitimité, ne saurait être ici invoqué. La légitimité se fonde sur une sorte de mariage séculaire entre une maison royale et une nation, la maison royale s'obligeant à une stricte héridité, et renonçant à tout intérêt privé qui ne serait pas conforme à l'intérêt de la nation. Il n'y a ici ni maison héréditaire ni intérêts nationaux ; la papauté n'est pas plus admise à revendiquer les droits d'une dynastie que le dogat de Venise, et, quant aux intérêts qu'elle représente, ils ont cessé depuis longtemps d'avoir rien de commun avec le pays sur la surface duquel elle règne, mais non en vue duquel elle gouverne. Chargé d'une mission universelle, le pape manquerait à ses devoirs de père commun des fidèles, s'il ne considérait que l'intérêt de sa petite principauté, c'est-à-dire s'il était bon souverain.

Les exagérations introduites de notre temps dans l'idée de la souveraineté spirituelle et temporelle du pape ont donné à cette difficulté des proportions toutes nouvelles. L'Italie cultiva la papauté tant que la papauté fut italienne et lui laissa le gouvernement qu'elle aimait, le gouvernement municipal. On eût tenté au xviiie siècle d'arracher la papauté à l'Italie, que l'Italie l'eût défendue de toutes ses forces. Les choses à cet égard sont irrévocablement changées. D'une part, la papauté devient de plus en plus une

administration catholique, où l'influence est exercée
par des étrangers. De l'autre, une idée étroite de
souveraineté directe et administrative a remplacé à
Rome la vieille idée de suzeraineté, qui constituait
pour le pape une position plus digne et plus commode. Par un faux calcul dont les conséquences
rempliront notre siècle, Consalvi fit adopter ce principe que la souveraineté du pape sur les États qu'on
lui rendait en 1815 était une pleine souveraineté,
analogue à celle du roi de France, par exemple, et
impliquant l'abolition des anciennes franchises. C'é-
tait là une énorme usurpation, car en 1796 Bologne
était une vraie république, n'ayant avec Rome qu'un
lien de vassalité nominale; mais c'était la faute du
temps : il semble qu'en renversant l'Empire, on prît
à tâche de continuer partout, avec autant de rigueur
et moins d'éclat, le système de gouvernement que
l'Empire avait inauguré. L'idée de la souveraineté
napoléonienne devint en 1815 la base du droit public
européen : l'Allemagne conservait ses petits princes
comme de complets souverains; la Restauration conservait le régime préfectoral; le pape et le sultan
étaient déclarés rois absolus des pays que la carte
leur attribuait. Pour Rome et Constantinople, la
faute fut la même. D'un côté, elle devait aboutir au
massacre des chrétiens; de l'autre, livrer les États

romains, et surtout les Romagnes, à la révolution.
Le pape, en effet (et je n'entends pas en ceci lui faire
un bien grave reproche), ne sera jamais un bon administrateur ; le gouvernement des sociétés humaines
est descendu à des détails mesquins où la vieille
majesté romaine ne peut que se compromettre. Le
pape d'autrefois échappait à cette responsabilité par
la nature peu précise de son pouvoir ; le pape du
xixe siècle n'avait qu'un moyen d'y échapper :
c'était d'accepter le régime constitutionnel. Il ne l'a
pas voulu, et, pour être juste, il faut se demander
s'il l'a pu. Je suis loin de méconnaître ce qu'a eu de
généreux une tentative où se sont usés de nobles
cœurs ; j'avoue cependant (et certes j'aimerais à voir
mon appréhension déjouée) que l'hypothèse d'une
papauté parlementaire au temporel me semble impossible à réaliser. A quelques égards même, on peut
dire qu'une telle hypothèse est en contradiction avec
les principes essentiels non de la papauté idéale,
mais de la papauté exagérée qui est sortie des
maximes de l'ultramontanisme moderne. Je comprends très-bien le pape suzerain féodal de provinces
assez libres ou protecteur de petites républiques ; je
ne comprends pas le pape constitutionnel, au moins
avec les formes d'une représentation centrale. Ce
prêtre qu'il faut faire souverain pour ne le subor-

donner à aucun souverain, ne doit-on pas craindre de le subordonner à ses sujets? Le catholique, dont la conscience se révolte s'il peut croire que celui qui représente à ses yeux la vérité subit quelque contrainte du dehors, ne se révoltera-t-il pas bien plus encore si son chef infaillible et impeccable dépend d'une chambre toute profane et plie devant son cabinet?

La religion enfin aspirant de nos jours à se renfermer dans les âmes, le fatal attachement à la terre qu'implique le nouveau système ultramontain deviendra très-antipathique aux personnes vraiment religieuses : elles finiront par voir un acte de peu de foi dans cette perpétuelle défiance de la vertu du secours divin. Il y a des indépendances tout humaines qui savent fort bien se maintenir sans posséder un coin de terre; pourquoi celui qu'assistent la force et la lumière d'en haut n'aurait-il pas le même courage? Une fausse idée de la souveraineté est au fond des jugements que portent sur ce point les catholiques; on commence par supposer que l'on ne peut être en même temps libre et sujet, que le souverain est nécessairement un Louis XIV, possédant à la fois les corps et les âmes. Que les catholiques s'unissent à nous pour tâcher qu'il n'en soit plus ainsi. Au lieu de fonder l'indépendance de la foi sur des murailles de pierre, qu'ils travaillent à conquérir la liberté pour tous et à réduire les droits que l'État s'arroge sur les choses de l'esprit. Que l'action du pape se borne aux intérêts purement religieux, aucun gouvernement n'essayera de le gêner sur ce terrain. La confession d'Augsbourg, pour être digne et forte, n'a pas besoin d'un représentant souverain : elle se défend par la foi commune de ses adhérents.

De toutes parts nous arrivons donc à ce résultat, que l'établissement catholique fondé sur l'aliénation éternelle d'une partie de l'Italie ne saurait se maintenir. L'imprudence que le catholicisme a faite en se centralisant outre mesure apparaîtra avec une effrayante clarté. On maudira le jour où César Borgia donna à la papauté les provinces qu'il avait conquises par des procédés admirés de Machiavel. Ah! gonfalonier de la sainte Église, quel triste cadeau vous lui avez fait! On regrettera les moyens termes qui rendaient l'inconséquence possible et facile. On reconnaîtra qu'une principauté italienne était un mauvais moyen pour maintenir l'indépendance de la religion. Ainsi le catholicisme sera amené à préférer le simple appel à la conscience au régime protecteur. D'une part, il sera assez fort pour rendre impossible une Église nationale, administrée par l'État; de l'autre, il ne pourra pas défendre son établissement central : il restera une puissante association libre, reposant sur une force morale répandue partout. Ce jour-là, l'Église réclamera la liberté avec une ardente bonne foi et lui rendra de grands services, car elle en aura besoin. J'espère qu'aucun vrai libéral ne lui rappellera avec ironie le temps où elle s'arrogeait le droit divin de régner, où elle traitait tout dissident de rebelle, et repoussait l'égalité des droits comme une injure à la vérité.

A Dieu ne plaise que je semble jamais méconnaître la grandeur du catholicisme et la part qui lui revient dans la lutte que soutient notre pauvre espèce contre les ténèbres et le mal ! Que de bien jaillit encore au sein des eaux troublées de cette fontaine intarissable, où l'humanité a bu si longtemps la vie et la mort ! Même en cet âge de décadence, et malgré des fautes poussées à l'extrême avec une obstination sans égale, le catholicisme donne des preuves d'une étonnante vigueur. Quelle fécondité dans son apostolat de charité ! Que d'âmes excellentes parmi ces fidèles qui ne puisent à ses mamelles que le lait et le miel, laissant à d'autres l'absinthe et le fiel ! Comme, à la vue de ces tentes rangées dans la plaine, et au milieu desquelles se promène encore Jéhovah, on est tenté, avec le prophète infidèle, de bénir celui qu'on voulait maudire et de s'écrier : « Que tes pavillons sont beaux! que tes demeures sont charmantes! » Malgré les limites obligées que le catholicisme pose à certains côtés du développement intellectuel, combien d'esprits, qui sans les fondations religieuses seraient restés ensevelis dans la vulgarité ou l'ignorance, lui doivent leur éveil! Où trouver quelque chose de plus vénérable que Saint-Sulpice, cette image vivante des anciennes mœurs, cette école de conscience et de vertu, où l'on donne la main à François de Sâles, à Vincent de Paul, à Fénelon? Même dans cette association, parfois un peu niaise, entre le catholicisme et les débris de la vieille société française, dans ce néo-catholicisme souvent affadi, que de distinction encore! quelle atmosphère pure et honnête! quel effort naïf vers le bien! Ah! gardons-nous de croire que Dieu a quitté pour toujours cette vieille Église. Elle rajeunira comme l'aigle, elle reverdira comme le palmier; mais il faut que le feu l'épure, que ses appuis terrestres se brisent, qu'elle se repente d'avoir trop espéré en la terre, qu'elle efface de son orgueilleuse basilique : *Christus regnat, Christus imperat,* qu'elle ne se croie pas humiliée quand elle occupera dans le monde une position qui ne sera grande qu'aux yeux de l'esprit.

IV.

Le monde sera éternellement religieux, et le christianisme, dans un sens large, est le dernier mot de la religion. — Le christianisme est susceptible de transformations indéfinies. — Toute organisation officielle du christianisme, soit sous la forme d'Église nationale, soit sous la forme ultramontaine, est destinée à disparaître. Un christianisme libre et individuel, avec d'innombrables variétés intérieures, comme fut celui des trois premiers siècles, tel nous semble donc l'avenir religieux de l'Europe. Ils se trompent également, et ceux qui croient que la religion est destinée à perdre peu à peu son importance dans les affaires du monde, et ceux qui voient dans une sorte de déisme le terme final de toute religion. La religion est une chose *sui generis*; la philosophie des écoles ne s'y substituera pas. Le déisme, qui a la prétention d'être scientifique, ne l'est pas plus que la religion; c'est une mythologie abstraite, mais c'est une mythologie. Il exige des miracles; son Dieu intervenant providentiellement dans le monde ne diffère pas au fond de celui de Josué arrêtant le soleil. Ajoutons que des dogmes étroits, secs, n'ayant rien de plastique ni de traditionnel, ne prêtant à aucune interprétation, sont pour l'esprit humain une bien plus étroite prison que la mythologie populaire. Herder, Fichte, Schleiermacher n'étaient pas assez orthodoxes pour une chaire de religion naturelle, au sens de Voltaire; ils ont été d'excellents théologiens. Le principe religieux et nullement dogmatique proclamé par Jésus se développera éternellement, avec une flexibilité infinie, amenant des symboles de plus en plus élevés, et, en tout cas, créant pour les divers étages de la culture humaine des formes de culte appropriées à la capacité de chacun.

Je sais qu'à beaucoup de personnes une telle solution paraîtra une utopie, et elles auraient raison si l'on parlait ici de mesures à prendre ou de législation à réformer; mais ce n'est point de la sorte que s'opèrent les grandes transformations de l'humanité. La législation des cultes peut rester tant que l'on voudra ce qu'elle est; la seule question intéressante pour le philosophe est de savoir de quel côté va le monde, ou, en d'autres termes, de voir clairement les conséquences qu'impliquent les faits accomplis. Or, s'il est un principe qui s'établisse d'une manière irrévocable, c'est que le domaine de l'âme est celui de la liberté. Les trois grandes forces de l'Europe moderne, la démocratie française, le génie allemand et l'esprit anglais, sont d'accord sur ce point. Les idées ultramontaines sont liées à des partis sans avenir. Tout le faubourg Saint-Germain, avec son oracle M. de Maistre, pèse moins dans le monde que quelques quakers de Manchester. Comment voulez-vous que ces chrétiens lancés au fond de l'Amérique et de l'Océanie conservent avec la vieille Rome, notre mère à tous, les mêmes liens d'obéissance que ceux qui lui doivent la civilisation et la foi? Le christianisme libre est seul éternel et universel. L'idée d'un pouvoir spirituel opposé au pouvoir temporel doit être modifiée. Certes le spirituel n'est pas le temporel; mais le spirituel ne constitue pas un « pouvoir », il constitue une « liberté ». S'il y avait ici-bas un pouvoir spirituel, Grégoire VII aurait eu raison dans ses plus hardis paradoxes : le royaume des âmes eût été tout, le royaume des corps bien peu de chose. En réalité, le royaume des âmes n'existe que dans la région des âmes, c'est-à-dire dans le monde de l'idée pure. La liberté est limitée dans l'ordre matériel : le champ de mon voisin m'est interdit, cela est juste et nécessaire pour que le mien le soit à mon voisin; mais mon voisin ne me fait aucun tort en ayant sur Dieu, le monde et la société les opinions qui lui semblent bonnes, car, en ayant ces opinions, il ne m'enlève rien du droit que j'ai d'en avoir de tout opposées. L'Église, si l'on entend par ce mot un pouvoir armé d'autres moyens que ceux de la libre propagande, doit ainsi disparaître, non au profit de l'État, mais au profit de la liberté. Tant qu'il y aura un établissement officiel de la religion, il vaut mieux que les deux autorités soient distinctes que réunies ; mais l'idéal où il faut tendre est justement d'arriver au règne pur de l'esprit, non comme l'entendent les fanatiques et les sectaires, mais comme l'entendent les vrais libéraux, persuadés qu'une croyance n'a de prix que quand elle est acquise par une réflexion personnelle, qu'un acte religieux n'est méritoire que quand il est spontané.

C'est sans contredit le protestantisme qui est le plus près de cet idéal. Se dégageant peu à peu de ses liens avec l'État, le protestantisme arrive de nos jours à sa dernière conséquence, qui est l'organisation libre de la religion et l'union des chrétiens, non dans la lettre morte des symboles, mais dans la pure idée religieuse, telle que l'Évangile l'a pour la première fois exprimée. Malgré des réactions locales et momentanées, le protestantisme, en Allemagne, en Angleterre, en France, en Hollande, en Suisse, accomplit chaque jour de sensibles progrès dans cette voie. Les Églises réformées de France, en particulier, traversent une crise dont l'issue intéresse au plus haut degré le philosophe et l'homme religieux. Obligées de se serrer pour résister, ces Églises étaient restées jusqu'à ces dernières années renfermées dans les étroits symboles du calvinisme. La largeur en religion est le fruit d'une longue paix. Ce n'est pas à des fils de martyrs qu'il faut demander de critiquer les symboles pour lesquels leurs pères ont souffert. Les formules larges ne savent pas se défendre et ne saisissent pas assez l'homme tout entier pour faire endurer cent cinquante ans de proscriptions. Le protestantisme français demandait ainsi à être jugé non par ce qu'il était devenu sous le coup d'odieuses persécutions, mais par ce qu'il eût été s'il fût resté libre. Un demi-siècle de liberté a suffi pour le rendre à sa direction naturelle. Dès l'époque de la Restauration, un pasteur de Nîmes, Samuel Vincent, quoique connaissant peu encore le christianisme germanique, énonçait avec une rare fermeté les maximes qui depuis sont devenues des axiomes sur la nature de la croyance religieuse. Plus tard, une influence d'études supérieures, venue surtout de Strasbourg, a renouvelé la tradition des savantes écoles réformées du XVIe et du XVIIe siècle. Le protestantisme français tout entier finira par comprendre que, s'il n'est pas la religion libre, il n'a pas de raison d'exister, que le siècle ne se fera pas calviniste, qu'il ne quittera pas l'Église pour la Bible, le concile de Trente pour le symbole de la Rochelle. L'ancien protestantisme confessionaliste et national peut rendre de grands services comme pépinière d'hommes éclairés ; mais, comme secte particulière, il ne peut aspirer à un bien grand avenir.

Le catholicisme, avec la fière audace de ses affirmations et l'opinion exagérée qu'il a de ses droits, ne se prêtera point à d'aussi faciles transformations. Il traversera de longs déchirements avant de renoncer à son règne terrestre, à l'idée antichrétienne de son khalifat. Pour dire toute ma pensée, j'avouerai qu'un schisme entre les éléments opposés que le catholicisme renferme dans son sein me semble difficile à éviter. Le parti politique, s'enfonçant de plus en plus dans les intrigues, et le parti sincère, froissé de plus en plus par cette confiance exclusive accordée aux moyens humains, finiront par s'apercevoir qu'ils n'adorent pas le même Dieu. Le moindre malentendu, habilement secondé, qui s'élèverait à la mort d'un pape (qu'on veuille bien relire les deux premières pages de l'histoire du grand schisme d'Occident) ferait passer la scission intérieure à l'état de fait accompli. Toute grande crise religieuse est précédée d'une période d'essais timides, où la pensée d'avenir s'agite en quelques âmes douces, et où les réformateurs, humbles encore, se soumettent à l'Église, qui les condamne. Nous sommes à ce moment. La rupture de Lamennais a été un fait isolé, tenant à sa rudesse bretonne, toujours portée aux éclats. La docilité des Montalembert, des P. Hyacinthe, résistera à toutes les épreuves. Mesurons la durée qui s'écoule de Joachim de Flore à Luther, en passant par Pierre-Jean d'Olive, Tauler, Conecte, Savonarole : nous aurons l'espace de temps qui fait d'un saint un hérésiarque. Il est vrai que les mouvements de l'humanité sont en notre siècle fort accélérés; mais la patience des âmes pieuses est longue : il faut au moins deux générations pour que Rosmini ou Lacordaire soient les ancêtres d'un schismatique.

Une objection peut m'être adressée, et je dois la prévenir. « Vous voulez relever la religion, me dira-t-on, et vous cherchez à la soustraire à la régence de l'État; mais vous ne voulez pas, d'un autre côté, qu'elle soit une puissance organisée, qui force l'État à compter avec elle : ne voyez-vous pas que vous l'abaissez; que, n'étant plus une chose d'État, elle descendra au niveau des opinions de littérature ou d'art, dont l'administration ne se soucie pas, parce qu'elle les trouve au-dessous d'elle? Vous qui savez les conditions de la liberté, ne voyez-vous pas que vous abattez la dernière tour où elle se défende encore ? Quoi ! dans notre société démantelée, vous applaudissez à la ruine de la dernière forteresse féodale ! Vous ne songez pas que cette forteresse pourra être un jour l'unique asile des âmes qui ne voudront pas plier devant la redoutable puissance de l'État ! En somme, au milieu de l'universel abaissement de l'Europe, au milieu du silence créé par l'égale sujétion de tous, qui a résisté? qui a parlé? Le pape, les évêques. L'égalité n'est pas une protection ; le Code n'est un abri pour personne. Si la vieille Rome eût eu de beaux caractères de prêtres, si la puissance pontificale, au lieu d'être absorbée par l'empereur, eût abouti à créer des évêques, le despotisme césarien eût été impossible. La liberté résulte d'un privilége; pourquoi ne voulez-vous pas que l'Église ait le sien? » Je le veux certes, s'il m'est permis d'avoir le mien contre elle; mais la faute de l'Église n'a-t-elle pas été précisément d'en appeler plus que personne au principe de l'État pour étouffer au nom de l'unité nationale toute dissidence? Qui plus que l'Église a invoqué ce redoutable auxiliaire contre ceux qu'elle croit ses ennnemis? L'idée exagérée que la France se fait de l'État, les difficultés qu'y trouve l'établissement du régime constitutionnel, ne sont-elles pas en partie l'œuvre du catholicisme?

Cette pensée que les choses dont l'État ne s'occupe pas sont par là même des choses moins nobles n'est-elle pas le mal qu'il faut combattre, et n'est-ce pas justement la protection dont plusieurs intérêts sociaux ont besoin contre les tendances nécessairement envahissantes de l'Église qui fait une bonne partie de la force de l'État? Qu'on laisse à l'Église son organisation féodale, mais qu'alors on relève de toutes pièces le système des organisations libres; qu'on laisse d'autres Églises, d'autres associations de toute nature se former avec un droit égal; sans cela l'injustice est flagrante. Un établissement officiel de l'Église peut être une condition de liberté dans les pays déjà libres; mais un tel établissement dans les pays centralisés est, au contraire, une atteinte à la liberté. Loin de s'exclure, comme l'a cru un publiciste d'ailleurs si pénétrant[1], la liberté politique et la liberté de penser se supposent l'une l'autre, et, s'il fallait choisir, j'avoue même que je préférerais la seconde; car on peut être un homme accompli dans un pays qui ne jouit pas de la liberté politique, et sans la liberté religieuse et philosophique on ne peut être qu'un homme fort imparfait.

La liberté se trouve ainsi la solution de la ques-

---

1. M. de Tocqueville.

tion religieuse, plus encore qu'elle n'est la solution des questions morales, sociales, politiques, industrielles. La raison en est simple. Le but de la religion est le bien ; or, le bien qui n'est pas obtenu par la liberté n'est pas le bien. La religion est un problème que l'esprit crée en s'y appliquant; la vraie et bonne religion est pour chacun celle qu'il croit et qu'il aime. Le principe libéral par excellence, c'est que l'homme est une âme, qu'on ne doit le prendre que par l'âme, que tout ce qui ne change point l'âme est de nulle valeur. Une justice obstinée, accordant avec une implacable opiniâtreté la liberté à tous, même à ceux qui, s'ils étaient les maîtres, ne l'accorderaient pas à leurs adversaires, telle est la seule issue que la raison entrevoie aux graves problèmes soulevés de nos jours. Je suis porté à croire que, si en 1849 on n'avait opposé aux erreurs socialistes qu'un impassible libéralisme, le virus dangereux que les mesures de répression prises alors ont fait rentrer dans le corps social eût perdu toute sa force. Bien des malheurs eussent été conjurés, et de lourdes entraves apportées aux droits de tous n'existeraient pas.

La religion gagnera plus que toute autre chose à ce régime. De grossières associations d'idées très-préjudiciables à l'élévation des âmes tomberont d'elles-mêmes. La synonymie établie par l'hypocrisie de la fin du règne de Louis XIV entre libertin et libre penseur disparaîtra. Le catholicisme officiel a pour effet ordinaire d'amener cette confusion ; il est triste de songer que, sans l'appui du libertin de petite ville brouillé avec son curé, la révolution du xviiie siècle, qui a fondé l'indépendance de la pensée, ne se fût pas accomplie. L'exemple de l'Italie, flottant depuis le moyen âge entre le matérialisme et la dévotion, dévorée à la fois par la religion et l'incrédulité, paralysée par le catholicisme et n'en sachant point sortir, ne peut être assez médité. En somme, l'indifférence superbe de l'averroïsme padouan, qui semblait au xvie siècle d'une si bonne politique, a été une maladresse. On ne combat pas la trop grande puissance d'une religion en lui faisant des protestations mensongères de respect. Le seul moyen pour empêcher la tyrannie cléricale est l'appel infatigable à la liberté.

Le dogmatisme, qui croit posséder la formule éternelle du vrai, le scepticisme, qui nie le vrai, seront toujours dans la direction des affaires religieuses deux guides trompeurs. Rien de ce qui est de l'humanité n'est à dédaigner, mais rien non plus n'est à embrasser d'une manière absolue. Les conditions de la civilisation sont comme celles d'un problème à données limitées. Dans un pareil problème, toute donnée poussée à l'extrémité mène à l'impossible. Il ne faut pas toucher imprudemment à l'équilibre délicat du milieu où vit l'humanité. Dans cette atmosphère savamment combinée pour qu'aucun organe ne dévore les autres ou ne soit dévoré, un degré de chaleur de plus ou de moins produit la vie ou la mort. Souvent, en cet ordre de choses, ce qui paraît le mal est la cheville ouvrière qui soutient le reste. Tout préjugé est une erreur, et pourtant l'homme à préjugés est bien supérieur à l'homme nul et sans caractère que notre siècle indifférent a produit. Tout abus est blâmable, et cependant la société ne vit que d'abus. Toute affirmation dogmatique renfermée dans une phrase finie est sujette à l'objection, et cependant, le jour où l'humanité cesserait d'affirmer, elle cesserait d'être. Toute forme religieuse est imparfaite, et pourtant la religion ne peut exister sans forme. La religion n'est vraie qu'à sa quintessence, et pourtant la trop subtiliser, c'est la détruire. Le philosophe qui, frappé du préjugé, de l'abus, de l'erreur contenue dans la forme, croit posséder la vérité en se réfugiant dans l'abstraction, substitue à la réalité quelque chose qui n'a jamais existé. Le sage est celui qui voit à la fois que tout est image, préjugé, symbole, et que l'image, le préjugé, le symbole sont nécessaires, utiles et vrais. Le dogmatisme est une présomption, car enfin, si, parmi les millions d'hommes qui ont cru tour à tour posséder la vérité, il n'en est pas un qui ait eu complétement raison, comment espérer que l'on sera plus heureux? Mais de même qu'on ne reproche pas au peintre de commettre un contre-sens puéril en représentant Dieu sous des formes finies, de même on peut admettre et aimer un symbole, dès que ce symbole a eu sa place dans la conscience de l'humanité. Sans rêver la perfection absolue, qui, à prendre rigoureusement les choses, serait le néant, on peut croire qu'une carrière immense est ouverte à la raison et à la liberté. Le problème du vrai et du juste est comme celui de la quadrature du cercle, dont on approche tant que l'on veut, mais où l'on n'arrive jamais.

Éternellement battue en brèche par une moitié de l'âme humaine, la religion résistera ainsi éternellement, appuyée sur l'autre moitié. Si la religion était une simple erreur de l'humanité, comme l'astrologie, la sorcellerie et les autres chimères qui ont été pendant des siècles des croyances générales, la science l'aurait déjà balayée, comme elle a relégué dans les bas étages de la société la croyance aux esprits et aux sorciers. Si, d'un autre côté, la religion n'était que le fruit du calcul naïf par lequel l'homme veut retrouver au delà de la tombe le fruit des placements vertueux qu'il a faits ici-bas, l'homme y serait surtout porté dans ses moments d'égoïsme. Or, c'est dans ses meilleurs moments que l'homme est religieux, c'est quand il est bon qu'il veut que la vertu corresponde à un ordre éternel, c'est quand il contemple les choses d'une manière désintéressée qu'il trouve la mort révoltante et absurde. Comment ne pas supposer que c'est dans ces moments-là que l'homme voit le mieux? De l'homme égoïste et dissipé, ou de l'homme bon et recueilli, quel est celui qui a raison? Si, comme le voulaient les sophistes italiens du xvi⁰ siècle, la religion avait été inventée par les simples et par les faibles, comment les plus belles natures seraient-elles justement les plus religieuses? Disons donc hardiment que la religion est un produit de l'homme normal, que l'homme est le plus dans le vrai quand il est le plus religieux et le plus assuré d'une destinée infinie ; mais écartons toute confiance absolue dans les images qui servent à exprimer cette destinée, et croyons seulement que la réalité doit être fort supérieure à ce qu'il est permis au sentiment de désirer et à la fantaisie d'imaginer.

Peut-être quelque chose d'analogue à ce qui s'est

passé dans les sciences physiques se passera-t-il ici. Au premier moment, on put croire que les sciences modernes, en détruisant le système primitif où les phénomènes de la nature étaient l'œuvre d'agents libres, allaient détruire la beauté de l'univers et tout réduire à un plat réalisme. Bien des âmes tendres pleurèrent ce monde enchanté où vécut l'humanité ignorante, ce monde où tout était moral, passionné, plein de vie et de sentiment. On crut que la science allait diminuer le monde. En réalité, elle l'a infiniment agrandi. Les idées qui semblaient dans l'antiquité les plus exagérées se sont trouvées étroites, mesquines, puériles, comparées à ce qui est. La terre semblable à un disque, le soleil gros comme le Péloponèse, les étoiles roulant à quelques lieues de hauteur sur les rainures d'une voûte solide, un univers fermé, entouré de murailles, cintré comme un coffre[1], voilà le système du monde le plus splendide que l'on eût pu concevoir. Qui oserait le regretter en présence de celui que la science a révélé? L'hypothèse mécanique de Newton n'est-elle pas plus grandiose que celle des anges mouvant les sphères, et l'histoire du globe, telle que la géologie

---

1. Voir l'étude de M. Letronne sur Cosmas Indicopleustès et les opinions cosmographiques des Pères de l'Église. *Revue des Deux Mondes*, 15 mars 1834.

permet déjà de l'entrevoir, n'est-elle pas plus poétique que le monde façonné à la main il y a cinq mille ans? Croyons hardiment que le système du monde moral est de même supérieur à nos symboles. Ne pleurons pas les chimères enfantines des époques naïves. Le rêve pâlit toujours devant la réalité. Laissons la science inflexible attaquer avec la rigueur de ses méthodes ces problèmes résolus depuis des siècles par le sentiment et l'imagination. Qui sait si la métaphysique et la théologie du passé ne seront pas à celles que le progrès de la spéculation révélera un jour ce que le *cosmos* d'Anaximène ou d'Indicopleustès est au *cosmos* de Laplace et de Humboldt!

DU LIBÉRALISME CLÉRICAL.

(1848)

Rien ne fait mieux comprendre l'irrésistible énergie du mouvement des idées que la force avec laquelle l'humanité tire après elle ceux mêmes qui se posaient comme ses plus dangereux adversaires et qui tentaient le plus audacieusement de l'arrêter. On dirait une tempête qui entraîne à reculons ceux qui essayent de lui faire face. Les partis rétrogrades, qui se croient privés d'un droit si l'humanité conquiert les siens et brise la barre dont on voulait l'enrayer, en viennent bientôt à se poser en persécutés et à réclamer pour eux le bénéfice de cette liberté qu'ils avaient si vivement combattue, quand elle leur était contraire. Un grand pas a été accompli le jour où les choses sont amenées à ce point que les ennemis du progrès en appellent aux principes qui les ont détrônés, et trouvent leur intérêt à demander qu'on pousse les choses à leurs dernières conséquences. Ce n'est pas qu'il faille beaucoup compter sur ce libéralisme de circonstance; mais les principes au moins ont été avoués, et il y a contentement à voir ces droits sacrés proclamés et invoqués par les hommes qui les avaient d'abord niés le plus outrageusement.

Déjà, pendant les dernières années du régime précédent, le parti le plus absolu, celui qui se croit opprimé s'il ne domine pas, avait soutenu une vive polémique contre les représentants des idées libérales, en n'ayant à la bouche que le mot de liberté. Mais ce revirement n'était rien en comparaison des faits dont nous sommes les témoins depuis quelques mois. Des moines transformés en ardents démocrates, les anciens alliés de la noblesse devenus plus républicains que le tiers état, des prêtres bénissant l'arbre qu'ils ont tant de fois maudit, et traitant de tyrannie le gouvernement qu'ils avaient d'abord traité d'anarchie, voilà les miracles que cette année nous réservait. Reportons-nous en effet à 1830. Quelle rage! quels cris à l'impiété, au sacrilége! Et contre quoi? Était-ce contre les fautes qui, dans les dernières années, rendirent inutile l'œuvre des combattants de juillet? Serait-ce que les croyants prévissent le tort que par certains côtés cette dynastie devait faire à la France? Ah! sans doute, s'ils avaient su qu'un jour renaîtrait la religion d'État, qu'un jour la liberté de la pensée serait sacrifiée à un pacte funeste avec le parti qui se dit religieux, leur rage eût été adoucie, et, s'ils n'eussent pas accordé au nouveau venu cette affection de cœur que l'on ne pouvait avoir que pour le fils aîné de l'Église, ils n'eussent point lancé contre lui tant d'anathèmes. Pourquoi donc cette fureur? C'est que le pouvoir était d'abord trop libéral, ou plutôt était forcé de l'être trop; c'est qu'il renversait un régime chéri, et dont on se promettait beaucoup; c'est qu'on ne pouvait plus espérer la sainte alliance du trône et de l'autel.

Venons à 1848. Que les temps sont changés! Avec quelle bonne grâce on se prête aux circonstances! avec quel empressement on se fait démocrate, tout en riant en secret de la démocratie! avec quelle sévérité on condamne un gouvernement moins blâmable après tout que celui de la Restauration, pour lequel on n'a que des sympathies! Est-ce que par hasard la révolution de 1848 serait plus de droit divin que celle de 1830? Les combattants de juillet étaient-ils moins des rebelles que ceux de février? Si l'œuvre des premiers a été annulée par l'égoïsme des hommes politiques, est-ce leur faute? Eh bien, comment les a traités le clergé? En rebelles, en séditieux. Les prières de l'Église leur ont été refusées ou données de mauvaise grâce. Au fond du cœur, on les damnait comme morts dans le péché de la révolte. Plusieurs prêtres alléguèrent, afin d'excuser les cérémonies officielles, qu'en priant pour les morts de juillet, on ne spécifiait pas de quels morts il s'agissait, et qu'on pouvait appliquer son intention aux Suisses et aux autres victimes de la cause royale.

Est-ce bien sérieusement après cela qu'on érige les morts de février en héros et en martyrs? Ne le croyez pas. Ce n'est là que rancune et calcul d'intérêt. Les rancunes cléricales sont longues : dix-huit années, et dix-huit années de caresses, ne les avaient pas adoucies. Le roi du 9 août était encore un usurpateur, et Dieu sait au bout de combien de générations et au prix de combien de concessions eût été légitimée sa dynastie. Février contente les catholiques, parce que février soulage leur mauvaise humeur contre celui qui avait supplanté le roi selon le cœur de Dieu ; parce que février, pensent-ils, aplanira les voies au fils de David, à ce Joas bien-aimé, qui va venir réparer les maux des révolutions, et ramener « la beauté des anciens jours ».

Voyons si, de bonne foi, ce libéralisme peut être

sérieux ; consultons les antécédents, qui pour l'Église sont une règle obligatoire, afin de savoir si de tels principes sont chez elle de bien vieille date. On a souri de l'embarras d'un religieux qui, au milieu de ses protestations démocratiques, s'est vu opposer un passage beaucoup moins républicain, tiré de ses écrits antérieurs. L'Église entière, quand elle se fait libérale, ne s'expose-t-elle pas à un semblable démenti ?

Posons d'abord en principe que l'Église ne peut jamais se départir de son passé, que pour elle renier un de ses actes, c'est se détruire : *Sint ut sunt, aut non sint,* sera toujours la devise des orthodoxes. Que ce soit là une position malheureuse, irrégulière, si j'ose le dire, dans l'humanité : je le reconnais. La philosophie n'étant jamais qu'une formule plus ou moins avancée, mais toujours incomplète, de la vérité, le penseur ne conçoit en aucune circonstance ni la rétractation absolue, ni l'immobilité décidée. Il veut que l'on se prête aux modifications successives amenées par le temps, sans jamais rompre avec son passé, mais sans en être l'esclave ; il veut que, sans renier les symboles qu'on a aimés, on sache les expliquer en des sens nouveaux et montrer la part de vérité mal définie qu'ils contenaient. Telle est la méthode de la philosophie. Qu'un philosophe se dépasse lui-même et use plusieurs systèmes, cela n'a rien de contradictoire, cela lui fait honneur. Mais il n'en va pas ainsi de l'orthodoxie. Comme sa prétention est d'être faite du premier coup et tout d'une pièce, elle se met par là en dehors du progrès, elle devient roide, cassante, inflexible, et, tandis que la philosophie est toujours contemporaine à l'humanité, la religion à un certain jour devient arriérée; car elle est immuable, et l'humanité marche. Ce n'est pas que de force l'Église aussi n'ait marché comme le reste. Mais elle le nie; elle ment à l'histoire, elle fausse toute critique pour prouver que son état actuel est semblable à son état primitif, et elle y est obligée pour demeurer orthodoxe.

Le passé étant la loi infranchissable de l'Église, si le passé lui interdit le libéralisme, si elle ne peut sans renier ses décisions antérieures adopter les idées modernes en politique, il sera prouvé que les orthodoxes n'ont pas le droit de parler de liberté, et que, s'ils en parlent, ils sont des hypocrites ou des hérétiques.

Quatre articles résument toute la charte des libertés modernes : — Existence de la nation à l'état de personne morale ayant des droits comme elle a une responsabilité. — Participation de tous au gouvernement à des degrés divers. — Tolérance religieuse universelle. — Liberté illimitée de la pensée, et par conséquent de la parole et de la presse, dans l'ordre spéculatif. — Voyons ce que l'Église peut accepter de ce programme.

I.

Les traités de théologie et de philosophie ecclésiastique[1] sont d'accord pour condamner le principe de la souveraineté du peuple[2]. La « théorie du contrat

---

1. Les scolastiques du moyen âge professaient une doctrine beaucoup plus libérale. Mais c'était là chez eux un reflet des écrits d'Aristote et des philosophes anciens.

2. Voici comme le qualifiait M. Frayssinous : « ... Théorie aussi absurde que séditieuse, qui ne flatte la multitude que pour l'égarer, et ne lui vante ses droits que pour lui faire violer tous ses devoirs. Pour peu qu'on veuille approfondir les choses, on trouve que les mots *peuple* et *souverain* ne s'allient pas plus ensemble que les mots *lumière* et *ténèbres*, etc. » (*Conférence sur l'union de la religion et de la société.*) Un des plus curieux monuments des doctrines politiques de l'Église est la bulle de Pie VII contre les *carbonari* (13 sept. 1821). Ceux-ci sont condamnés parce qu'ils enseignent « qu'il est permis d'exciter des révoltes, pour dépouiller de leur puissance les rois et ceux qui commandent, auxquels ils donnent le nom injurieux de tyrans. » La bulle les frappe d'excommunication, ainsi que tous ceux qui liront leurs livres et ne les dénonceront pas à leur évêque dès qu'ils les connaîtront. (*Ami de la religion et du roi*, 10 oct. 1821.)

social », qui, bien que très-fautive, si on la prend comme une hypothèse historique, reste la base de la politique moderne, est une hérésie aux yeux des théologiens. Le droit divin du pouvoir établi est une proposition que les docteurs orthodoxes prouvent par l'Écriture, et, comme leur exégèse ne se refuse pas les contre-sens, les textes se présentent en abondance : *Per me reges regnant*[1]. — *Subjecti... estote omni humanæ creaturæ propter Deum, sive regi quasi præcellenti, sive ducibus tanquam ab eo missis,... quia sic est voluntas Dei*[2]. — *Omnis anima potestatibus sublimioribus subdita sit; non est enim potestas nisi a Deo; quæ autem sunt, a Deo ordinatæ sunt. Itaque qui resistit potestati, Dei ordinationi resistit. Qui autem resistunt, ipsi sibi damnationem acquirunt... Dei enim minister est... Ideo necessitate subditi estote, non solum propter iram, sed etiam propter conscientiam... Ministri enim Dei sunt, in hoc ipsum servientes*[3]. Les Pères ne font pas défaut : *Non tribuamus dandi regni atque imperii potestatem nisi Deo vero...*, dit saint

---

1. *Prov.*, VIII, 15. Ces paroles, dans la bouche de la Sagesse divine, sont fort simples; mais il s'agit ici du sens que les théologiens ont voulu y voir.
2. *I Ep. Petri*, II, 13.
3. *Ep. Pauli ad Rom.*, XIII, 1-7.

Augustin[1]. Dieu me préserve de manquer assez de critique pour ériger saint Pierre, saint Paul et saint Augustin en absolutistes d'après quelques textes découpés. On aurait d'aussi bonnes preuves pour faire de Jésus-Christ un révolutionnaire. Je rapporte les arguments des théologiens pour montrer quelle est parmi eux l'opinion généralement établie. La théorie du droit divin commence à se formuler explicitement dès l'époque de Constantin. Les Pères, et surtout Lactance, ne cessent de représenter aux empereurs l'avantage que leur procure le christianisme, en leur assurant des sujets qui ne se révoltent jamais[2].

On s'est habitué depuis assez longtemps à dire que l'Évangile renferme des principes de liberté politique, et cette phrase banale se répète complaisamment. On serait bien embarrassé s'il fallait citer un seul passage de l'Évangile qui contienne le moindre germe du système politique adopté par les nations modernes. L'admiration que tout esprit élevé professe pour ce livre sublime ne doit point aller jusqu'à y trouver ce qui n'y est pas. Le principe de l'Évangile, c'est l'idée morale et religieuse, le per-

---

[1]. *De civitate Dei,* V, 21.
[2]. Cf. Gibbon, *Histoire de la décadence et de la chute de l'empire romain*, ch. xx.

fectionnement et la purification de l'homme intérieur. Sans doute le respect de l'humanité qu'une telle doctrine inspire devait amener des mœurs plus dignes en politique. Mais c'est par voie de conséquence qu'un si heureux résultat est arrivé à se produire. Le seul passage politique que l'on puisse citer de l'Évangile est un mot d'indifférence supérieure : *Reddite ergo quæ sunt Cæsaris Cæsari et quæ sunt Dei Deo*[1].

Et, de fait, est-ce du christianisme que sont sorties directement les idées libérales? Est-ce le christianisme qui a fait la Révolution? Depuis le commencement des temps modernes, le christianisme traditionnel n'a-t-il pas cherché à étouffer toutes les aspirations de l'Europe occidentale? Les écrivains catholiques qui se sont crus obligés d'être conséquents n'ont-ils pas été les plus hostiles au progrès politique? C'est l'esprit moderne, élevé sans doute en partie par le christianisme, mais affranchi du christianisme, qui a produit tous les grands mouvements d'émancipation. L'orthodoxie maudissait d'abord ces mouvements; puis, quand elle a vu qu'il était impossible d'arrêter le torrent, que l'humanité continuait son chemin, s'inquiétant peu de la laisser

---

1. *Matth.*, XXII, 21.

www.ingramcontent.com/pod-product-compliance
Lightning Source LLC
Chambersburg PA
CBHW070536230426
43665CB00014B/1713